Franz Matz

Astrologische Konstellationen und Aspekte als Teil universeller Ganzheitstherapie.

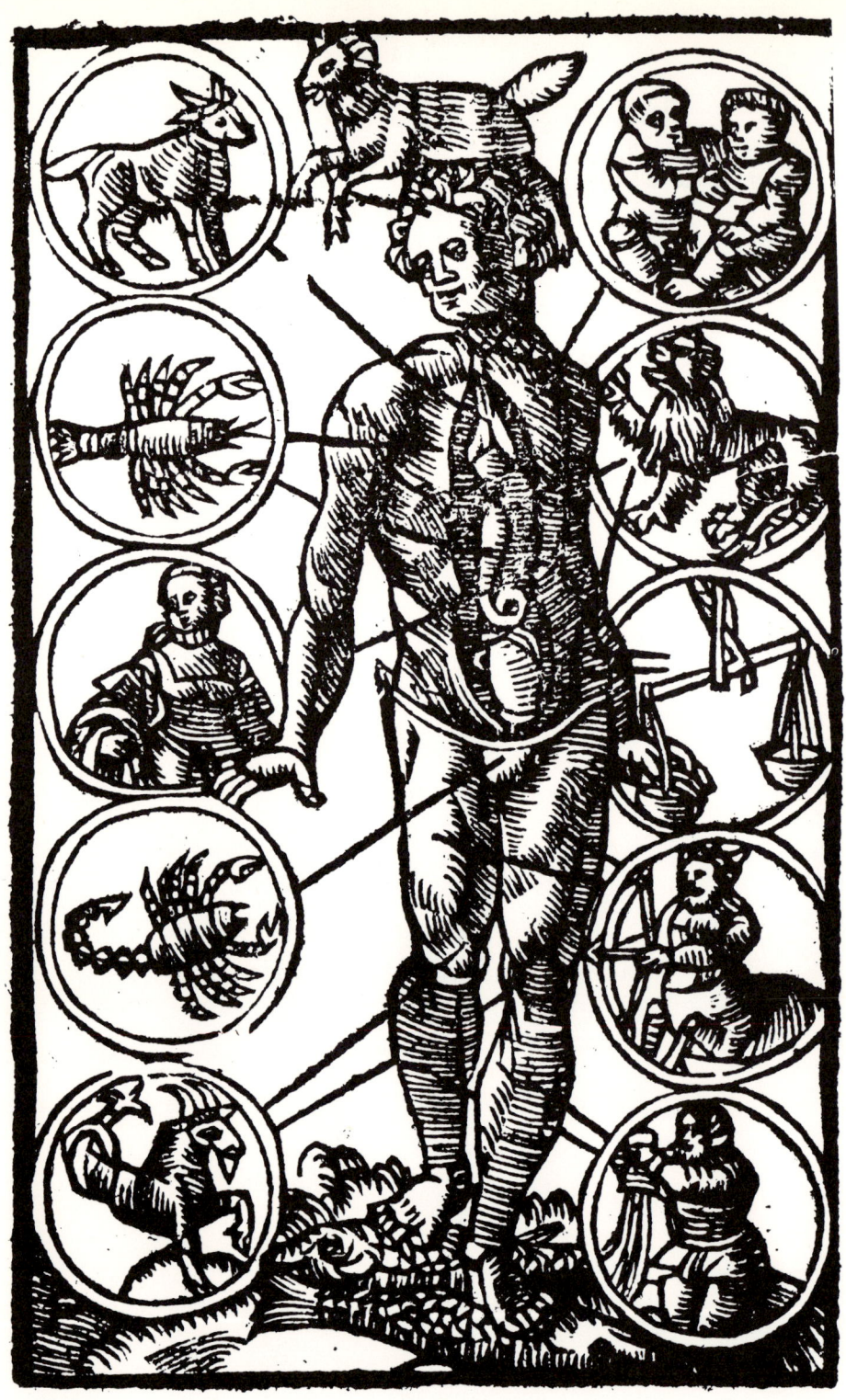

Aderlaßkalender (um 1600) aus einem volkstümlichen Jahrbuch.

Franz Matz

Astrologische Konstellationen und Aspekte als Teil universeller Ganzheitstherapie.

Sommer-Verlag GmbH

August 1990

© Sommer-Verlag GmbH
Waidplatzstraße 5, 7835 Teningen 3, Telefon 07663/2087

Gesamtherstellung: Rombach GmbH, Druck- und Verlagshaus, Lörracher Straße 3, 7800 Freiburg im Breisgau

Inhaltsverzeichnis

Einleitung

Bereits der berühmte Arzt des Mittelalters, Bombastus Theophrastus von Hohenheim – genannt Paracelsus – erkannte die Wichtigkeit astrologischer Berechnungen und Deutungen, flocht sie in seine Diagnose und Therapie ein und muß wohl sehr gute Ergebnisse mit dieser Methode erzielt haben, sonst wäre uns nicht sein Ausspruch überliefert:

„Ein guter Arzt muß zugleich auch Astrologe sein."

Die Astrologie hat eine lange und tiefe Beziehung zur Heilkunst. Wenn wir die Geschichte der Medizin zurückverfolgen zu ihren ersten Anfängen, geben uns unsere ersten Aufzeichnungen ein gutes Bild von den Ärzten dieser frühgeschichtlichen Epoche. Als erstes begegnen uns die Priesterärzte der Chaldäer, der Babylonier und Assyrer. Ihre Heilkunst hatte einen stark mystischen Hintergrund. Geheimnisvolle Rituale und Anrufungen höherer Mächte hatten einen hohen Stellenwert in der Therapie. Und neben einer profunden Kenntnis der Heilpflanzen und deren Wirkung hatte man auch ein tiefes Wissen um kosmische Zusammenhänge. Erfolgreiche Ernten waren abhängig von der richtigen Zeit der Aussaat, daher bestimmte man den Tag der Bestellung nach dem Stand der Gestirne. Die Konstellationen der Gestirne übten auf die Pflanzen geheimnisvolle Wirkungen aus. Der Stand von Sonne, Mond und Planeten in den Tierkreiszeichen, der Mondrhythmus, und auch Aspekte von Sonne, Mond und Planeten bestimmten Wachsen und Gedeihen der Kultur- und Heilpflanzen.

Man wußte um die besondere Verfügbarkeit von bestimmten Arzneistoffen der Pflanzen zu ganz bestimmten Tages- und Jahreszeiten, die der Stellung der Sonne im Tierkreis und auch der Stellung des Mondes zur Erde und Sonne entsprach. Man wußte um die Einflüsse der sieben Planeten, die man zu Gottheiten erhoben hatte, und wußte, daß das kosmische Geschehen, das sich im Leben der Pflanze so heilsam kundtat, auch in der Physis und Psyche des Menschen seinen Niederschlag und Widerhall findet.

Man hatte die Welt des Universums und die der Erde, die Welt der Pflanzen und Tiere und die Welt des Menschen noch nicht auseinanderdividiert, wie dies die spätere Schulwissenschaft tat, sondern alles war eine große, schwingende Einheit. Man wußte, daß alles mit allem verbunden ist und der entfernteste Stern mit dem kleinsten Sandkorn auf der Erde in lebendiger Verbindung steht. Wenn irgendwo in diesem unendlich großen und unendlich feinen Netzwerk ein Ereignis stattfindet, und mag es noch so bedeutungslos erscheinen wie etwa ein flüchtiger Gedanke, der eben jetzt in unserem Gehirn auftaucht und den wir sofort wieder vergessen, das ganze Universum reagiert darauf. Wird Millionen Lichtjahre entfernt ein neuer Stern geboren oder stirbt ein Himmelskörper, so teilt sich dies unserem Sandkorn und allen belebten und unbelebten Systemen mit. Wobei wir nicht ausschließen können, daß ein Stein, ein Mineral, ein Kristall ebenfalls lebende Systeme sind. Bestehen sie doch aus denselben Atomen und subatomaren Teilchen, welche auch die lebendigen Systeme für ihre Erscheinungsformen benötigen. Und sind nicht auf der atomaren und subatomaren Ebene alle Erscheinungsformen der Materie gleich lebendig, beweglich und der Veränderung unterworfen?

Auch die rhythmischen Bewegungen unserer Nachbarplaneten, die rhythmische Bewegung von Erde und Mond verändern ständig elektromagnetische Felder, die uns umgeben, Gravitationsfelder verschieben sich ständig, kosmische Strahlung verändert in jeder Sekunde ihre Quantität und Qualität, alles ist im ständigen Fließen.

Die Gesetze dieses Flusses sind ewig, und sie sind am gestirnten Himmel ablesbar. Die Priester jener Zeit begannen diese Schrift zu entziffern. Die moderne Wissenschaft mit der Erfindung ihrer

vielfältigen Meßgeräte legte dieses Wissen ad acta. Nicht, weil sie es widerlegen konnte, sondern weil sie nicht in der Lage ist, Meßinstrumente zu bauen, die diese feinstofflichen Impulse registrieren können.

Man hat kein Meßinstrument, das imstande ist, die Veränderungen der Schwerkraftfelder, hervorgerufen durch die stets wechselnden Entfernungen und Positionen der Planeten in der Relation
zur Erde, aufzuzeichnen. Es gibt kein Instrument, welches das ständig sich ändernde Schwingen
und Vibrieren elektromagnetischer Felder aufzeichnen könnte.

Mehr und mehr erfindet man Apparate, um kosmische Strahlung zu messen, aber die Veränderungen, die im Organismus im feinstofflichen Bereich durch diesen sich stets ändernden Teil-
chenstrom hervorgerufen werden, sind technisch nicht faßbar.

Ein gutes Medium vermag sie wahrzunehmen, unsere unbewußten Zentren geben uns Auskünfte
über Wünschelrute, Pendel etc., in der Meditation kommen wir diesen Strömen nahe, nur unserem Intellekt sind diese Vorgänge kaum zugänglich. Ihr inneres Wissen um diese Dinge mochte
die Schulwissenschaft nicht mehr zulassen. Wer es wagte, es an- und auszusprechen, wurde als
Narr verlacht, wie Professor Calligari, als Ketzer verbannt wie Galileo Galilei, oder als Hexe oder
Hexer verbrannt. Aus Weisheit wurde Wissen, aus dem intuitiven Erfassen großer kosmischer Zusammenhänge, das Zerstückeln aller Ganzheiten, das Wägen und Wiegen immer kleinerer Ein-
heiten, wobei die eigentliche Einheit immer mehr verloren ging. Heute weiß man von immer weniger immer mehr, die Flut von Informationen ist so groß geworden, daß kein Mensch sie mehr
überschauen kann, jedoch vom Zusammenfügen dieser vielen Teilergebnisse kann schon lange
keine Rede mehr sein.

So wurde auch die Astrologie, die Wissenschaft der Priester, Weisen und Ärzte in die Verban-
nung geschickt. Der Homo sapiens wurde zum kosmischen Analphabeten. Dies, obwohl die
führendsten Köpfe unserer Geschichte sich ganz bewußt gerade dieser Wissenschaft gewidmet
hatten.

Ptolemäus, der das Weltbild der gesamten zivilisierten Welt bis zu Keplers Revision prägte, war
Arzt.

Der bekannte Seher Nostradamus, der auf Jahrhunderte vermittels der Astrologie das Weltge-
schehen voraussagte, war ebenfalls ein begabter Arzt. Paracelsus, der berühmteste Heilkünstler
des Mittelalters, war Astrologe.

Das Erkennen und Durchschauen der großen Zusammenhänge ist es, was den Menschen zum
Heilen befähigt.

Jede Operation, auch wenn sie erfolgreich ist, ist eine Verstümmelung, ein Trauma für Körper
und Seele; eines Körpers, der eigentlich nur aus dem Gleichgewicht geraten ist durch eine
Seele, die ihre kosmische Anbindung verloren hat. Wahre Heilung ist immer zuerst eine Heilung
der Seelenkräfte. Um heilend und helfend einzugreifen, muß man zuerst dem Patienten bewußt
machen, daß er überhaupt eine Seele besitzt und daß er mit dieser Seele an das kosmische Geschehen angebunden und verknüpft ist.

Man muß ihn hinführen zu seinem kosmischen Auftrag in dieser Welt und zu den Möglichkeiten,
die ihm vermittels seiner Konstellationen gegeben sind, diesen Auftrag zu erfüllen. Wenn er wieder einen klaren Weg vor sich sieht und die Wegweiser zu erkennen vermag, wenn er wieder
langsam vertraut gemacht wird mit dem kosmischen Einmaleins, können sich seine gestörten
Regelkreise wieder harmonisieren, neurotische Verhaltensmuster lassen sich abbauen, und die
körperlichen Symptome verschwinden. Wollen die Symptome doch nur die Leiden einer miß-
und fehlverstandenen Seele, die in Disharmonie zum Universum gesetzt wurde, aufzeigen.

Werden diese Warnzeichen einfach entfernt, drehen wir einfach das Warnlämpchen heraus, verschwinden die Symptome ebenfalls. Der Mensch wird jedoch durch Psychopharmaca von seiner Seele getrennt und durchläuft nun als seelenloser Schatten seine Erdenjahre. Dem Sinn seines Lebens beraubt, seinem Lebensauftrag entfremdet, versteht er sich selbst, die Welt und Gott nicht mehr.

In der Maschinerie einer Intensivstation wird ihm oft auch noch die letzte Möglichkeit einer tieferen Erkenntnis genommen, außer der, daß sich das Leben und Leiden, all der Aufwand, so nicht gelohnt hat.

Hier wird sichtbar, was Paracelsus mit seinem Ausspruch meinte:

„Ein guter Arzt muß zugleich Astrologe sein."

Der Vater von Paracelsus war Bergwerksbesitzer, und er bekam sehr früh Berührung mit den Geheimnissen der Erde, der Erze, Metalle und Mineralien. Er erkannte die kosmischen Verbindungen der Metalle zu den Planeten und er kannte das kosmische Prinzip der Planeten, das sich über die Metalle auf der Erde manifestiert hat. Er erkannte als berühmter Alchimist die Wirkung der Metalle in ihrer gelösten, sublimierten Form auf die menschlichen Systeme. Wir wissen heute um die Wirkung von Metallen als Katalysatoren der enzymatischen Vorgänge in unserem Stoffwechsel- und Zellgeschehen.

Wir wissen, daß es ohne **Eisen** keine Bindung des Sauerstoffes an die roten Blutkörperchen gibt. Wir wissen, daß wir ohne diese Bindung keinerlei Aktivitäten entfalten können, daß unser Leben ohne Eisen dem Tode geweiht ist.

Wenn wir daher die astrologische Aussage betrachten: das Eisen ist dem **Mars** zugeordnet, der Mars ist wiederum Sinnbild für Aktivität, Handlungsbereitschaft und Mut, so haben wir hier eine Analogie, die wir annehmen können.

Wann immer unsere innere Harmonie durch ein falsch gelebtes oder verstandenes Marsprinzip gestört ist, kann der erfahrene Arzt-Astrologe dies aus den persönlichen Daten des Patienten, seinen Geburtskonstellationen und dem momentanen Stand der Planeten erkennen. Er kann die innere Problematik des Patienten bewußt machen, ihn zu seiner inneren Klarheit hinführen, um so seine Spannungen mit dem Kosmos zu lösen. Diesen Prozeß wird das homöopathische Simile **Ferrum metallicum** sehr wirkungsvoll, sowohl auf der psychischen als auch auf der somatischen Ebene, unterstützen.

Das **Kupfer** benötigt unser Organismus, um seine Systeme in Harmonie zu halten. Fehlt es, kommt es zu Verkrampfungen, zu tetanischen Zuständen. Der Arzt wird eine Blutanalyse machen und das fehlende Kupfer verabreichen, um die Symptome zum Verschwinden zu bringen. Aber ist dem Patienten damit wirklich geholfen?

Der Arzt-Astrologe weiß, daß das Kupfer der **Venus** zugeordnet ist. Er weiß ferner, daß die Venus das Prinzip Harmonie-Fühlen versinnbildlicht. Er wird sich zuerst die Stellung der Venus im Geburtshoroskop und in der jetzigen Situation betrachten und bekommt nun Hinweise, wie und warum dieses Prinzip so gestört ist, daß der Patient mit dem Kupfer, welches er ja jeden Tag mit seiner Nahrung aufnimmt, nicht mehr richtig umzugehen vermag. Er kann ihm jetzt seine Problematik bewußt machen, ihn wieder hinführen zum richtigen Fühlen, zu seiner inneren Harmonie, und wird als Hilfsmittel das **Cuprum** einsetzen, jetzt nicht zur Substitution, sondern als Information für seine gestörten Regelkreise.

Vom **Blei** wissen wir, daß es Verhärtungsprozesse hervorruft. Progressive Muskelatrophie, Arteriosklerose, Präcancerose gehören zum Arzneimittelbild des Bleis.

Es ist dem **Saturn** zugeordnet, dem Planeten, der uns Stillstand, Wartezeiten, aber auch Verhärtung, Krankheit und Verfall anzeigt.

Mit dem Blick auf sein Horoskop führen wir den Patienten hin zu seinen seelischen Verhärtungen, zu seiner psychischen Erkaltung und Erstarrung, und indem wir diese ins Bewußtsein heben, haben wir die Möglichkeit, ihm aufzuzeigen, wie er sich aus seiner Erstarrung wieder befreien kann, wie sein Leben wieder warm und lebendig werden kann.

Wir lehren ihn, die Übel und Mühen des Lebens anzunehmen, ohne hart und verdrossen zu werden, und unser Mittel **Plumbum,** in der richtigen Potenz verabreicht, wird diesen Prozeß wirkungsvoll unterstützen.

Wir kennen die Vitalität und Lebensfreude des **Löwe**-Geborenen. Wir wissen, daß sein Himmelskörper die **Sonne** ist, und seit jeher ordnet der Mensch diesem Gestirn das **Gold** zu. Auch diesem so positiven Zeichen ist Krankheit und Depression nicht fremd. Wenn dieser Mensch nicht seinem Zeichen gemäß leben kann, ist sein Herz belastet sowie seine Gefäße, und er kann in Depressionen versinken bis zum Lebensüberdruß, zum Suizid.

Hier helfen keine Serontoningaben, Psychopharmaka machen aus dem positiven, lebensfrohen Löwe-Menschen einen seelischen Krüppel, und auch die Psychoanalyse wird nur schwer an den wahren Kern des Leidens herankommen. Im Horoskop erkennen wir die Schwierigkeiten unseres Patienten, und wir sehen in den Transiten, wie lange er noch unter widrigen kosmischen Umständen zu leiden hat, etwa einem Saturntransit. Wir klären ihn auf, zeigen ihm das Ende seiner negativen Phase an und geben ihm neuen Mut, bestärken ihn in seiner Persönlichkeit. Das Mittel **Aurum** (Depression, Suizidgefahr, Herzerkrankungen) wird den Prozeß beschleunigen. Wenn wir als geschickter Therapeut die Zuordnung des Goldes zum Herzmeridian und dem speziellen Akupunkturpunkt CHAO-RAE (Punkt der Lebensfreude) kennen und das Mittel in diesen Punkt applizieren, können wir mitunter sogar ein sogenanntes „Sekundenphänomen" registrieren.

Der Patient fühlt sich von einem Moment zum anderen von seinen Schwierigkeiten befreit.

Das **Silber,** weiß auch der Volksmund, ist dem **Mond** zugeordnet. Wir benutzen diesen Zusammenhang eifrig im Sprachgebrauch, in der Literatur, in der Lyrik. Der Mond ist dem Tierkreiszeichen **Krebs** zugeordnet. In unserem täglichen Umgang erleben wir den Krebs-Geborenen immer wieder als zurückhaltenden, in der Familie aufgehenden Menschen, der Kränkungen nur schwer verdaut und dem „alles auf den Magen schlägt". Das sind auch seine häufigsten Leiden: Gastritis, Magengeschwüre, Verstimmungen sowohl des Magens als auch seiner nicht allzu stabilen Psyche.

Nach dem Vorangegangenen wundern wir uns jetzt nicht mehr, daß das **Argentum nitricum,** das Silbernitrat genau das richtige Mittel für unseren Patienten ist. Natürlich benötigt besonders er eine psychische Führung und Begleitung. Wir zeigen ihm seine Schwächen auf, seine Schwierigkeiten im Umgang mit seiner Mitwelt, und wir führen in hin zu seinem Entwicklungsziel. Und indem er seine Natur annimmt, ist der Weg frei für seine geistige Entwicklung, und in dem er sich weiterentwickelt, lernt er, seine Schwierigkeiten zu überwinden. Und in dem Maße, wie er seine Schwierigkeiten zu meistern lernt, wird er seine Anfälligkeit, seine Empfindlichkeit und damit seine Krankheit überwinden lernen.

Wir wissen um die Quirligkeit und Ruhelosigkeit der **Zwillinge.** Gibt es ein besseres Beispiel für die Sinnhaftigkeit kosmischer Zusammenhänge als die Zuordnung des Metalls **Quecksilber** zu diesem Zeichen? Das Metall, das bereits bei normaler Zimmertemperatur so unruhig ist wie das Zeichen, dem es zugeordnet wurde, es zersplittert sich in viele kleine Kugeln, nimmt sofort wieder Kontakt auf, vereint sich für eine Weile, um beim kleinsten Anstoß wieder auseinanderzustreben. Der Planet dieses unruhigen Metalls ist der **Merkur** – der sonnennächste Planet, dessen Jahr nur 88 Tage beträgt, der in seiner Bahn die abenteuerlichsten Kapriolen schlägt, plötzlich scheinbar rückwärts zu laufen beginnt, stehen bleibt und dann seinen Gang wieder beschleunigt. Dessen Bahn nicht in symmetrischen Kurven wie die der anderen Planeten verläuft, sondern Unruhe und Eigenwilligkeit zum Ausdruck bringt. Zwingen wir dieses unruhige Geschöpf nicht zur Ruhe, geben wir seinem Körper, seinem Geist, seiner Seele freie Bahn, und bestärken wir ihn in seiner vielfältigen Aktivität, wird er bald seine echte Leistungsfähigkeit wiedererlangen. Unterstützen können wir ihn mit **Mercurius solubilis.**

Für ihn gilt besonders der Ausspruch des Ärztevaters Hippokrates:

„Zuerst das Wort, – dann die Pflanze, – dann das Messer."
Nun haben wir noch den **Jupiter,** den Glücksbringer unter den Planeten.
Auch das Gute, im Übermaß genossen, schafft uns Leiden, macht uns krank. Wir werden im Erfolg üppig, auch in unserer Erscheinung, bekommen Schwierigkeiten, diese Üppigkeit umherzutragen, zu bewegen, unsere Gelenke machen uns Schwierigkeiten, unsere Muskulatur ist durch zu vielen Fleischgenuß übersäuert, ebenso unser Bindegewebe.
Schmerzhafte rheumatische Erkrankungen beeinträchtigen unser Wohlbefinden. Hier benötigen wir den Hinweis, daß auch unser Erfolg uns nicht aus der Bescheidenheit und Demut hinausführen darf, sonst verletzen wir kosmische Gesetze und begeben uns in die Krankheit. Nun wundert es uns schon nicht mehr, daß das **Zinn (Stannum)** das Mittel unserer Gelenke ist, das wir in diesem Falle dem aus den Fugen geratenen Glückspilz zu verordnen haben.

So führt uns die Astrologie hin zur kosmobiologischen Medizin.

Es gibt wohl kaum einen Homöopathen, dem es nicht am Anfang schwergefallen ist, die Konstitutionstypen zu erfassen, die Konstitutionsmittel zu erlernen, zu erfühlen und dem es – auch nach langjähriger Praxis – auf Anhieb gelingt, das passende Mittel dem passenden Typus zuzuordnen. Die Irisdiagnose ist hier zwar äußerst hilfreich und sollte auch zum Einsatz kommen; sie räumt jedoch unsere Hauptschwierigkeit beim Erfassen der Konstitutionen nicht aus. Wir finden kaum den reinen, in der Literatur beschriebenen Typ. Es begegnen uns die mannigfaltigsten Mischtypen, Typen, die den Grundformen recht nahekommen und dann doch wieder ganz andere Merkmale aufweisen.

Weiterhin: Welchen Patienten können wir eine Stunde nach allen Modalitäten und Symptomen ausfragen? Welcher Patient weiß heute noch um seine oft so nebensächlich scheinenden Symptome und kann uns genau sagen, wo sein Schmerz ist, wann er auftritt, welche Empfindungen er hat? Oft weiß er nicht einmal, auf welcher Seite er schläft, ob der Wetterwechsel ihn in seinem vollklimatisierten Büro stört, ob ihm Kälte oder Wärme guttut usw.

Das Mittel liegt fest in seinen Symptomen, der Patient nicht. Wird er uns antworten, wenn wir ihn fragen, ob er frech, schamlos, widerspenstig, arbeitsscheu, faul, albern, zerstreut ist? Wird er uns von sexuellen Träumen erzählen und dergleichen mehr, was zu einer guten Repertorisation gehört? Und wer kann den Patienten in der Zeitspanne, da er zur Tür hereintritt, bis zum Moment, da das Rezept geschrieben wird, so genau erfassen, so genau inspizieren, daß er neben seinen organischen Leiden auch seine Konstitution bis ins Detail erfaßt, um sie dem Simile zuzuordnen.

Hier kann die Astrologie wertvolle Hilfe bieten, indem sie uns auch das Verborgene offenbart, das, was der Mensch um keinen Preis offenbaren und preisgeben will, wird für uns durchschaubar. Alle seine Widersprüchlichkeiten und Gegensätzlichkeiten, unter denen er meist so leidet, treten zutage.

Die Aufgabe des verantwortungsvollen Therapeuten ist es, diese Schwierigkeiten aufzudecken, bewußt zu machen und die Lösung des Problems gemeinsam mit dem Patienten zu erarbeiten. Hier ist das Entwicklungsziel des Zeichens, der Häuser, Planeten und Aspekte sehr hilfreich. Indem wir den Patienten behutsam zu seiner seelischen Reife hinführen, führen wir ihn auch aus seiner Krise. Indem wir ihn aus der Krise führen, haben wir den ersten Schritt zu seiner Genesung getan.

Die Sternzeichen des Zodiak

Genau wie in der Akupunktur folgen sich die Tierkreiszeichen in einem Umlauf von 12 Zeichen mit verschiedener Energetik. Jeweils einem YANG-Zeichen folgt ein YIN-Zeichen, wobei jedes Zeichen durchaus seine eigene Qualität besitzt. Sie sind in einem Kreis von 360° untergebracht, wo jedes Zeichen ein Segment von 30° beherrscht.

Die Zeichen laufen entgegen dem Uhrzeigersinn und beginnen mit dem Frühlingszeichen, dem Widder. Es folgen Stier, Zwillinge, Krebs, Löwe, Jungfrau, Waage, Skorpion, Schütze, Steinbock, Wassermann, Fische. Diesen Zeichen ist jeweils ein Planet zugeordnet; man nennt ihn den Geburtsherrscher. Man kann die Planeten ebenfalls in YANG- und YIN-Zeichen einteilen. Wenn wir beim Widder beginnen, so haben wir den Mars, die Venus des Morgens, den Merkur des Morgens, den Mond, die Sonne, den Merkur des Abends, die Venus des Abends, den Pluto, den Jupiter, den Saturn, den Uranus und den Neptun.

Die 12 Tierkreiszeichen

Widder — Zone des Mars
Eifriges Wollen, Initiative, Verlangen nach Selbständigkeit, Gefahr durch Gewalt, Aktivität, Impulsivität.

Stier — Zone der Venus
Auf materielle Sicherheit bedacht, Beharrlichkeit, Wirklichkeitssinn, eigenwillig, langsame Reaktionen.

Zwillinge — Zone des Merkur
Vielseitige und vielfältige Ausdrucksmöglichkeit, geistige Gewandtheit, schwankend, beweglich, sprunghaft.

Krebs — Zone des Mondes
Gefühlvolle Empfänglichkeit, Phantasie, Hingabe, dabei aber auf Distanz bleibend, labiles Verhalten, Langmut.

Löwe — Zone der Sonne
Schöpferkraft, Machtwille, Geltungsdrang, Gestaltungswille, Organisationstalent, Selbstsicherheit.

Jungfrau — Zone des Merkur
Sorgfalt, Ordnungsliebe, ruhig, nicht sehr aufgeschlossen, Gründlichkeit, Streben nach Bewußtheit, Stabilität.

Waage — Zone der Venus
Harmoniebedürfnis, Sympathiefähigkeit, Schönheitssinn, Entgegenkommen, beweglich, anregbar, gute Ausdrucksmöglichkeit.

Skorpion — Zone des Pluto und des Mars
Selbsterhaltungstrieb, physische Aktivität, praktischer Sinn, Geschicklichkeit, Gefahr durch Jähzorn, Hemmungslosigkeit, widersprüchlich, grüblerisch, Sinnlichkeit.

Schütze — Zone des Jupiter
Begeisterung, Verinnerlichung, Tatkraft, impulsive Erregbarkeit.

Steinbock — Zone des Saturn
Konzentration, Gründlichkeit, Ausdauer, Verengung, gehemmt und einseitig reagieren.

Wassermann — Zone des Uranus und des Saturn
Geistige Aktivität, Wandlungsfähigkeit, Neuerungsbestreben. Vielseitig und widersprüchlich reagieren.

Fische — Zone des Neptun und Jupiter
Empfänglichkeit, Phantasie, Unaufmerksamkeit, labil, zwiespältig.

Die 12 Sektoren „Häuser" des Tierkreises

I   Das Ich, Charakter, der Körper als Werkzeug der Seele, äußere Erscheinung, Ausdrucksform des Willens, Habitus.

II   Materielle Mittel und Reserven, Ökonomie des Verhaltens im Materiellen, Geld.

III   Geistige Fähigkeiten, Denken, nähere Umwelt, Nachbarn, Blutsverwandte.

IV   Herkunft, Eltern, Heimat, das eigene Heim.

V   Triebkräfte, was aus den Sinnen kommt, Lebensfreude, Gestaltungskraft, Liebe, Kinder, Spekulation.

VI   Das Notwendige, Arbeit, Abhängigkeit, Widerstandskraft, Gesundheit, Broterwerb.

VII   Das Du, Partner, Ehe, Bündnisse.

VIII   Bewußtseinsübergänge, Tod, Erbschaft, Forderungen.

IX   Höhere geistige Interessen, Weltanschauung, Ausland, große Reisen.

X   Gesellschaftliche Position, Beruf im Sinne von Berufung, Erfolg, Ansehen, Ehre.

XI   Freunde, Gönner, Wünsche und Hoffnungen, Protektion.

XII   Prüfungen, Feinde, Besinnung, Läuterung, Einschränkung, Verlust, Auflösung.

Die Tierkreiszeichen

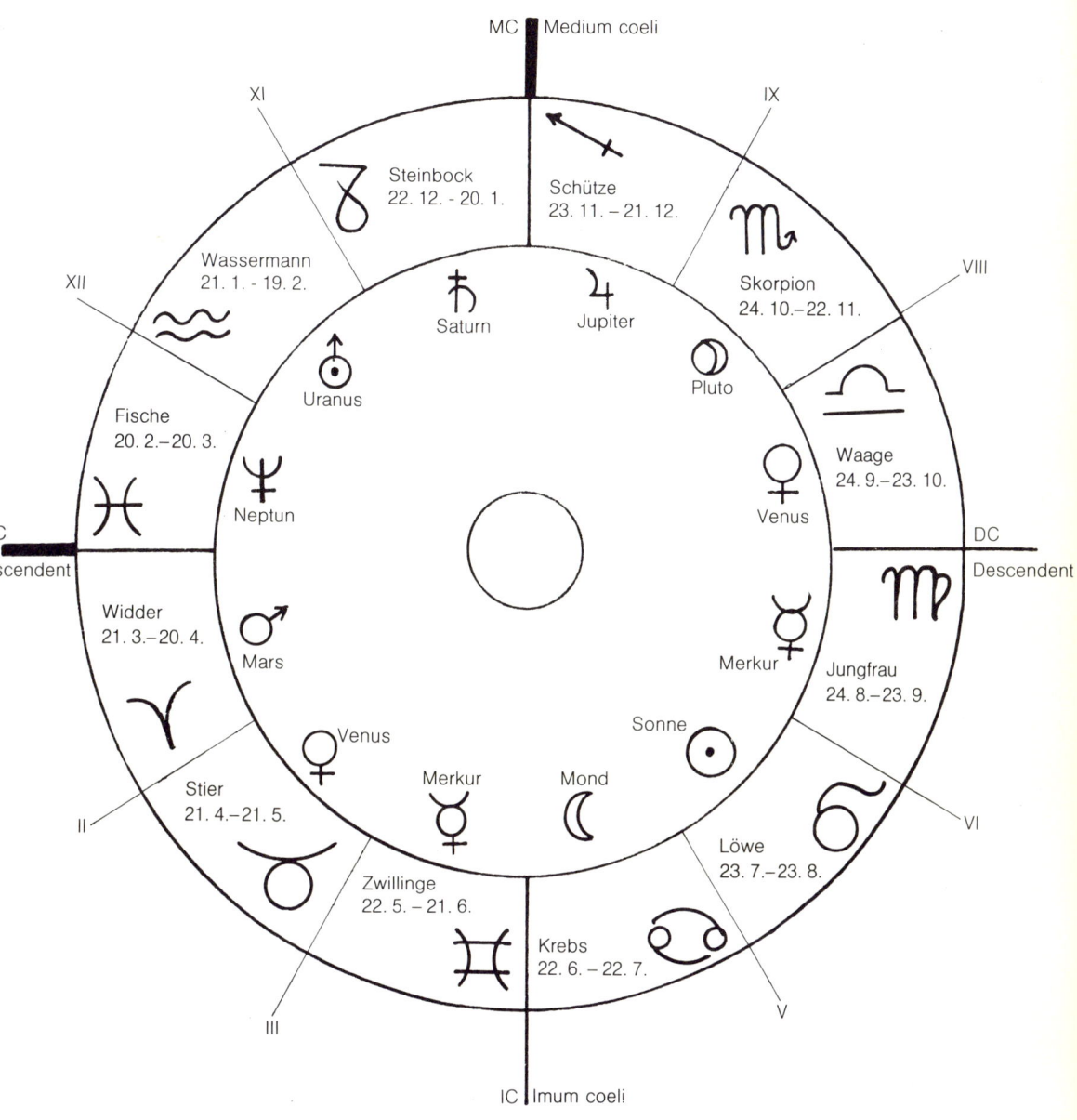

MC | Medium coeli

XI

IX

Steinbock
22. 12. - 20. 1.

Schütze
23. 11. – 21. 12.

Skorpion
24. 10.–22. 11.

VIII

Wassermann
21. 1. - 19. 2.

XII

Saturn

Jupiter

Uranus

Pluto

Waage
24. 9.–23. 10.

Fische
20. 2.–20. 3.

Neptun

Venus

DC
Descendent

scendent

Widder
21. 3.–20. 4.

Mars

Merkur

Jungfrau
24. 8.–23. 9.

Venus

Sonne

Stier
21. 4.–21. 5.

Merkur

Mond

II

Zwillinge
22. 5. – 21. 6.

Löwe
23. 7.–23. 8.

VI

III

Krebs
22. 6. – 22. 7.

V

IC | Imum coeli

15

Widder

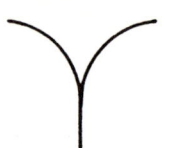

bedeutet Anstoß, bei dem es um Ich-Durchsetzung geht, ist persönliche Auffassung und spontanes Assoziationsvermögen.

Lokalisiert ist das Widderprinzip im Großhirn als dem Ort der Denktätigkeit – ist reine Tätigkeit, subjektive Verfügung über Angeborenes und Erworbenes im dynamischen Sinn.

Die Reizmeldung der Sinnesorgane wird sofort in Aktion umgesetzt, und Befehle werden an Bewegungsorgane weitergegeben.

Die durch die Reizmeldungen empfangenen Signale verknüpft mit den Engrammen früherer Wahrnehmungen, werden nach außen projiziert, wo wir uns als Erteiler von Willensdirektiven handelnd erleben.

Der Blickpunkt ist stets Ziel eines Handelns, auch auf geistige Tätigkeiten bezogen.

Widder ist auch die imperative Form des Denkens mit stets positiv praktischer Zielsetzung und willensmäßiger Entschlußkraft – nur auf leistungsmäßige Lösung der Probleme, nur vorwärts gerichtet. Es wirkt der Tonus, die im Anstoß der Durchführung verwirklichte Spannkraft.

Entsprechungen des Prinzips:

Dem Widder-Prinzip entsprechen Kopf, Großhirn, Großhirnrinde, und der Kauapparat – alles, was mit der Nahrungsaufnahme und -zerkleinerung zu tun hat.

Als erstes Zeichen im Tierkreis entspricht der Widder dem ersten Akt der Nahrungsaufnahme, dem Ergreifen und Zerkleinern.

Von der Richtungsfortpflanzung feiner Reize, rhythmischer Reizwellen bis zur massiven Stoßkraft eines in Bewegung gesetzten Körpers reichen die Widder-spezifischen Charakteristika.

Entgleisungen liegen in der verspannten, verkrampften Anwendung sowie im Verfehlen des entscheidenden Punktes. – „Über das Ziel hinausschießen!"

Widder Aries ♈
21. 3 – 21. 4.

YANG
Gbl.
Amethyst

Konstitution:
Athletiker, Choleriker

Prinzip:
Energieentfaltung

Person:
Willensmensch

Tugend:
Mut, Selbstbewußtsein

Fehler:
Jähzorn, Streitsucht,
Ungeduld.

Sozialer Einsatz:
Selbstaufopferung

Psyche:
Führerwille, Tatendrang,
Ehrgeiz, Leidenschaft

Physis:
Verlangen nach körperlicher
Arbeit.

Krankheitsdiathesen:
Kopf, Gesicht, Augen, Oh-
ren, Zentralnervensystem

Häufige Erkrankungen:
Kopfschmerz, Neuralgien,
Schwindel, Fieber, Nerven-
erkrankungen, Apoplexie.

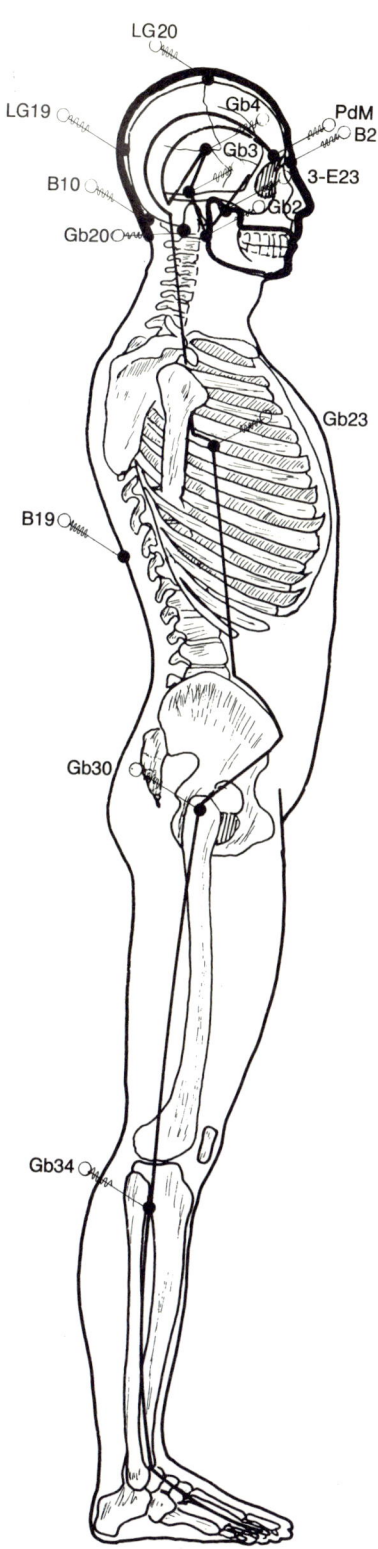

Widder Therapie

Akupunktur: B2, B10, 3E22, Gb34, Dü3, Ohr 55, Aggressionspunkt

Homöopathie:

Ferrum metallicum in B39, B22, Le3
Anämie, Pneumonie. Fieber, Kopfkongestionen, -klopfen und -pulsieren.
Ferrum phosphoricum in Lu5
Fieber und Entzündungszustände, sonst wie Ferrum met.
Belladonna in B65, MP8
Kopfschmerz mit Erregung, Fieber, Delirien, schlaflos, Koliken.
Aconit in H7, 3E22, KS6, M2, M3
Akute Erkrankungen, Fieber, Neuralgien, Hysterie, Tachycardie.
Arnica in Di15
Verrenkungen, Verstauchungen, Blutandrang im Kopf, Gelenkschmerz.
Chamomilla in Di4
Reizbarkeit, Erregungszustände, Kopfschmerz, Blähungskoliken.
Agricus in B14, Lu5, Dü3
Choreatische und epileptoforme Zustände, Erregung und Lähmung.
Gelsemium in H5, Gb20, Gb21, B15, N4
Migräne, Trigeminusneuralgie, Reizleitungsstörung, Zittern.
Nux vomica in M45, Le13, KG13
Gastroduedentitis, Hirnerregung, Krampfneigung, Spasmen, Neuralgien.
Bryonia Le2, M23, Di15, Gb30, N2, N14
Bronchitis, Gastritis, Hepatopathien, Obstipation, Rheuma, Husten.

Weitere Therapien:
Kräftige Stimulanzien der Phytotherapie.
Neuraltherapie, Injektoakupunktur.
Kräftige Massagen,
Baunscheidtieren,
Wechselfußbäder,
Leistungs- und Wettkampfsport,
Aktivurlaub,
Bewegungs- oder geistesaktive Berufe,
Kräftige Ernähung, auch mit Fleisch usw.

Psychotherapie:
1. Worüber zerbreche ich mir den Kopf?
2. Stehen bei mir oben und unten noch in einer lebendigen Wechselwirkung?
3. Versuche ich zu angestrengt nach oben zu kommen?
4. Bin ich zu dickköpfig, versuche ich mit dem Kopf durch die Wand zu gehen?
5. Ersetze ich zu sehr das Denken durch Handeln?
6. Bin ich ehrlich gegenüber meiner sexuellen Problematik?
7. Schiebe ich den Orgasmus in den Kopf? Warum?

Meditationsübung:
Ich trete an, meine guten Gedanken werden Taten.
Unüberlegtes Tun, falsches, zu materielles Denken baue ich ab, durch tätige Reue und gute
Taten finde ich zurück auf meinen Weg.

Stier

ist Sicherung. Was dem Körper unzuträglich wäre, wird abgewiesen. Prinzip der Auswahl von Herangetragenem. Die funktionelle Schwelle zwischen Zulassung und Ablehung dient dem Schutz der leiblichen Integrität. Passiver Widerstand gegen Gefahrenmomente durch die Umwelt. Dem Erdhaften, Materiellen, verbunden.

Die dabei eingeschalteten Sicherungsfunktionen sind vornehmlich in der genetisch älteren Hirnanlage, dem Hirnstamm, verankert (Zwischenhirn, Mittelhirn, Kleinhirn, Brücke und verlängertes Mark).

Der aus diesen Bezugspunkten zum Hirn resultierende Instinkt richtet sich nicht nur schlechthin auf bekömmliche oder unbekömmliche Nahrung, sondern auch auf Heilkräftiges bei Unbehagen oder Erkrankung. Dem schließt sich eine besondere Beziehung zum Geschmackssinn an, lokalisiert in Gaumen, Zunge und Lippen. Letztere treten beim noch unentwickelten Stiertypus wulstig hervor, beim differenzierten Stier herrscht die Feinempfindlichkeit des Zungengeschmacks vor, auch im – übertragenen – Sinne einer ästhetischen Haltung den Dingen gegenüber.

Um Zulassung und Abwehr mit selbstsichernder Tendenz geht es auch bei den Reflexen für mechanische Akte, deren Sitz im verlängerten Rückenmark (Medulla oblongata) liegt.

Hierher gehören die Reflexe des Schlundes, die im Schluck- oder Schlingakt die Nahrung hinunter- oder im Brech- und Würgeakt wieder herausbefördern.

Das verlängerte Mark geht in den Hirnstamm über, wo die Kreislaufzentren liegen mit dem vasomotorischen Hauptanteil. Dies gilt – auf den Stier bezogen – auch für den Reflexschutz der Gefäßspannung.

Eine Sicherung anderer Art obliegt dem Schlafzentrum im Zwischenhirn (Hypothalamus). Kein Zeichen ist so schlafbedürftig, keines auch mit seinem Ureigensten so im Unbewußten verankert wie der Stier.

An den motorischen Akten hat der Stier einen Anteil im statischen Gleichgewicht des Körpers. Verlängertes Mark und Kleinhirn steuern die Koordination der Bewegungen. Hier werden die geeigneten Muskelgruppen in Bewegung gesetzt, um die Stoßrichtung des Widders aufzufangen und den Körper aufrecht zu erhalten.

In all seinen Entsprechungen geht es beim Stier um harmonische Erhaltung des Einzelwesens in seiner natürlichen Ordnung!

Von enormer Wichtigkeit ist dabei die Bewahrer- und/oder Verwalterrolle des Hirnstammes.

Die traditionelle Zuordnung betrifft den Schlund, als Filteranlage an dessen Eingang die Mandeln. Bekannt ist die Anginaneigung des Stiers; typisch sind auch Verhärtungen der Hals- und Nackenmuskulatur.

Entsprechungen des Prinzips:

Erdhaft, passiv, genußfreudig. Haften am Gewohnten, am Besitz.

Entgleisungen liegen im wahllosen Verzehren (der Qualität und der Menge nach) und im Gegenfall – in der Katatonie.

Erstarrung in einer bestimmten Stellung und Haltung. Nahrungsverweigerung, Schlaflosigkeit.

Dies veranschaulicht zweierlei Gestörtheiten der Verfügung über den Schwellenwert: einerseits übergroße Lockerheit und Lässigkeit, andererseits Starrheit, Verkapselung, wenn übergroße Beanspruchung die Grenze der Aufnahmefähigkeit überschreitet.

Besondere Neigung zu seelischen Komplexen.

Stier Taurus ♉
21. 4. – 21. 5.

YIN
3E

Achat

Konstitution:
Pykniker, Melancholiker

Prinzip:
Sicherung

Person:
Gefühlsmensch

Tugend:
Festigkeit, Hilfsbereitschaft

Fehler:
Sentimentalität, Eigensinn,
Genußsucht

Sozialer Einsatz:
Nächstenliebe

Psyche:
Zielsichere Hingabe, Gestaltungskraft, Formensinn,
Empfindungen ausschöp-
fend, Zärtlichkeitsbedürfnis.

Physis:
Beharrlich, ausdauernd beständig. Sympathisch, im
Zorn jedoch explosive Entla-
dung. Konservativ.

Krankheitsdiathesen:
Hals, Rachen, Mandeln.
Schilddrüse, endokrines
System.

Häufige Erkrankungen:
Schilddrüsenerkrankungen,
Kropf, Angina tonsillaris, Pa-
rotitis, Nackensteife. Stoff-
wechselerkrankungen, Adi-
positas.

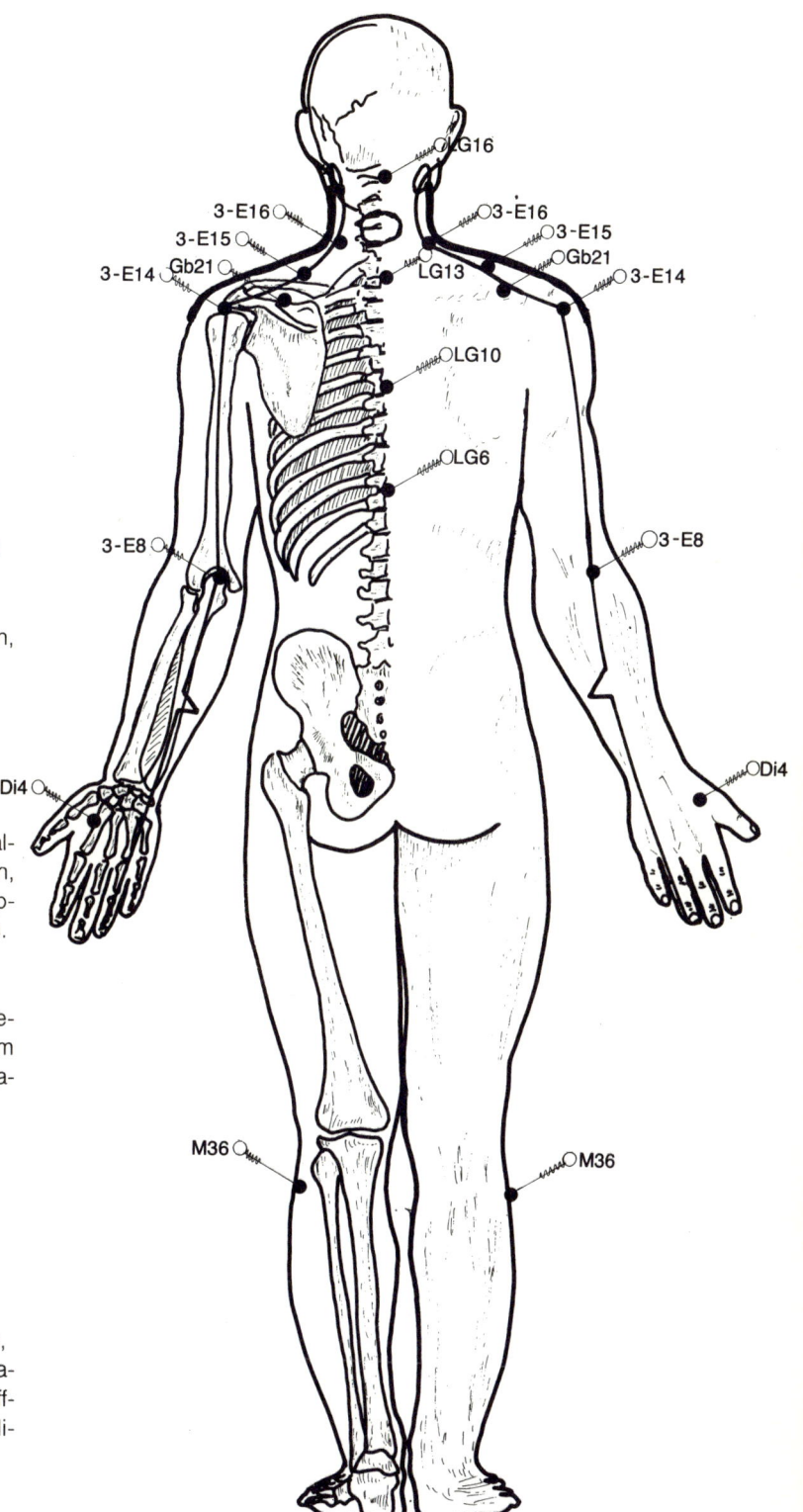

Stier Therapie

Akupunktur: M36, Di4, M10, LG16, LG13, 3E14, 3E15, 3E16, Gb21, Gb8, LG9, LG10

Homöopathie:

Natrium sulfuricum in N18, 3E15
Stoffwechselstörungen, Blähungskoliken, Durchfälle morgens.
Calcium carbonicum in KS6, LG9, LG10, LG6
Polyglanduläre Insuffizienz, generalisierte Lymphdrüsenschwellungen.
Jodum in LG16
Thyreotoxikose, Kropf, Skrofulose, Arteriosklerose, Tachycardie, Akne.
Sulfur in N2, N18, 3E4, Di3, 3E10
Stoffwechsel- und Reaktionsmittel, chronische Katarrhe, Furunkulose.
Pulsatilla in M36 N13 3E4 Gb26
Venöse Konstitution, Gastroenteritis, Hepatopathien, Rheuma.
Arsenicum album in N3, N20, Di10, B39, KG4
Schwäche und Erschöpfung, Dysenterie, Dermatiden, CA, Angst, Brennen.
Cuprum in Dü4, Le2, Le3, Lu2, KG13
Krämpfe, Arteriosklerose, Magen-/Darmkoliken, Nierenerkrankungen, Zirrhose.
Aesculus in MP5, MP1
Venöse Stase, Pfortaderstau, Lumbalgien, Varicen, Thrombosen.
Hamamelis
Venöse Stase, venöse Blutungen, Dysmenorrhoen, Struma Vasculosa.
Thuja
Hauterkrankungen, Warzen, Polypen, fokusbedingte Erkrankungen.

Weitere Therapien:
Neuralinjektionen in die Mandelpole.
Biochemische Salze nach Dr. Schüßler
Nacken- und Schultermassagen.
Entschlackungskuren, Heilfasten.
Kunsthandwerkliche Hobbys, Gartenarbeit.
Sportarten, die Ausdauer erfordern, Skilanglauf, Rudern etc.
Urlaub am Meer.

Psychotherapie:
1. Was kann ich nicht schlucken?
2. Welchen Anforderungen und Herausforderungen will ich ausweichen?
3. Was halte ich zu fest, wovon kann ich mich nicht lösen?
4. Was will ich nicht akzeptieren, nicht hereinnehmen?

Meditationsübung:
Ich baue das Haus, Harmonie und Liebe seien meine ständigen Gäste. Es sei offen für alle, die den rechten Weg suchen. Der Riegel positiver Gedanken sperre meine Tür für das Unreine, Habsucht und Geiz.

Zwillinge

haben als Entsprechung zunächst die Leitungswege, über welche sich die Tätigkeit des Hirnpols verwirklicht, also die Nervenbahnen des Cerebrospinal-Systems (Gehirn-Rückenmarksystem). Auffallend ist die Zweiteilung, sowohl in zweierlei Nervensysteme, als auch in zwei Impulse: „Her" von den Sinnesorganen – „Hin" zu den Bewegungsorganen. Funktionell geht es also um Reizleitung, um die weiße Nervensubstanz.

Die Betonung liegt beim Zeichen Zwillinge auf der willkürlichen, d. h. bewußt zweckhaft gesteuerten Bewegung. In diesem Sinne versteht sich auch die traditionelle Zuordnung der Hände und Arme.

Ein weiterer Zusammenhang besteht in der Beziehung zu den Sprachzentren; überhaupt ergibt sich eine Beziehung zu den Assoziations- und Apperzeptionszentren hinsichtlich des Ablaufs von Vorstellungen und Urteilen. Bekanntlich funktioniert dieser bei den Zwillingen besonders rasch, unter Umgehung seelischer Nebentöne.

Als Prinzip vorherrschend ist die Schnelligkeit der kürzesten und reibungslosesten Verbindung zwischen zwei Punkten. Hier haben wir es mit einer „instrumentalen Geistigkeit" zu tun.

Weiterhin ist diesem Zeichen die Atmung zugeordnet, im Zusammenhang mit dem antiken Pneumabegriff:

Bewußte Atemführung wirkt auf die inspirative geistige Verfassung zurück und ermöglicht eine Beherrschung feinerer seelischer Kräfte.

Das Ein und Aus der Atemführung mit seinem zeitregelnden Rhythmus korrespondiert mit dem Denkfortgang.

Im physiologischen Bild sehen wir die Mechanik der Atembewegung durch Zwerchfell und Brustmuskeln, verbunden mit dem physikalischen Druckausgleich der Gase.

Sauerstoffmangel bzw. Kohlensäureanhäufung im Blut regen das Atemzentrum an – eine Verknüpfung von Nervenzentren, welche die Atemmuskeln zur Tätigkeit anregen. Zwillingshaft ist daher auch die Abweichung von der Norm; der bei diesem Typ häufig vorzufindende Flachatem bedarf geradezu einer bewußten Beeinflussung des Atems.

In der Lunge – sie entspricht dem Blattorgan der Pflanze – hat sich das Leben eine unmittelbare Berührung des Eigenraums mit dem Umraum geschaffen, welche die äußere Hautoberfläche um ein vielfaches übertrifft. Diese Organbeschaffenheit spiegelt sich auch in der Psyche des Zwillinge-Geborenen wider.

Eine extraversive, zum Austausch auf möglichst viel „Oberfläche" tendierende Psyche bewegt sich im Urteilsschema pro und contra, verwertbar – unverwertbar, ständig auf der Jagd nach Neuem und Anregsamem. Gebrauchtes wird unsentimental wieder abgestoßen. Dies verbindet sich mit unübertrefflicher Raschheit der Reizleitung (z. B. Kenntnisnahme sinnlicher Signale oder abstrakter Begriffe und Ziffern sowie der passenden Assoziationen).

Im Zusammenwirken von Veränderungen der Mundhöhle und Zungenstellung artikuliert und differenziert sich der Mitteilungszweck. Gleichsam als Vorposten der Lunge ist der Kehlkopf in den Hals vorgeschickt; zusammen mit dem Sprach- und Hörzentrum des Gehirns beruht auf der sicheren Eingespieltheit dieser Organe die besondere Zungenfertigkeit des Zwillings-Typs. Er betätigt sie mit erhöhter Funktionslust und unterstützt sie dabei häufig mit Armen und Händen, welche diese Funktionslust in das geschriebene Wort überleiten.

Zwillinge Gemini ♓
22. 5. – 21. 6.
YANG
Lu

Goldberyll

Konstitution:
Astheniker, Sanguiniker

Prinzip:
Vielfältigkeit,
Kommunikation

Person:
Kontaktmensch

Tugend: Gute Denkfähig-
keit, rasche Auffassung

Fehler: Unbeständigkeit, un-
konzentriert

Sozialer Einsatz:
Ideen verbreiten (Evange-
lium)

Psyche:
Anpassung, Beweglichkeit,
Vielseitigkeit, Oberflächlich-
keit, zwiespältig.

Physis:
Verbindliches Wesen, ner-
vös, veränderungsliebend,
redegewandt. Große Wen-
digkeit im Intellekt, findig,
viele Kontakte.

Krankheitsdiathesen:
Arme, Schultern, Hände,
Lunge, 1.–4. Brustwirbel.

Häufige Erkrankungen:
Lungenerkrankungen, Bron-
chitis, Asthma, Schulter-
Arm-Syndom. Tennisellbo-
gen. Nervöse Störungen.

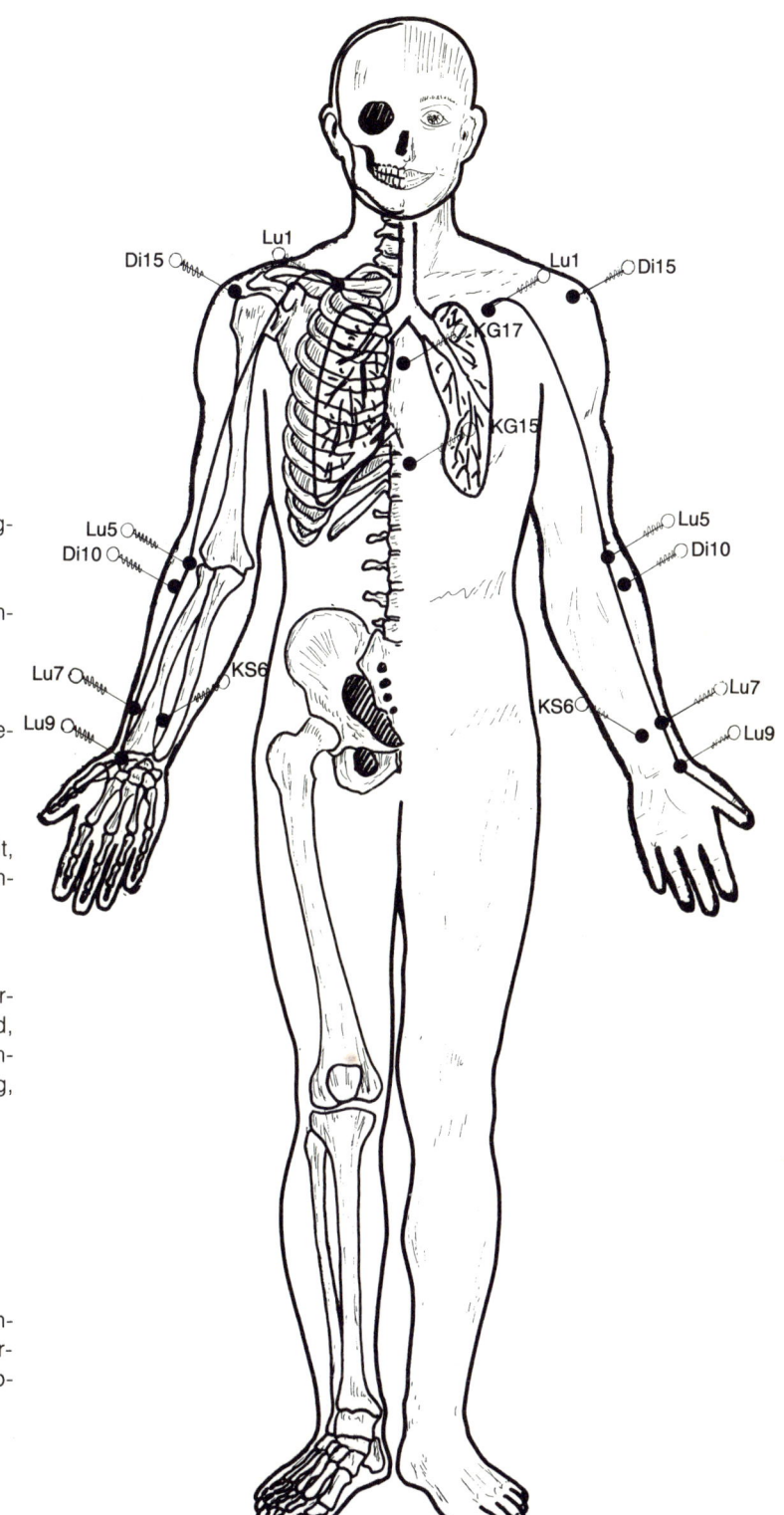

Zwillinge Therapie

Akupunktur: Lu9, Lu7, Lu5, Lu1, KG15, KG17, KS6, Di10, Di15

Homöopathie:

Mercurius solubilis in MP5, N7, N1.
Akute und chronische Entzündungen des lymphatischen Apparates.

Magnesium phosphoricum in B60, Lu7, M15, MP2.
Krämpfe und Koliken, einschießende Nervenschmerzen, Denkunfähigkeit.

Phosphorus in H5, Le2, Lu7, KG5, KG11, KG16, LG5.
Neurasthenie, Erschöpfung, Hyperthyreose, Bronchitis, Sehstörungen.

Acidum phosphoricum in M36, Le9, KG6, KG15.
Neurasthenie, Erschöpfung, Impotenz, schlaflos, Konzentrationsschwäche.

Sanguinaria in B31, Dü9, KS6, 3E22.
Kopfkongestionen, klimakterische Beschwerden, Rheuma, Erkältungen.

Coffea
Cor nervosum, Herzklopfen, Tachykardie, Migräne, schlaflos, Erregung.

Ignatia
Hysterie, nervöse Erschöpfung, stimmungslabil, überempfindliche Nerven.

Chamomilla in Di4, MP2, Dü18.
Reizbar, überempfindlich, Vasolabilität mit Blutandrang zum Kopf.

Aconit in H7, KS6, 3E23, M2, M3.
Fieber, Neuralgien, Stenokardie, Reizleitungsstörung, Tachykardie,
Bryonia in Le2, M23, N2, KS7, Di15, Gb30.
Bronchitis mit trockenem Husten, Rheuma, Reizbarkeit, Kopfschmerz.

Andere Therapien:
Eurhythmie, Atemgymnastik. Wechselduschen, Trockenbürsten.
Massagen der Schultern und Arme, eher im Sitzen ausüben.
Schnelle Sportarten, Tennis, Tischtennis, Ballspiele, Abfahrtslauf, Radfahren etc.
Urlaub in Mittelgebirgen mit viel Abwechslungsmöglichkeiten.

Psychotherapie:
1. Was verschlägt mir den Atem?
2. Was will ich nicht hinnehmen?
3. Was will ich nicht hergeben?
4. Womit will ich nicht in Kontakt kommen?
5. Habe ich Angst, einen Schritt in die neue Freiheit zu tun?
6. Auf welches Ziel möchte ich mich nicht konzentrieren?

Meditationsübung:
Ich will aussprechen Gottes Wort und den Menschen begegnen,
die die Wahrheit suchen.
Gib mir Zeit und Geduld, unbedachte Worte zu bedenken.

Krebs

♋

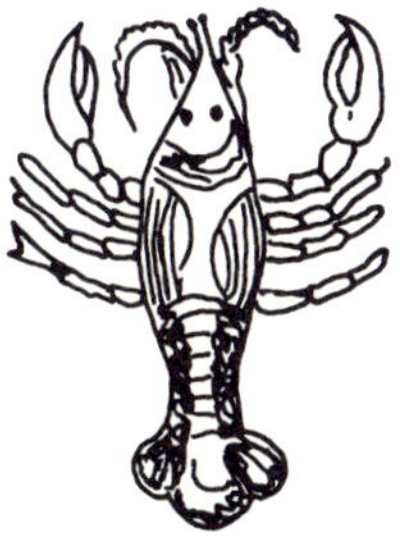

ist die Zubereitung der eingeführten Verbrauchsstoffe und ihre Übernahme in den eigenen Körperbestand.

Führende Aufgabe dieser Assimilation ist das Ingangsetzen des Chemismus der Verdauungsdrüsen: Speicheldrüsen, Magen, Pankreas, Leber/Galle, Drüsen in der Darmwand.

In diesen zartesten und empfindlichsten Gebilden mit ihren feinen wechselbezüglichen Abstimmungen hat das funktionale Prinzip des Krebses seinen Sitz.

Dieser Chemismus beginnt bereits im Kopf in den Speicheldrüsen, deren unwillkürliche Ingangsetzung bereits bei bloßer Vorstellung oder äußerer Wahrnehmung von Speisen erfolgt.

Wir können daher beim Krebs den besonders lockeren Übergang von seelischer Imagination zur Säftebildung als Prinzip erkennen.

Die Aufbereitung der Nahrungsstoffe durch chemische Prozesse hat ihren Hauptsitz im Magen mit seinen Millionen Drüsen und Becherzellen, welche täglich 3 l Magensaft erzeugen.

Mit dem in Gang gesetzten Körperchemismus beginnt das Vermögen, die noch als „Umwelt“ zu betrachtende Nahrung in „Eigenwelt“ zu verwandeln. Die leiblich-seelische Wechselwirkung sitzt hier sehr locker: „Magengefühle“ spiegeln sich in seelischen Stimmungen wider, und seelische Verstimmungen wirken sofort zurück auf die organische Magentätigkeit. Seelisch-Sensibles kann hier entgleisen in allergische Konstitution.

Beim Krebs-Typ finden wir in ausgesprochener Weise, was wir als „Lebenshunger“ bezeichnen. Bei der Entstehung des organischen Hungergefühls spielt die Funktion des Vagus mit. Er tritt aus der dorsalen Schädelbasis aus und schickt seine Äste zu den Stimmorganen, Lunge, Magen, Milz, Leber, Niere und zum Sonnengeflecht. Als Regler des Kräftehaushalts der versorgten Organe und seelischer Spannungsbarometer gehört er zu den autonomen Zügeln des Lebens.

Krebs bedeutet Umpolarisierung: Tod und Zersetzung organischer Andersheiten werden dem eigenen Leben dienlich. Die Hauptaufgabe des Pepsins ist es, Eiweißkörper in lösliche Form zu bringen. Als eine von der Verdauungsnotwendigkeit abhängige unterstützende Wirkung tritt die Sekretion der Darmdrüsen hinzu.

Als vom Mond beherrschtes Zeichen verstehen wir Krebs in folgendem Zusammenhang:

Das chemische Gestaltungsprinzip; der Speisesaft ist – in den Körperbestand übernommen – die Lymphe als Träger einer allseitig zirkulierenden und Bedingungen für das Zellwachstum schaffenden Funktion. Der Lymphkreislauf bildet aber die hauptsächliche Entsprechung des lunaren, vegetativen Lebens.

Dies zeigt sich auch in einer weiteren Entsprechung dieses Zeichens: der Mutterschaft – mit ihrer angeschlossenen Funktion, dem Nahrungsaufbau des werdenden Kindes Rechnung zu tragen. Daher liegt die nächste Entsprechung in den Brustdrüsen.

Darum erleben wir beim Krebs-Typ auch die Schwangerschaftspsychose mit ihren oft abnormen spontanen Bedürfnissen, die der Umwelt als Launenhaftigkeit und Einbildung erscheinen.

Auch beim männlichen Vertreter des Zeichens Krebs tritt etwas wie das wechselbezügliche Mutter-Kind-Verhältnis in Erscheinung: einerseits kindliches Umsorgtseinwollen, andererseits männliches „Bemuttern", Hegen, Umsorgen anvertrauter Lebenswerte.

Krebs Cancer ♋
22. 6. – 22. 7.

YIN
M

Mondstein

Konstitution:
Pykniker, Melancholiker

Prinzip:
Befruchtung,
Verinnerlichung

Person:
Mutter

Tugend:
Empfangsbereitschaft,
Zähigkeit

Fehler:
Überempfindlichkeit,
Hemmungen

Sozialer Einsatz:
Traditionspflege

Psyche:
Gefühlsreichtum,
Empfänglichkeit,
Gattenliebe, Familiensinn,
anhänglich.

Krankheitsdiathesen:
Magen, Psyche.

Häufige Erkrankungen:
Magenkrankheiten,
mangelnde Peristaltik,
Lymphstau, Depressionen.
Ascites.

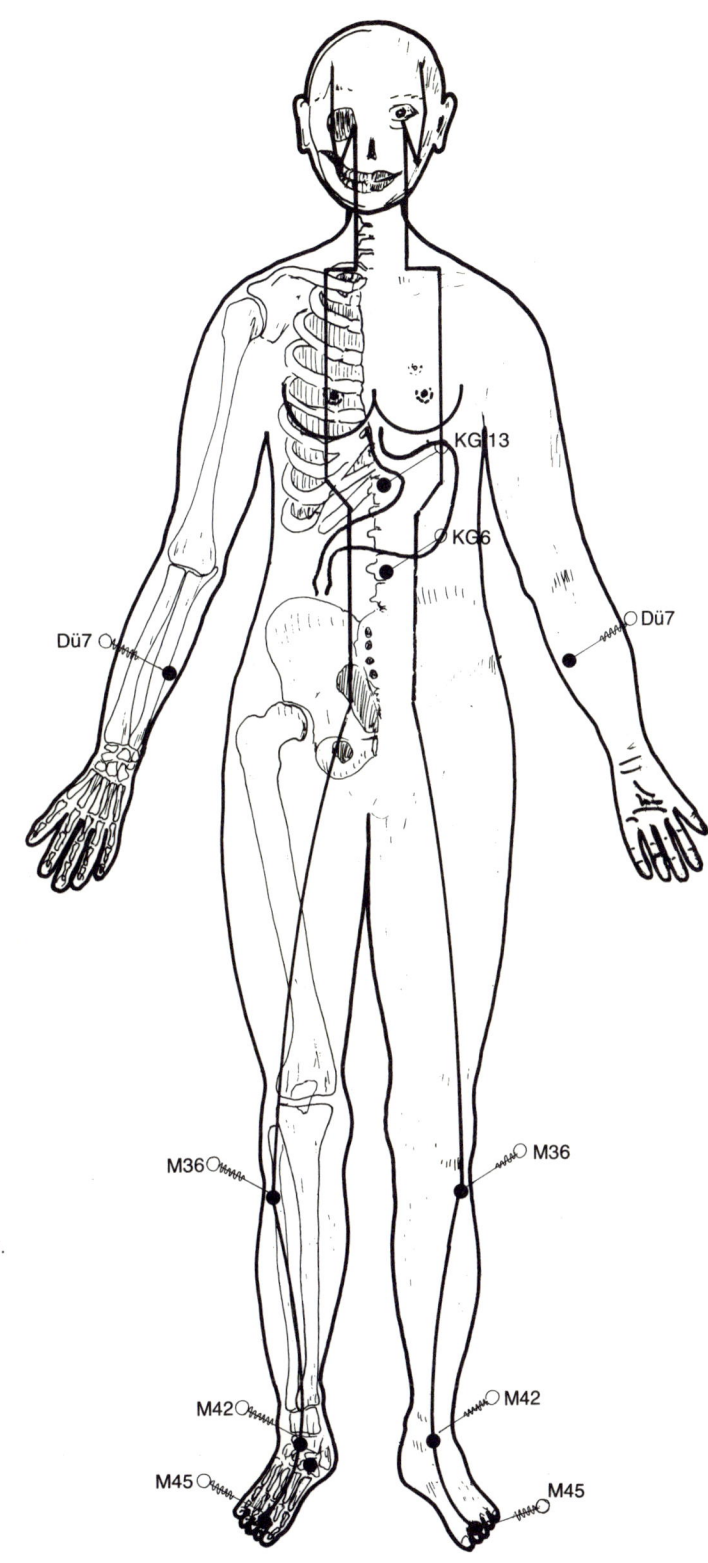

Krebs Therapie

Akupunktur: M 36, M 42, M 45, B 21, Dü 7, KG 6, KG 12, B 10

Homöopathie:

Argentum nitricum in B 21, B 22, H 5, Dü 7, KS 3, 3E 22, M 36
Magengeschwüre, Gastritis, Dyspepsie, Neurasthenie, Psychasthenie.
Calcium phosphoricum MP 6, Di 4
Neurasthenie, chron. Magen-Darmkatarrhe, Rachitis, Skrofulose.
Calcium carbonicum in LG 6, LG 9, LG 10, KS 6, Gb 30
Exsudative Diathese, Rachitis, Hyperhidrosis, Lymphstörungen, Gastritis.
Silicea in MP 5, B 11, 3E 5, 3E 3, KG 9
Lymphatismus, Mangel an Lebenswärme, chronische Eiterungen. Meteorismus.
Carbo vegetabilis in Di 11, Dü 4, Lu 9
Gastritis, Hyperycididät, Magenatonie, Dyspepsie, Roemheld, Meteorismus.
Pulsatilla in M 36, N 13, N 14, 3E 4, Gb 26
Magen-Darmerkrankungen, Frauenleiden, Venen, Depression, Gemütsleiden.
Sepia in N 7, M 25, MP 4
Nervöse Erschöpfung, Depression, Klimakterium, Senkungsbeschwerden.
Arsenicum album in N 3, N 20, Gb 21, Di 10, M 42, B 39, KG 4
Gastroenteritis, Dysenterie, brennende Schmerzen, Kachexie, CA.
Natrium muriaticum LG 13
Schleimhäute, Wasserhaushalt, reduzierter Kräftezustand, Drüsenaffekt.
Sulfur in N 2, N 18, 3E 4, Di 3, Gb 34
Reaktionsmittel, Gastroenteritis, Dyspepsie, Pfortaderstau.

Andere Therapien:
Balneotherapie, Kräuterbäder.
Schröpfmassagen, Lymphdrainage,
Gegensensibilisierung, Eigenblutbehandlung.
Amaras, Tees mit Bitterstoffdrogen.
Laktovegetabile Ernährung.
Für harmonische Umwelt- und Arbeitsbedingungen sorgen, ebenso Harmonisierung des Familienlebens.
Schwimmen, Gartenarbeit.
Urlaub möglichst im Süden.

Psychotherapie:
1. Was kann oder will ich nicht hereinnehmen?
2. Was fresse ich in mich hinein?
3. Wie gehe ich mit meinen Gefühlen um?
4. Worüber bin ich sauer?
5. Wie gehe ich mit meinen Aggressionen um?
6. Wie weit gehe ich Konflikten aus dem Wege?
7. Habe ich eine verdrängte Sehnsucht nach dem Kindheitsparadies, um mich nicht selbst durchbeißen zu müssen?

Meditationsübung:
Geborgenheit will ich geben dem Suchenden, Ruhe dem Liebenden. Lehre mich Kränkung zu überwinden, lasse mich offen sein für Menschen, die mich brauchen. Die Genüsse dieser Welt will ich dankbar annehmen, aber nicht überbewerten.

Löwe

ist die motorische Gesamtregulation, die in der Herzarbeit liegt, in der Mechanik des Blutkreislaufs.

Das Herz als Zentralorgan der Lebensbetätigung ist die solare Entsprechung, der Regler des Austauschprozesses des aus der Lunge zugeführten Lebensstoffes und dort herauszufiltrierender Abbaustoffe. Sauerstoff wird dem Eigenraum zugeführt, Stickstoff dem Umraum wiedergegeben.

Die Herzarbeit hat die Überwindung des Reibungswiderstandes an den Gefäßwänden zu leisten. Im Herzmuskel verbinden sich die Haupteigenschaften der quergestreiften Muskeln mit denen der glatten Muskulatur. Die Fasern haben aber keinen Überzug, und die Kerne sitzen nicht mehr am Rand sondern in der Mitte einer Faser. Die Stärke der Erregung eines Muskels hängt nicht von der Stärke des Reizes ab, sondern jeder wirksame Reiz ruft maximales Zusammenziehen hervor – „Alles-oder-nichts-Prinzip". Bei schnell aufeinanderfolgenden Reizen tritt aber das sogenannte Flimmern auf, die einzelnen Muskelbündel reagieren nicht mehr einheitlich, sondern die einzelnen Fibrillen zucken jede für sich.

Hier offenbart sich das Löwe-Prinzip – das zentralistische Macht- und Willensprinzip: warm, lebenspositiv; auf fordernde Reize springt der Löwe mit Einsatz seiner ganzen Persönlichkeit an und antwortet auf Mißachtung seines Eigenwertes mit der ganzen Wucht des Affektes. Er gibt sich tätig, wirkungsvoll, im Umkreis lebendiger Verantwortlichkeit repräsentativ für ein Ganzes. Im Egozentrismus wurzeln auch Eitelkeit, große Ansprüche und Unkontrolliertheit, ferner krankhafte Formen wie Größen- und Verfolgungswahn (analog dem Flimmern bei fortgesetzter Reizung) sowie Verlust des Überblicks im Zustand panikhafter Erregung.

Im Löwen erleben wir Situationsbeherrschung durch den unbeirrbaren Übergang vom Empfinden in reflektorisches Handeln. Der Löwe zeigt arteigentümliche Könnensformen, die ohne Anteil des Bewußtseins – wann und wo sie gebraucht werden – instinktiv richtig zupacken (z. B. bei Verletzungen oder auch in Grenzsituationen, ohne Kenntnis tauglicher Maßnahmen).

Als organische Entsprechungen gehören hierher die Reflexbögen im Zentralnervensystem, genauer die Aufgabe der grauen Substanz im Rückenmark im Sinne der Sofortschaltung: Hintere sensible Wurzel – Hinterhorn – Vorderhorn – vordere sensible Wurzel.

Für die Löwe-Einstellung zur Welt ist kühle Kenntnisnahme und bewußte Absichtlichkeit etwas Sekundäres gegenüber dem Drang zu handeln, den mit Empfindungen verknüpften Gefühlen, die bei Anteilnahme einer Sache im beschleunigten Puls zum Ausdruck kommt.

Daher finden wir eine weitere Entsprechung des Löwen in der Hauptschlagader, der Aorta, der tätigsten Form des Gefäßsystems.

Löwe Leo ♌
23. 7. – 23. 8.

YANG
H

Goldtopas

Konstitution:
Athletiker, Choleriker

Prinzip:
Autorität

Person:
Herrenmensch

Tugend:
Großmut, Einstehen für
Untergebene

Fehler:
Ruhm- und Prunksucht,
Unbelehrbarkeit

Sozialer Einsatz:
Machtentfaltung,
Regentschaft.

Psyche:
Schöpfungskraft,
Gestaltungswille,
Selbstvertrauen,
Machtstreben.

Physis:
Starkes Selbstbewußtsein,
Macht- und Prunkentfaltung.
Liebt Luxus.

Krankheitsdiathesen:
Herz, Kreislauf, Brustwirbel-
säule T 5 – 7. Blutgefäße.

Häufige Erkrankungen:
Herzerkrankungen,
Blutarmut, Arteriosklerose,
Neurosen, Ohnmachten.

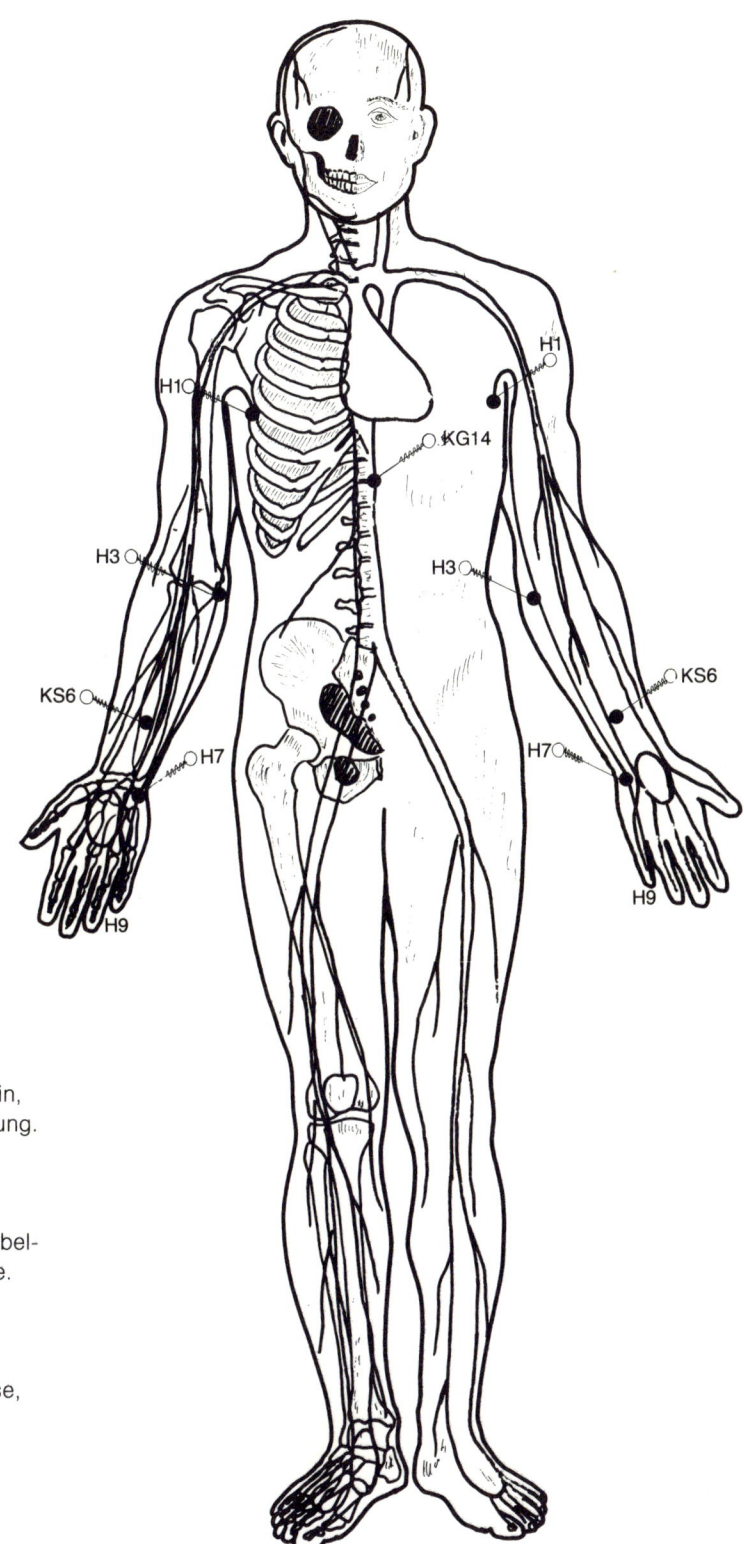

Löwe Therapie

Akupunktur: H 9, H 7, H 3, H 1, KS 6, KG 14, B 15

Homöopathie:

Aurum in H 3, H 7
Depression, Suizidneigung, Herzbeschwerden, Hypertonie Angina pect.

Arnica in Di 15
Hypertonie, Zerschlagenheit, Herzstiche, Rückenschmerzen, Prellungen.

Crataegus in H 1, H 7, KS 6
Herzmuskelschwäche, Altersherz, Koronargefäße, Hypertonie, Unruhe.

Kalium sulfuricum
Umstimmung der inneren Sekretion, Stoffwechselaktivator, Depression.

Kalium carbonicum in B 15, B 18, N 8, Le 5, MP 6
Herzmuskelschwäche, Vagotonie, Arrhythmie, Ödemneigung, Depression.

Cactus grandiflora in KS 7, H 7, KS 1, KG 14, KG 17
Stenocardie, Endocarditis, krampfartiges Zusammenziehen von Herz u. Kopf, Magen und Uterus.

Camphora in KS 9
Vasomotorenkollaps mit kaltem Schweiß u. Cyanose, Todesangst.

Kalmia in H 7, KS 7
Herzstiche, Angina pectoris, Herzbeklemmung, Bruststiche, Kopfschmerz.

Aconit in H 7, KS 6
Herzinfarkt, Angina pect. Herzneurose, blitzartig einschießende Schmerzen.

Lycopus in M 10
Vegetative Dystonie, Hyperthyreose, Tachycardie, Stenocardie, Arrhythmie.

Andere Therapien:
Gefäßtraining, Wechselduschen, Trockenbürsten, Ozon-Sauerstoffmehrschritt-Therapie.
Kräftige Ganzkörpermassagen (gutriechende Öle benutzen).
Sonnenbäder, rhythmische Übungen, Gymnastik. Kuraufenthalt.
Gefäßpflege durch cholesterinarme Nahrung. Abstinenz von Nikotin und Alkohol.
Gruppensport, gepflegte Geselligkeit.

Psychotherapie:
1. Sind bei mir Kopf und Herz, Verstand und Gefühl im harmonischen Gleichgewicht?
2. Gebe ich meinen Gefühlen genügend Raum, äußere ich sie auch?
3. Lebe und liebe ich mit ganzem Herzen, oder mehr halbherzig?
4. Lebe ich in lebendigen Rhythmen, oder presse ich mich in einen strengen Takt?
5. Gibt es in meinem Leben noch genügend Zündstoff? (Sprengstoff)??
6. Höre ich auf mein Herz?

Meditationsübung:
Leitbild will ich sein und Führer. Laß mich den rechten Weg finden, für mich und alle, die mir folgen.

Jungfrau

bezeichnet das Zuendeführen der Arbeit an den Verbrauchsstoffen, ihre Scheidung und Übernahme in den Körperbestand durch die hierzu nötigen mechanischen Vorgänge und die unwillkürlichen sowie nervenmäßigen Beziehungen der inneren Organe zueinander.

Mit der Resorption des Speisesaftes durch die in den Darmzotten gelegenen Chilusgefäße wird einmal die Aufgabe der Überführung in den „Eigenraum" bewältigt, zum zweiten die Scheidung von den verwertbaren und unverwertbaren Stoffen und drittens die Sortierung der verwertbaren Stoffe unter sich. Dem entspricht gestaltmäßig der grazile Bau und die Vielzahl der Zotten.

Das Prinzip ist minutiöses Auswählen, Unterscheiden nach Klassen des Zweckdienlichen. Arteigene Stoffkundigkeit liegt hier in verfeinerter Weise vor – ist konkrete Leistung gewordene Intelligenz.

All dies kommt auch in den seelischen Entsprechungen der Jungfrau zum Ausdruck, in ihrer mimosenhaften Empfindlichkeit gegen Wesensfremdes, zuweilen kleinlichen Abwehrhaltungen, bei emsiger Auswahl und Nutzung persönlicher Aufbauwerte. Die Welt dieses Typs ist mosaikartig zusammengesetzt nach mechanisch summativen Regeln mit einer introversiven Note eines komplizierten Innen-Ichs.

Jungfrau ist mäßige, geregelte Lebensweise mit sorgfältiger Auswahl, hoher Empfindlichkeit gegen gewisse Speisen; bei Medikamenten wirken kleinste Reize und Dosen; zur Umwelt ausgesprochene Idosynkrasien.

Im Organischen gehört zur Jungfrau die glatte Muskulatur vom Schlund bis zum After, deren Hauptaufgabe in der unwillkürlichen peristaltischen Bewegung liegt. Die Bewegungsform der glatten Muskulatur ist ein langsamer, nachhaltiger Vorgang. Der Erregungsvorgang erstreckt sich immer auf den ganzen Muskel. Analoge Erscheinungen finden wir im seelischen Bild in der Reaktionsart und Schnelligkeit.

Das langsame Erfassen, sorgfältige Prüfen und der darauffolgende Einsatz der ganzen Persönlichkeit, aber unter fortlaufender Kontrolle und Kritik zeigt das Erscheinungsbild, wobei hinter dem kritisch analytischen Verstandesdenken durchaus eine versteckte Zugänglichkeit für irrationale Naturzusammenhänge und hinter selbstbewahrender Egozentrität ausgesprochener Familiensinn liegen kann.

Der Solarplexus als Erreger der glatten Muskulatur, das Sonnengeflecht (auch Baum des Lebens genannt), findet im Nervensystem hier seine Entsprechung. In all ihren Entsprechungen er-
weist sich die Jungfrau als Merkurzeichen dem ökonomischen
Prinzip gehorchend. Das kleinste Kraftmaß im richtigen Augenblick und am richtigen Ort eingesetzt, kann die größte Wirkung erlangen.

Jungfrau Virgo ♍
24. 8. – 23. 9.

YIN
Di

Turmalin

Konstitution:
Pykniker bis Astheniker,
leicht melancholisch

Prinzip:
Ordnung, Sorgfalt

Person:
Vorsorgender Mensch

Tugend:
Fleiß, Zuverlässigkeit,
Sorgsamkeit

Fehler:
Kleinliche Peniblität, Neid.

Sozialer Einsatz:
Streben nach Sittlichkeit
und Reinheit.

Psyche:
Gerechtigkeitssinn,
Ordnungsliebe, Sorgfalt.
Reserviert bis kühl.

Physis:
Haushälterisches Wesen.
Nervöser Typ, Intellektueller,
genau, nüchtern, spröde
korrekt, zuverlässig, zurückhaltend. Methodik, Kritik-
sinn.

Krankheitsdiathesen:
Verdauungsorgane, Milz,
Leber, Galle, Pankreas.
Darmerkrankungen,
Durchfall, Verstopfung.

Häufige Erkrankungen:
Darmgeschwüre, Enteritis,
chronische Obstipation,
Akne, Nervenbelastung.

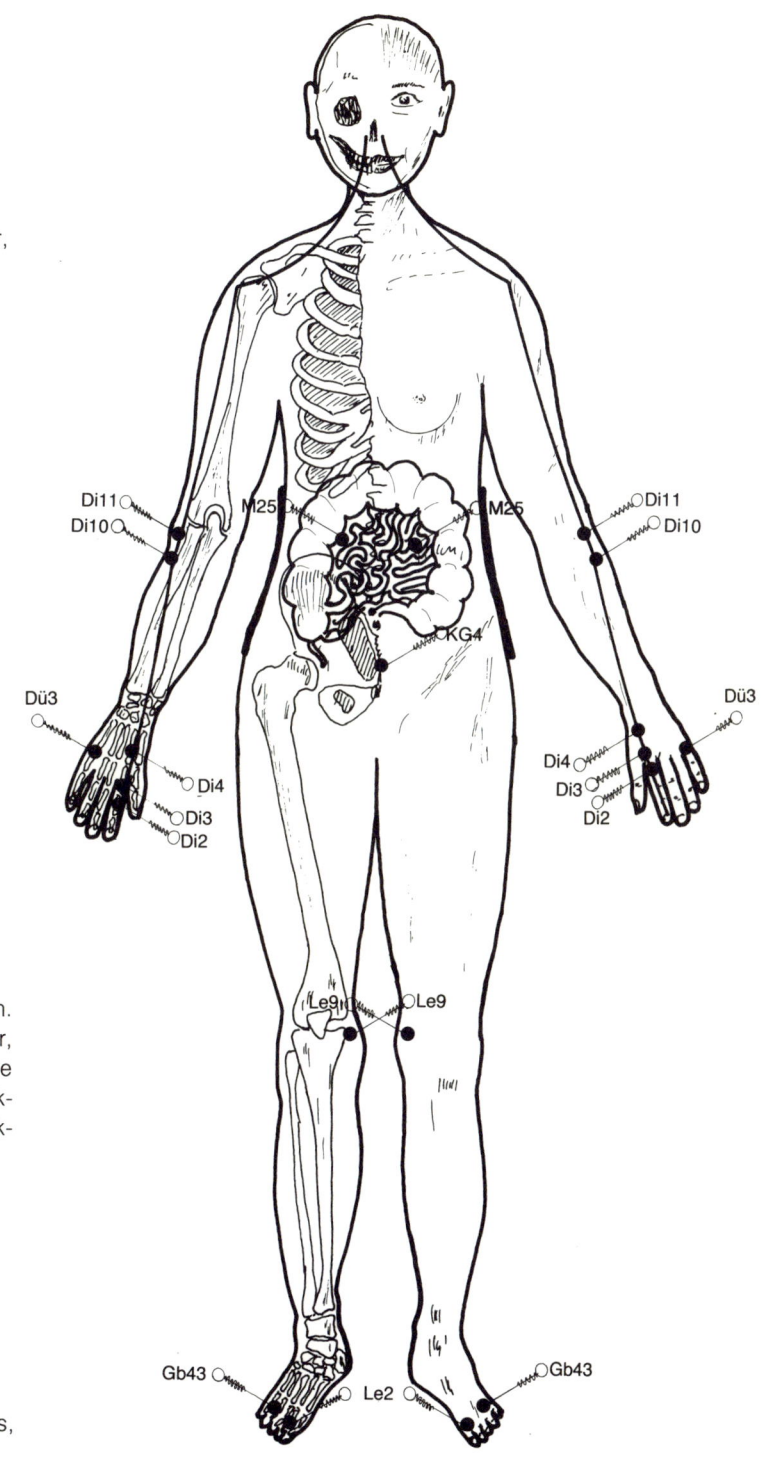

Jungfrau Therapie

Akupunkturpunkte: Di 2, Di 3, Di 10, Di 11, Dü 3, Le 2, Le 9, Gb 43, M 25, B 25

Homöopathie:

Mercurius solubilis in N 7, MP 5, N 1
Schleimhautentzündungen des Magen-Darmkanals, Dysenterie, Colitis.

Natrium muriaticum in LG 13
Beschwerden im Verdauungstrakt, trockene Schleimhäute, veg. Dystonie.

Arsenicum album in N 3, N 20, Gb 21, Di 10, B 39, KG 4, LG 5
Gastroenteritis, Dysenterie, Neuralgien, Dermatosen, Schwäche, CA.

Ignatia in M 26
Vegetative Dystonie, Depression, Migräne, Magen-Darmspasmen, Hysterie.

Abrotanum in B 21
Magenschmerzen, Durchfall und Verstopfung, appetitlos, Pruritus.

Sulfur in N 2, N 18, 3E 4, 3E 10, Gb 34, Di 2, Di 3
Reaktionsmittel, Gastroenteritis, Pfortaderstau, Dermatosen, Pruritus.

Aloe MP 3, B 25, B 27
Akute Gastroenteritis, Dysenterie, Colitis, Meteorismus, Hämorrhoiden.

Calcium carbonicum in LG 6, LG 9, LG 10, Gb 30
Übersäuerung des Verdauungstraktes, Durchfälle, Meteorismus, frostig.

Nux vomica M 45, Le 13, MP 2, KG 13
Spastische Diathese, Kopfschmerz, Obstipation, Dysmenorrhoe, Lumbago.

Bryonia in Le 2, M 23, N 2, Gb 30, Di 15
Alle Schleim- und serösen Häute sind trocken, Rheuma, Reizbarkeit.

Antimon crudum in B 21, Di 10
Akute Gastritis, Dyspepsie, colitis ulcerosa, Hyperkeratosen, Rhagaden.

Andere Therapien:
Psychotherapie, Gesprächstherapie, Darmpflege, Symbioselenkung, Segmentmassage.
Kneippsche Anwendungen, biologisch einwandfreie Ernährung, Gymnastik.
Hobbys, Sammlungen, Denksportaufgaben, Schach etc.
Urlaub im Mittelgebirge, Tautreten usw. Vereinsamung vermeiden.

Psychotherapie:
1. Was kann ich nicht verdauen?
2. Wovor habe ich Angst, welche Abläufe durchschaue ich nicht genügend?
3. In welchen Bereichen ist meine Flexibilität erstarrt?
4. Welche Eindrücke vermag ich nicht zu verwerten, was geht einfach ohne Resonanz durch mich hindurch?

Meditationsübung:
Ich will sein wie das Wasser des Lebens, hell, klar und kühl. Laß mich ein klarer Quell sein, für die, die daraus schöpfen. Hochmut und Intoleranz mögen mein Wasser nicht trüben.

Waage

ist das weltoffene, sinnesgegenwärtige, situationsangepaßte Harmonieprinzip.

Die Zusammenschaltung der Sinnestätigkeit, die kombinierte Reizerregung, die von außen her Anlässe beibringt, durch welche die spontane Denktätigkeit zu willkürlichen Äußerungen aufgerufen wird, zeigt das Venushafte dieses Zeichens:

Durch Nicht-Handeln etwas bewirken!

Empfindungen sind bereits objektive Antworten des Geistes auf Reize, sie lenken zum Eingehen auf momentane Erfordernisse der äußeren Lage.

Waage ist ein Zeichen vermittelter Umwelt, mit dieser in Verbindung stehend, eine innerkörperlich empfundene Störung des Gleichgewichts. Ob wir frieren, ob es uns zu heiß ist, ob wir uns in einer Gemeinschaft wohl fühlen – der Veranlasser, diese Empfindungen bewußt zu machen und dementsprechend zu handeln, bewußt tätig zu werden, ist das Zeichen Waage.

So läßt sich für dieses funktionale Prinzip, das den Organismus als Gemeinwesen lebender Zellen in Einklang mit seiner Umwelt vertritt, kein Hauptsitz im Organischen angeben.

Der allseitig situationsangepaßte Gebrauch der Sinnesorgane macht die Intelligenz des Waage-Typs aus; sein Prinzip ist das Ermitteln des Punktes, an dem ein Ausgleich herzustellen wäre. Entsprechungen sind dabei die als Schaltungs- und Kombinationszentren geltenden nervösen Organe: Hypothalamus, Hypophyse, Gleichgewichtssinn etc.

Über den Umweltbezug hinaus geht es um das Zusammenspiel sämtlicher innerkörperlicher Vorgänge gegenüber den Außenbedingungen der Temperatur, des Klimas und anderer Lebensverhältnisse. Organisches Gleichgewicht muß ständig erneuert werden. Wenn sich auch für den organischen Gleichgewichtssinn kein Hauptsitz angeben läßt, ist er doch immerwährend in uns wirksam: Das Eingehen der Atmung auf atmosphärische Störungen, Druckunterschiede lokalisieren wir im Atemzentrum; dies wird angeregt durch die Sauerstoff- oder Stickstoffkonzentration im Blut als eine auf den Gasgehalt im Körper bezogene Schutzfunktion.

Ein wesentliches Moment für die Erhaltung des Gleichgewichts im Organismus liegt in der Ausscheidung unbrauchbarer Stoffe. Ist das Ausscheidungssystem gestört, erfolgt eine innere Vergiftung. Der reguläre Abbau verbrauchter Stoffe erfolgt durch die Nieren. Die Funktion des komplizierten Leitungssystems der Niere, die venushafte Filteranlage, ist eine über die mechanische Seite hinausgehende Drüsentätigkeit und Hormonproduktion. Die Zusammensetzung des Harns hängt ab von der Beschaffenheit der verbrauchten Stoffe, also des Nahrungssaftes; also steht die Harnabsonderung in Beziehung zum Stoffwechsel.

Der Harnstoff stellt die äußerste Stufe des Oxydationsprozesses dar, Harnsäure dagegen den kristallinen Prozeß, in der Endphase den Steinprozeß.

Für den Organismus schädliche Stoffe werden über den Harn ausgeschieden. Seine Bereitung und Ausscheidung sichert vor allem die konstante Zusammensetzung des Blutes; in Verbindung mit dieser Aufgabe steht eine Regulierung des Wärmezustandes.

Die Nierenarbeit steht in direkter Verbindung mit den Schweißdrüsen. Hier finden wir die gleichen Ausscheidungsstoffe wie im Harn.

Beim Ausfallen der Nierentätigkeit kann der Ausscheidungsprozeß über die Schweißdrüsen verstärkt werden; daher große Schweißabsonderung bei herausgenommener oder funktionseingeschränkter Niere. Grundlegend wichtig für das Gesamtbefinden ist das Gleichgewicht im Hormonhaushalt, die Abstimmung der Sekretionen untereinander. Jede Drüse hat ihre besondere Funktion und Bestimmung (Planetenentsprechung).

Die Regulierung im Sinne artgegebener Norm geht von den Sexualhormonen aus (venusbezogen). Dagegen abnorme Veränderung – Zwerg- oder Riesenwuchs – stehen in Verbindung mit der Hypophyse (Neptun = „höhere Oktave"). Die Nebennieren regulieren den Pigmenthaushalt der Haut, ihr Adrenalin ist unerläßlich für die Funktion der vegetativen Nerven und des Blutdrucks.

Hier ist das Waage-Prinzip zu suchen: Ausgleich des Mineral-, Ionen-, Gashaushaltes, Regulierung der vegetativen Steuerungsmechanismen, Regulierung des Enzym- und Hormonspiegels. Integration äußerer Einflüsse in das Körpergeschehen durch Ingangsetzen geeigneter Regelmechanismen.

Waage Libra ♎
24. 9. – 23. 10.

YANG
N

Diamant

Konstitution:
Astheniker bis Athletiker,
Sanguiniker

Prinzip:
Ausgleich, Harmonie

Person:
Kulturmensch

Tugend:
Takt, Gemeinschaftssinn,
Gerechtigkeitssinn.

Fehler:
Eitelkeit, Snobismus,
Unentschlossenheit

Sozialer Einsatz:
Diplomatisches Ausgleichs-
streben, eingeweiht sein in
höhere Ordnungen.

Psyche:
Streben nach Harmonie,
Friedensliebe, harmonisie-
rend.

Physis:
Schnell ansprechbar,
verletzlich im Ichgefühl,
umgänglich, symphatisch,
liebenswürdig, verbindlich,
gesellig.

Krankheitsdiathesen:
Nieren, Blase, Lenden,
unreines Blut, Nervenleiden.

Häufige Erkrankungen:
Unreine Haut, Nierenentzün-
dung, Nierensteine, Nervenleiden.

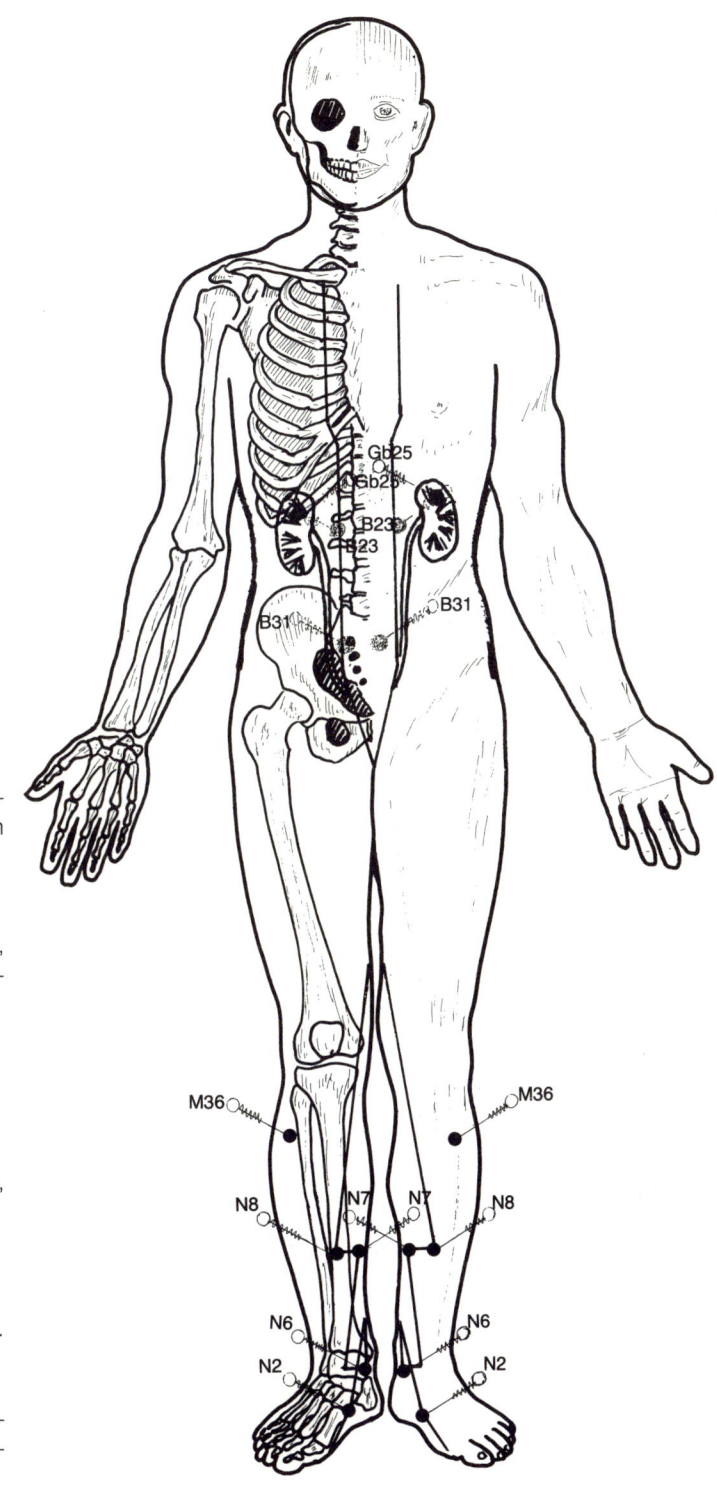

Waage Therapien

Akupunkturpunkte: B23, B31, Gb25, M36, N2, N6, N7, N8

Homöopathie:

Cuprum in Dü4, Le2, Le3, Lu2, KG13, LG19.
Nierenerkrankungen, Koliken, Krämpfe, Arteriosklerose, Pertussis.

Phosphorus in H5, Dü15, 3E10, Le2, Lu7, KG5.
Kopf-, Magen- und Rückgratsymptome, Erregbarkeit, reizbare Schwäche.

Kalium phosphoricum in KS3, H3
Nervennutritionsmittel, Neurasthenie, vegetative Dystonie, Depression.

Berberis in B19, Gb25, Gb38, B18, N7 Gb30
Harnsaure Diathese, Gallen- und Nierensteine, Rückenschmerzen, Rheuma.

Kalium chloratum Schleimhäute, seröse Häute, chronische Lymphdrüsenschwellung.

Hypericum LG3
Depression, Statikveränderung der Wirbelsäule, Zervicalwirbelschmerz.

Agaricus B14, Lu5, Dü3
Choreatische Zustände, Blasenlähmung, Herzbeschwerden, Cyanose.

Solidago B42, N13, N15, Gb28, MP9
Chronische Nephritis, Cystitis, Gicht, Rheuma.

Cantharis in B27, B45, B50, N11, N20, KG4, KG7
Nephritis Cystitis, Urethritis, Entzündung aller Schleimhäute. Brennen

Pulsatilla in M36, N13, 3E4, Gb26
Venöse Konstitution, Dysmenorrhoe, Rheuma, verzagt, entschlußlos.

Andere Therapien:
Eurhythmie,
Thermalbäder,
Massagen,
Energetische Akupunktur
Ausgleichssport, Golf, Segeln, Tennis, Schi- und Radwandern. Konzert- und Theaterbesuche, gepflegte Geselligkeit. Urlaub im Mittelgebirge und an der See.

Psychotherapie:
1. Was geht mir an die Nieren?
2. Neige ich dazu, in Projektionen stecken zu bleiben?
3. Halte ich die Fehler meines Partners allein für dessen Probleme, versäume ich, in der Verhaltensweise meines Partners mich selbst zu erkennen?
4. Halte ich an alten Problemen zu lange fest und verhinderte dadurch meine Entwicklung?
5. Zu welchem Sprung will mich mein Nierenstein veranlassen?

Meditationsübung:
Ich versuche, das scheinbar Unvereinbare zu einen. Suche die Verbindungen des Kosmos zu meinem Ich. Laß mich Liebe und Harmonie lehren und gib mir die Kraft, meinen Weg gradlinig weiterzuschreiten.

Skorpion

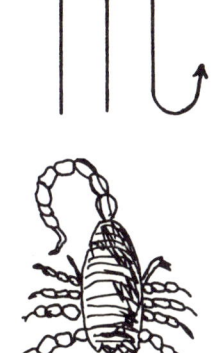

ist die Ausscheidung von eingeführten aber unverwertbaren Fremdstoffen. Eingedrungenes Äußeres, das bei längerem Einbehalten den Organismus vergiften würde (Stuhlvergiftung), muß ausgestoßen werden. Ein wachsamer Selbstsicherungsinstinkt unterscheidet hier nochmals Eigenes von Fremdem. Die korrektive Form dieses Selbstsicherungsinstinktes erleben wir analog auch im seelischen Erscheinungsbild.

Der Mensch verschließt sich nicht vor Gefahren, läßt nichts unerprobt; seine Experimentierlust treibt ihn, versucherisch hindurchzugehen durch Fremdberührung, Schuld, Verwundung, Schmerz, Verlust und Leidenssituationen. Die erzeugte Krise tritt dann als Selbstreinigungsprinzip (Katharsis) zur Aufrüttelung der Abwehrkräfte hervor.

Hieraus resultiert die affektive Kritik an dem als schädlich Verurteilten, die sezierende, mitleidlose Schärfe, der Radikalismus dieses Zeichens sowie das Drastische und oft Verletzende in dessen Ausdruck.

Hinsichtlich des Stoffwechsels hat das Skorpion-Prinzip funktional mit Abfall und Ausschwemmung, mit Entschlackungsprozessen zu tun. Lokalisiert finden wir dieses Prinzip im Mastdarm sowie in Blase und Harnröhre. Auch die Ausgänge und ihre Schließmuskeln zählen dazu (Hämorrhoiden).

Bei der Fortpflanzung geht es um Abgabe des im Organismus herangebildeten Lebens. Das entsprechende Prinzip sind die äußeren Genitalien, die ja auch als Ausscheidungsorgane funktionieren. Jetzt werden sie aber als Träger des Zeugungsvorganges verstanden; ihre Innervierung, die Bahnen, auf denen der Sexualinstinkt dem lokalen Reiz angeschlossen ist, zählen dazu, vor allem der chemische Prozeß der Schleimhäute und deren Drüsen. Verwandt in dieser Reaktionseigentümlichkeit dieses Wasserzeichens ist das Sekret der gesamten Schleimhäute, insbesondere der Nasenschleimhäute.

Im weiblichen Organismus gilt als spezifische Entsprechung die Gebärmutter, Träger des keimenden Wesens, sowie der Geburtsakt, das Ausstoßen des gereiften Kindes.

Nicht ohne Grund ist der Skorpion das alte Wiedergeburtssymbol.

In der psychischen Entsprechung wird Fremdes, nicht mehr Tragbares abgetan, neue umwälzende Anregungen werden durchgebildet und ausreifend zu einem Ergebnis geformt, das neue Wertmaßstäbe beinhaltet.

Bei unproduktiven Naturen dagegen erfolgen zeitweise Überfremdungen, ein Sich-Herumschlagen mit nicht assimilierten Anregungen, Zehren auf Kosten anderer, Schmarotzertum.

Auch für letzteres gibt es eine organische Entsprechung, nämlich die zur Darmarbeit nötigen, im Dickdarm helfenden parasitären Bakterien.

Eine weitere Tätigkeit entfaltet das Prinzip im Inneren des Organismus, in der Polizeifunktion der Leukozyten, deren Aufgabe darin besteht, Fremdkörper abzufangen und durch chemische Einwirkung unschädlich zu machen.

Das Protoplasma steht hierfür und seine Fähigkeit, in „Bereitschaft zu stehen". Mit seiner scharfen Wachsamkeit tritt das Zeichen hier wiederum als Selbstschutzinstinkt auf. Als dessen weitere Ausdrucksform – den Wiederaufbau betreffend – finden wir hier den Aufruf an die Granulozyten, eine Wunde zu schließen, die Fähigkeit zum Ausheilen von Verletzungen.

Im seelischen Erscheinungsbild sind die militanten Fähigkeiten des Skorpions relevant. Während jedoch der unentwickelte Typus aggressiv und zerstörerisch wirkt, stellt der entwickelte Skorpion diese Kampfkraft in den Dienst übergeordneter sozialer Aufgaben. Streitbar für gemeinschaftliche Wertsymbole, schützt er instinktiv auch die Ergebnisse seiner Arbeit gegen zerstörende Einflüsse.

Überall findet dieses fixe Zeichen Entsprechungen zum „Stirb-und-Werde-Prozeß", z. B. die Wiederherstellung nach Schockwirkungen, Neuanpassungen an radikal veränderte Verhältnisse, wobei das Seelische und das Leibliche besonders intensiv ineinanderwirken. Verknüpft mit diesen Instinkten und Gefühlen sind die Gemeingefühle wie Schmerz – als Gefahrenzeichen, Hunger und Durst, Kitzel- und Schaudergefühle, alles, was elementar mit dem Fortbestand der Person zu tun hat.

Als Prinzip steht: Aktivität durch Erleiden.

Erleiden, Verlust, Schmerz, drohende Gefahr und Katastrophen rufen die volle Einsatzkraft hervor.

Beim hochentwickelten Skorpion findet man Dienst am Gemeinwohl, bis zur Selbstaufopferung, beim minderentwickelten Typ dieses Zeichens herrschen naiver Egoismus auf dem Boden krankhafter Selbstbezogenheit und geheimer Selbstzweifel vor. Zum Aufsuchen der Leidenssituation gehört beispielsweise auch der Masochismus; außerdem die Vermeintlichkeit des Leidens in der Hysterie. Anderen wird das Geschlecht zur Leidenschaft im wahrsten Sinne des Wortes; auch die Eifersucht schafft diese Leiden.

Geburt und Untergang sowie das Verhältnis zu den Gemeingefühlen, Stirb-und-Werde-Prozesse, tragen zu der untergründigen Note dieses Zeichens bei.

Skorpion Scorpio ♏
24. 10. – 22. 11.

YIN
B

Sardonit

Konstitution:
Pykniker, Choleriker

Prinzip:
Wandlung, Stirb- und
Werde-Prozesse

Person:
Leidenschaftsmensch

Tugend:
Leidenschaftlicher Einsatz,
Durchsetzungsvermögen,
Leistungsbereitschaft.

Fehler:
Überheblichkeit, sich
verzehren, Fanatismus,
Eifersucht.

Psyche:
Rückhaltloser Kampf um Erhaltung, starke Willensener-
gien. Stolz.

Physis:
Zähigkeit, Ausdauer, starke
Denkkraft, unnachgiebig,
hartnäckig, selbstbewußt,
schreckt nicht vor Streit,
oder Schwierigkeiten zu-
rück.

Krankheitsdiathese:
Sexualsystem, Ausschei-
dungsorgane, Prostata, Uterus, Blut.

Häufige Erkrankungen:
Blasenleiden, Nierensteine,
unreines Blut, unreine Haut,
Nasenpolypen, Nasenka-
tarrhe. Rheuma, Hämorrhoiden, Nervenerkrankungen.

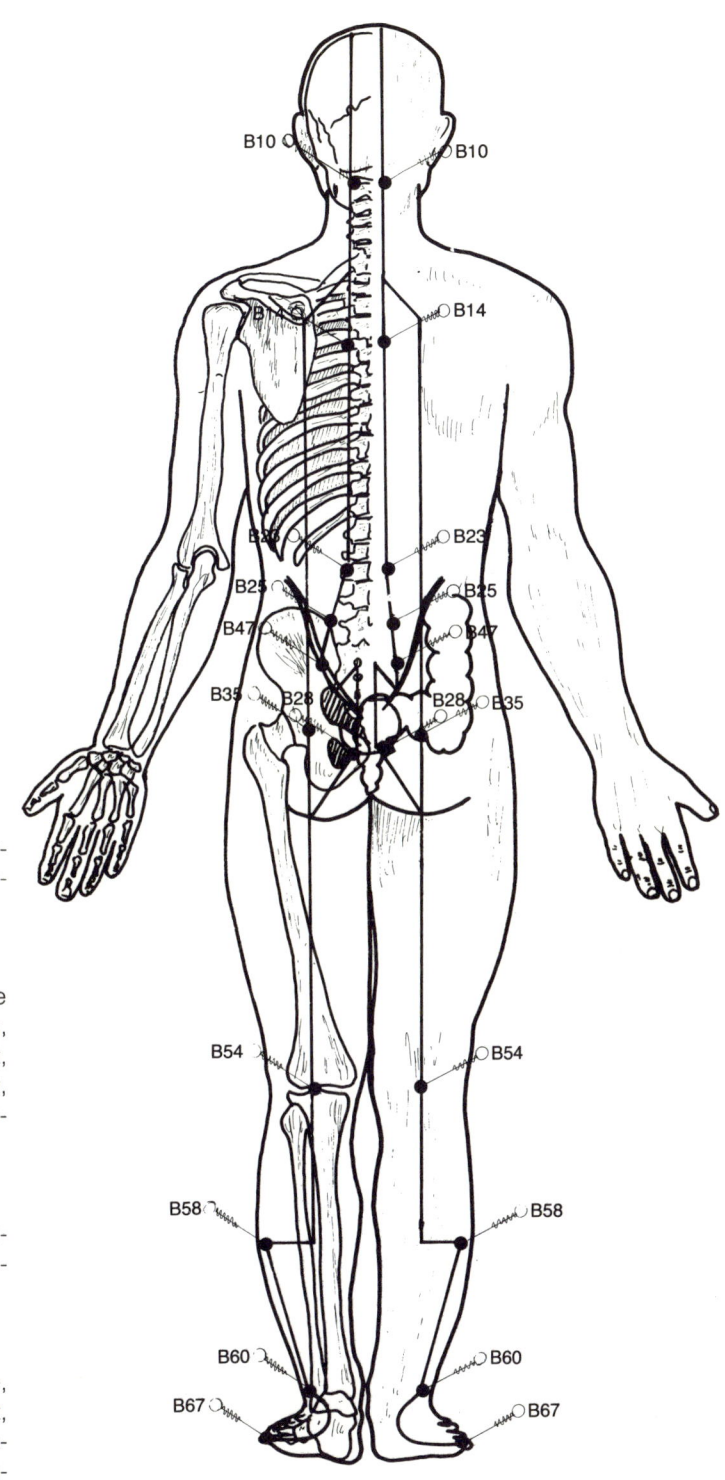

Skorpion Therapien

Akupunktur: B 67, B 60, B 58, B 54, B 35, B 28, B 25, B 23, B 14, B 10, B 47, KG 6

Homöopathie:

Platinum
Hysterie, Depression und Manie, Krampfdiathese, reizbare Schwäche.

Hyoscyamus in KS 7, M 12
Maniakalische Zustände, Blasenatonie, Erregungszustände, Gliederzucken.

Kalium phosphoricum in H 3, KS 3, LG 19
Nervennutritionsmittel, Hysterie, vegetative Dystonie.

Ignatia in M 26
Vegetative Dystonie, Depression, spastische Kopfschmerzen, Hysterie.

Apis in B 17, B 64, N 6, 3E 4
Akute Entzündungen der Haut und Schleimhaut. Ödeme Urticaria.

Chamomilla in Di 4
Reizbar, Unruhe, Magen-Darmkrämpfe, Darmkatarrh und Kolikschmerz.

Belladonna in B 65, KS 9, MP 8
Gehirn-Hyperämie, trockene Schleimhäute, delirante Zustände.

Sulfur in N 2, N 18, 3E 4, 3E 10
Dyspepsie und Sodbrennen, Reaktionsmittel, Sodbrennen, Hitzewallungen.

Nux vomica in M 45, Le 13, B 65, KG 12, MP 2
Spastische Diathese, Gastritis, Obstipation, Dysmenorrhoe, Ischias.

Gelsemium in Gb 21, H 5, N 4, H 3, Dü 7, LG 11, KS 6
Kopfschmerz, Zittern, Reizleitungsstörung, Schwindel, Reiz der Meningen.

Cantharis in B 27, B 65, B 11, KG 4
Katarrhalische Entzündung aller Schleimhäute, Nephritis, Cystitis, brennen.

Andere Therapien:
Ausleitung über Darm, Niere und Haut, Baunscheidtieren. Nosodentherapie, Neuraltherapie, Eigenblutbehandlung, Sauna, Kampfsport, Fechten, Judo, Karate etc. Aktivurlaub.

Psychotherapie:
1. Warum dulde ich meine Aggressionen nicht im Bewußtsein, sondern zwinge sie in den Körper?
2. Vor welchen Lebensbereichen habe ich soviel Angst, daß ich sie meide?
3. Auf welche Themen deuten meine Allergien? Sex, Trieb, Aggression, Schmutz?
4. Wie weit setze ich meine Allergien ein, um meine Umwelt zu manipulieren, zu beherrschen?
5. Wie steht es um meine Liebe, um meine Fähigkeit, hereinzunehmen?

Meditationsübung:
Krieger bin ich, mein Feind ist Lüge und Not. Hilfe gebe ich dem Schwachen, zerschlagen will ich das Böse. Behüte mich vor falschem Eifer und lasse mich meine Grenzen immer im Auge behalten.

Schütze

ist Bewegung großen Ausmaßes, zielgerichtete Aktivität. Die mechanische Arbeit der Muskulatur, das Hebelprinzip der Gliedmaßen, die expansive, raumerobernde Leistung kommt zustande durch Umsetzung chemischer Kräfte in mechanische Arbeit. Hier finden wir das Prinzip des Jupiter. Die Auswertung der im Körper erzeugten Wärmeeinheiten und organisierte Ausgabe von Energie stellen den Schützen in ein besonderes Verhältnis zu seinem „Ich", nämlich leistungshaft auf Umweltliches bezogen. Die entsprechende Zuordnung ist demnach auch die quergestreifte Muskulatur.

In der Muskelmechanik kommen auch die funktionellen Eigentümlichkeiten des Schützen zum Ausdruck. Sie ändern sich im Zusammenwirken der Muskelgruppen, dem sinnvollen Zusammenspiel von Antagonisten und Synergisten im System der Beuge- und Streckmuskeln.

Bei jeder Tätigkeit sind die jeweiligen Antagonisten mit nötig: beim festen Stand des Beines z. B. wirken beide Gruppen gleichzeitig zusammen; Bewegung entsteht beim Überwiegen von Spannung auf der einen Seite, Festigkeit aus gleichmäßiger Spannung auf beiden Seiten.

Die gesamte durch Muskeln erreichte Bewegungsart enthält 3 Hauptmomente:

1. Die allgemeine Beschaffenheit und Funktion der Fibrillen, ihre Reaktion auf Reiz durch Verkürzung.

2. Die Verwendung des Hebelprinzips, wodurch die Energie mechanisch ausgewertet wird;

3. die Lagebeziehung beweglicher Teile, welche das Zusammenwirken von Beugern und Streckern ermöglicht.

In den analogen seelischen Erscheinungen kehren diese 3 Momente wieder:

1. Die Reaktionsweise des Schütze-Typs. Das Anspringen auf Reize, der Steigerbarkeit durch deren Aufeinanderfolge und der Elastizität, wobei Verkürzung in Willensanspannung zu übersetzen ist;

2. in der mechanischen Leistungskraft des gröberen Typs, seiner sportlichen Bewegungs- und Unternehmungslust, die auch an innere Probleme den Hebel der „Lösung durch Tat" ansetzt;

3. im Ansteuern der höheren organischen Einheit aus gegensätzlichen Bestrebungen beim differenzierten Typ.

Gemeinsam ist das projektiv-expansive, auf weitgesteckte Ziele abgestimmte, raumerobernde Verhalten dieses Jupiter-Zeichens.

Von der nervalen Innervation her finden wir hier den Muskeltonus, die Spannkraft und Gestrafftheit der ausführenden Bewegung betreffend.

Das Verhältnis von äußerster Anspannung zum Ruhetonus, jener Spannung, die der Muskel auch im Ruhezustand hat, das Auf und Ab seiner Leistungskurve, ist im Schütze-Rhythmus unzertrennlich vereint, auch im seelischen Verhalten.

Schütze Sagittarius ↘
23. 11. – 21. 12.

YANG
Le

Amethyst

Konstitution:
Athletiker, Choleriker

Prinzip:
Idealismus

Person:
Geistesmensch, Philosoph

Tugend:
Glaubensmut,
Gerechtigkeitsliebe

Fehler:
Innerer Hochmut

Sozialer Einsatz:
Aktiver Einsatz für Recht
und Gesetz

Psyche:
Begeisterungsfähigkeit,
Denken und Träumen mit
hoffnungsvollem Streben.
Verinnerlichung. Großzügig-
keit.

Physis:
Sportliebe, beweglich, groß,
schlank, immer jugendlich
wirkend. Geistige Beweg-
lichkeit mit einer Fülle von
Zielen, Drang nach Bewe-
gung und Handlung, nach
Erweiterung des Horizontes.

Krankheitsdiathesen:
Muskelsystem, Hüfte,
Leber, harnsaure Diathese.

Häufige Erkrankungen:
Rheuma, Ischias, Hüftleiden,
Gehstörungen, Gicht, Über-
säuerung.

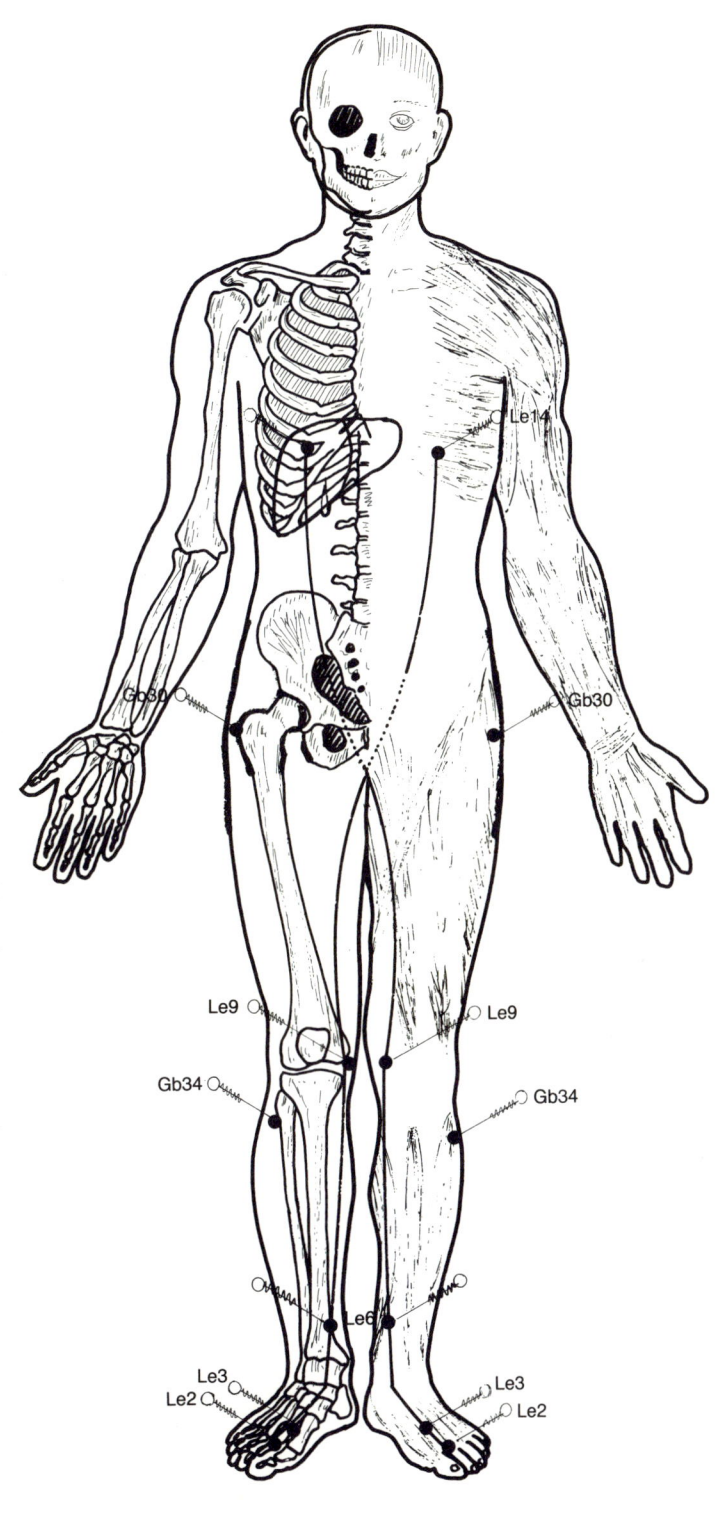

Schütze Therapie

Akupunktur: Le2, Le3, Le6, Le9, Le14, B18, Gb34, Gb30

Homöopathie:

Stannum in Gb1 Lu1
Nervöse Erschöpfung, Muskelschwäche, Paresen, Bronchitis, Leberdruck.

Chelidonium in B 19, Le 2, Le 6, MP 21, Gb 22, Gb 43
Harnsaure Diathese, Leberstörungen, Muskelrheuma, Cholecystophathien.

Natrium phosphoricum, harnsaure Diathese, Säureüberschuß, Gicht, Rheuma, Sodbrennen.

Sulfur in N 2, N 18, 3 E 4, 3 E 10, Gb 30, Di 2
Rheuma, Bindegewebsschwäche, Reaktionsmittel, Stoffwechsel. Ekzeme.

Bryonia in Le 2, M 23, N 2, N 14, Gb 30, Di 15, KS 7
Gelenke, Poyarthritis, Rheuma, Hepatopathien, Obstipation, Husten.

Aconit in H 7, 3 E 23, Di 20, KS 6, KS 9, M 2, M 3, M 4, M 6, M 7, M 8
Akute Fieberzustände, Neuralgien, Ischias, Herzklopfen, Unruhe, Angst.

Gnaphallium in B 33, B 35, B 51, B 54, LG 2, Gb 26, Gb 44
Ischias, Lumbago mit Taubheitsgefühl.

Acidum benzoicum in 3 E 5, Lu 2
Harnsaure Diathese, Arthritis und Gicht, Magensäure, saures Aufstoßen.

Carduus marianus in Le 6, MP 2, M 21, B 23, Gb 24
Hepatitis, Pfortaderstau, Ascites, Varicen, Hämorrhoiden, Obstipation.

Taraxacum in Le 2, Gb 43
Hepatitis, Cholecystitis, Pfortaderstau, Depression, Meteorismus.

Urtica, harnsaure Diathese, urticarielle Exantheme, Gicht, Rheuma, unreines Blut.

Andere Therapien:
Ausleitung über die Niere (Harnsäure)
Schwefelbäder,
Bindegewebsmassage,
Fastenkuren, Reiten, Ski, Jogging, Radfahren,
Bildungsreisen.

Psychotherapie:
1. In welchen Bereichen habe ich die Fähigkeit rechter Wertung und Bewertung verloren?
2. Wo kann ich nicht mehr unterscheiden, was für mich zuträglich und was für mich giftig ist?
3. Wo bin ich ins Übermaß, ins Zuviel geraten, wo expandiere ich ins Maßlose?
4. Kümmere ich mich um den Bereich meiner Religion, meiner Rück-bindung?

Meditationsübung:
Ich werfe mein Ziel voraus, groß und edel soll es sein. Gott gebe mir ein neues, wenn ich das erste erreicht habe. Laß mich meine Ziele nicht aus den Augen verlieren und zerstreue meine Wege nicht.

Steinbock

ist Ausformung festester Substanz in der bleibenden Struktur. Nachdem in den vergangenen Zeichen alles Stoffwechselgeschehen abgelaufen ist, kommt dieser Prozeß im verfestigten Grundbau des Skeletts mit seiner Halte- und Schutzfunktion zum Ausklingen. Die verknorpelten und verknöcherten Teile des Organismus erneuern sich zwar auch in einem langsamen Wiederherstellungszyklus, sind also auch an den inneren Stoffwechsel angeschlossen, aber vollständige Erneuerung ist hier unmöglich geworden beim Menschen. Heilung besteht nur noch im „Aneinanderkitten" von Bruchstellen.

Der Grundsatz ökonomischer Anpassung ist im inneren Bau der Knochen verwirklicht. Ihre Aufgabe der Stütz- und Schutzfunktion erfüllen sie um so besser, je mehr Festigkeit sie haben. Es ist nicht überall die gleiche Festigkeit nötig, und so zeigt sich der Knochenbau eingestellt auf den jeweils erforderlichen Grad. Sein Prinzip ist, mit geringstem Aufwand an Substanz die größtmögliche Festigkeit zu erreichen.

Bei den langen Knochen ist die Substanz auf die Wände verteilt, im Inneren sind sie hohl. Durch Druck und Zug werden in der Hauptsache die Enden dieser Knochen, die Gelenke, beansprucht. Hier tritt das tektonische Meisterwerk der Spongien auf, bei denen der zu leistende Widerstand in ingenieurhaft-exakter Weise die Form bestimmt: Nur die Zug- und Druckkurven sind durch Substanz ausgefüllt!

In unmittelbarem Zusammenhang mit diesem Führungsgerüst stehen die Bandverbindungen und Knorpelflächen. So verbundene Knochen haben eine Ruhelage zueinander, aus der sie nur durch Einwirkung stärkster Kräfte gebracht werden können (Bänderriß). Innerhalb der dadurch bestimmten Grenzen können sie jedoch frei jede Lage einnehmen, ohne daß äußere Kräfte dazu notwendig wären.

Jedem Gelenk ist eine besondere Bewegungsweise zu eigen. Funktional hebt sich das Knie hervor als stärkstes der mittleren Gelenke, dessen Bau und Gebrauch entscheidend für die menschliche Haltung ist, doch gelten alle Scharnier- und Kugel-Pfannen-Gelenke als bevorzugte Steinbock/Saturn-Entsprechungen. Hier finden wir häufig Ablagerungen (Gelenkrheumatismus), Bewegungshemmungen durch Verschleiß, indem die Knochen und Knorpelteile aufeinanderstoßen und reiben – Arthrosen, das sind mit Störungen des Steinbock-Typs.

Im seelischen Bild kehrt die Substanzdichte dieses Zeichens positiv und negativ wieder. Das Zeichen bindet und drückt, der Schätzesammler wird seines Besitzes nicht froh, der Streber wird seiner Erfolge nicht froh, und jeder muß immer weiter sammeln und streben.

Sie mühen sich – seelisch atmosphärelos – um nackte Tatsachen, und ihr Bewegungsspielraum ist darum auch von solchen umgrenzt. Dämonenhaft wird er mit seinem Besitz verkettet – der Drache, der seine Schätze bewacht und erst getötet werden muß, bevor der Schatz an die Öffentlichkeit kommen kann. Die Kardinalität kommt erst zu Tage an einem übergreifenden Gesetz in darauf bezogener Pflicht, Verantwortung und Prinzipientreue zur Geltung. Bei erkannten oder dunkel geahnten Versäumnissen finden wir belastende Schuldgefühle.

Dieses Prinzip bedeutet Verhärtung, auch Verkalkung.

Wie das Skelett von seinem Aufbau her auf das Schwerkraftgesetz abgestimmt ist, kommt auch in seinen Erfordernissen die Statik zum Ausdruck. Der menschliche Körper kann nur in einer solchen Stellung ungestützt und sicher stehen, in der ein unbelebter Körper von ähnlicher Beschaffenheit stehen könnte. Diesen Erfordernissen genügt das Skelett in vollkommener Weise. Analog finden wir gewisse Leblosigkeiten in der Steinbock-Psyche, die aber – genauer betrachtet – Sicherungen zur Aufrechterhaltung des Lebenstriebes darstellen.

Den unmittelbaren Abschluß des Organismus gegen den Umraum bildet die Haut. Anstelle des primitiven saturnischen Schutzes durch feste Umpanzerung wie bei Krusten- und Schalentieren haben wir ein kompliziert aufgebautes Organ. Es ist elastisch, dient der Ausscheidung, Reiz- und Temperaturmeldungen usw. Die Schutzfunktion beschränkt sich hier hauptsächlich auf die Hornschicht. Hier finden wir die letzte Entsprechung des Steinbocks: Schutz und Abgrenzung, Bewahren der Form.

Steinbock Capricorn ♑
22. 12. – 22. 1.

YIN
MP

Malachit

Konstitution:
Pykniker, Melancholiker

Prinzip:
Konzentration, Erstarrung,
Verfestigung

Person:
Asket, Kritikmensch

Tugend:
Zuverlässigkeit, Gewissens-
erforschung

Fehler:
Geiz, Eiseskälte, Eigenbrö-
delei

Sozialer Einsatz:
Einhaltung von Prinzipien,
kritischer   Pessimismus,
Ausloten der Tiefe.

Psyche:
Konzentration   auf   sich
selbst, zurückhaltend, vorsichtig, skeptisch brennen-
der Ehrgeiz, stolz.

Physis:
Starkes Besitzstreben, verschlossen, wenig anpas-
sungsfähig, Starrsinn. Freude am Widerstand. Große
Konzentrationsfähigkeit,
sachlich nüchtern. Im Alter
zäher als in der Jugend.

Krankheitsdiathesen:
Skelett, Haut und Knochensystem, Verhärtungen, Verhornungen, Knie. Pankreas.

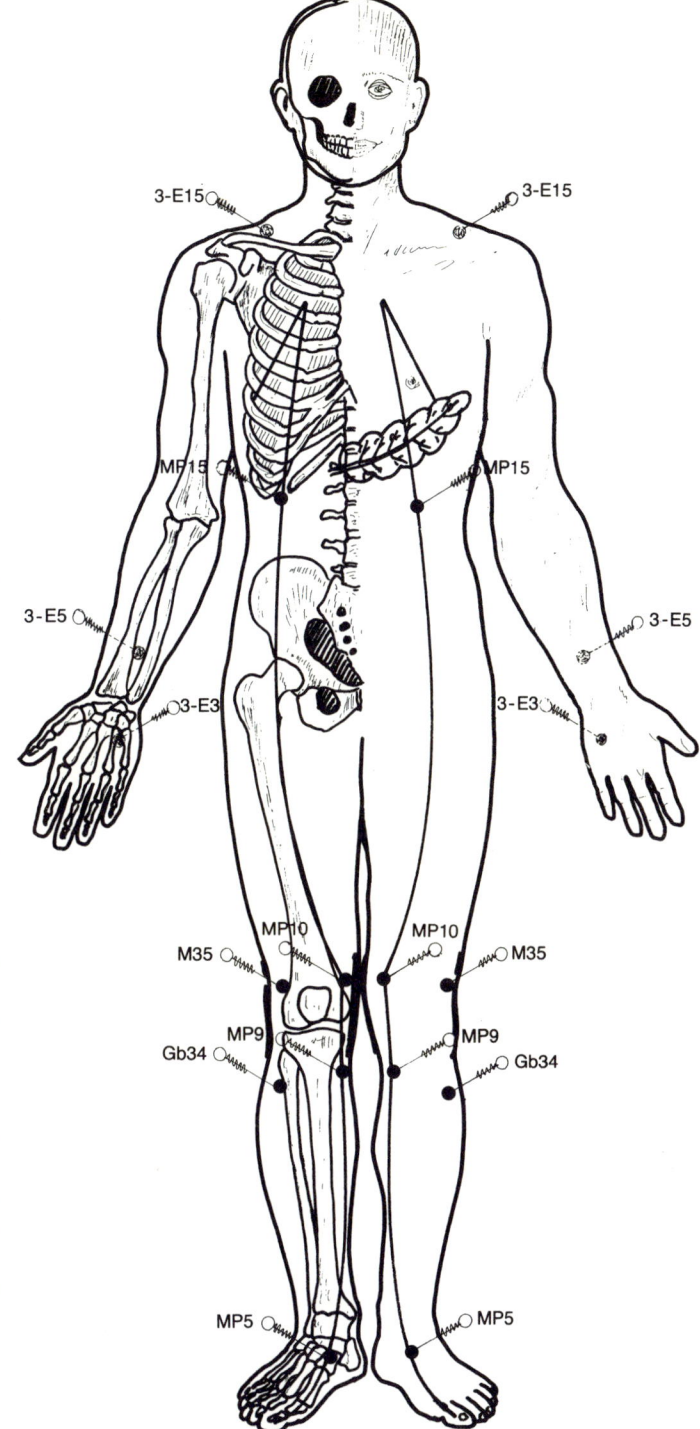

Häufige Erkrankungen:
Knochenerkrankungen, Rheuma, Neoplasmen, Kniegelenks-
arthrose, Hautausschläge, Verhornungen.

Steinbock Therapie

Akupunktur: MP 5, MP 4, MP 15, B 20, Gb 34, M 35, MP 9, 3 E 3, 3 E 5, 3 E 15, LG 13

Homöopathie:

Plumbum in Gb 34, N 15, M 28
Verhärtungen, Steinbildungen, Arteriosklerose, Alterungsprozesse.

Lycopodium in N 25, Le 9, MP 21
Chronische Leiden, Leberfunktionsstörungen, harnsaure Diathese.

Calcium fluoricum in B 11, MP 5
Verhärtungen, Knochenkaries, ossale Veränderungen der LWS.

Conium in B 54, B 62, N 7, Gb 38
Alterserscheinungen, Rückenmarksdegeneration, Kachexie, Tumoren, CA.

Arsenicum album in N 3, N 20, 3 E 16, Gb 21, Di 10, B 39, KG 4, LG 5
Schwäche und Abmagerung, Dermatosen, Degeneration, Neuritiden. Diarrhoe.

Thuja in 3 E 22, KG 12
Warzen, Polypen, Verhärtungen, chronische Prozesse, Gelenkrheuma.

Luesinum in B 54
Rheumatische, reißende Gliederschmerzen, Gedächtnisschwäche.

Bryonia in Le 2, M 23, N 2, Gb 30, Di 15
Trockenheit aller Schleimhäute, Nephrolithiasis, Gelenkschmerzen, Rheuma.

Causticum in 3 E 5, MP 9, Di 4, Di 11, Lu 7
Steifigkeit der Gelenke, Ptosen, Schwäche, Gesichtsschmerzen.

Abrotanum in B 21
Appetitlosigkeit und allgemeine Schwäche, Verhärtungen, Rheumaschmerz.

Euphorbium
Nächtliche Knochen- und Zahnschmerzen, Schleimhautkatarrhe. Dermatosen.

Andere Therapien:
Wärmeanwendungen, Thermalbäder, ansteigende Vollbäder, Entschlackungskuren, Ozontherapie, Schröpfen, Chiropraktik, Sauna, Frischkost. Bergsteigen, weite Wanderungen.

Psychotherapie:
1. Grenze ich mich zu sehr ab?
2. Wie steht es um meine Kontaktfähigkeit?
3. Steht hinter meiner ablehnenden Haltung der versteckte Wunsch nach Nähe?
4. Was will die Grenzen durchbrechen, um sichtbar zu werden, Sex, Trieb, Leidenschaft, Aggression, Begeisterung?
5. Was juckt mich in Wirklichkeit, was verdränge ich?
6. Habe ich mich in die Isolation verbannt?

Meditationsübung:
Erinnerung will ich wach halten an die Väter, an deren Sitte, Recht und Gesetz. Ich begebe mich in die Selbstbeschränkung, um Gott zu begegnen. Dem Suchenden will ich mich öffnen, ihm meine Weisheit offenbaren, nicht geizig festhalten an meinen Schätzen.

Wassermann

ist die Verbindung zwischen den bewußten und unbewußten Systemen des Menschen, ist das Rückenmark und seine Verlängerung ins Haupt zu den geistigen Zentren, ist der Vorgang des Wachrufens paranormaler geistiger Fähigkeiten durch diese Zentren oder Chakren als zusätzliche Geltung des Uranus. Ferner zählt zu diesem Zeichen die Erhaltung des Systems verschiedener Gewebsfestigkeiten, besonders da, wo ein Druckgefälle entsteht, in den Gefäßen. Sinngemäß reiht sich an die Körperperipherie der Drucksinn der Haut an, das heißt Wahrnehmung von Druckgefällen durch die dort lokalisierten Druckpunkte.

Im Austausch von Gebrauchsstoffen reguliert dieses Prinzip die Kontinuität des Gashaushaltes innerhalb der für die Lebensfähigkeit geltenden Grenzen. In den Geweben geht beim Austausch zwischen Blut und Gewebsflüssigkeit stets Oxydation vor sich, welche die Kohlensäure bindet. Es werden pro Minute 400 ccm Gase aufgenommen und abgegeben. Dies ist möglich durch die große Oberfläche, die mit der Vielzahl der Kapillaren erzielt wird.

Die Sauerstoffspannung im Gewebe ist infolge des Verbrauchs an Oxygenium sehr gering, in den Arterien höher, in den Venen geringer. Die Kohlensäurespannung ist dagegen im Gewebe, da dort fortwährend Oxydationsvorgänge stattfinden, höher als im Blut. Folglich muß aus dem Gewebe fortwährend Kohlensäure ins Blut übergehen. Der Transporteur des Sauerstoffs und der Kohlensäure ist das Blut, von ihm hängt die stetige Fortführung des Gashaushaltes ab.

Hier schaltet der Wassermann mit einer weiteren Entsprechung ein: den Blutbildungsstätten im Knochenmark, teilweise auch in der Milz.

Weiter sind als Wassermann-Störungen bekannt die Waden. Krampfadern, Venenentzündung, Thrombosen zeigen auf, daß entsprechungsgemäß die Gefäße betroffen sind, und zwar die Venen, in denen das Blut entgegen der Schwerkraft zum Herzen hochsteigen muß.

Ein Bezug zu der Wadenmuskulatur ist darin zu sehen, daß diese beim Gehen ausschließlich die Hebelkraft entgegen der Schwere zu leisten hat. Beim Laufen ist es nicht allein das Abheben vom Boden, sondern es tritt auch das Abfangen des Schwunges durch die Antagonisten hinzu. Ferner gehört hierzu die fließend lokalisierte Schleuder- und Schwungkraft als Auswertung der Eigenschwere innerhalb von Bewegungen, eine Koordination von Muskelgruppen durch Nerven (Tanz).

In den geistigen Entsprechungen kehrt dies wieder im eigentümlichen Beschwingtsein des Wassermann-Typs, das auf intelligentem Ausfindigmachen des jeweiligen Punktes geringster Widerstände sowie intuitiv benutzter Eigengesetzlichkeit der Dinge beruht: Eine unpathetisch schwerelose Haltung gegenüber den Mühen des Daseins, geistiges Enthobensein.

Wassermann ≈
Aquarius
21. 1. – 19. 2.
YANG
KS

Saphir

Konstitution:
Astheniker, Sanguiniker.

Prinzip:
Geselligkeit, Reformen,
Intuition

Person:
Intuitiv Erfassender
und Handelnder.

Tugend:
Wachsein,
Kameradschaftlichkeit.

Fehler:
Gaukelei, Verblendung

Sozialer Einsatz:
Vorreiter für neue Ideen,
nutzbar machen von meta-
physischen Kräften. Reformer

Psyche:
Soziale Einstellung, große
Kontaktfähigkeit, vielseitige
Beziehungen, soziale Ein-
stellung, Anpassung, Plan-
reichtum.

Physis:
Plötzliches Handeln im rechten Augenblick, Beweglichkeit, gute Beobachtung.

Krankheitsdiathesen:
Gehstörungen, Waden, Vari-
zen, Venenentzündung,
Rückenmark.

Häufige Erkrankungen:
Kreislauferkrankungen, Blut-
krankheiten, Rückenmarks-
leiden, Krampfadern.

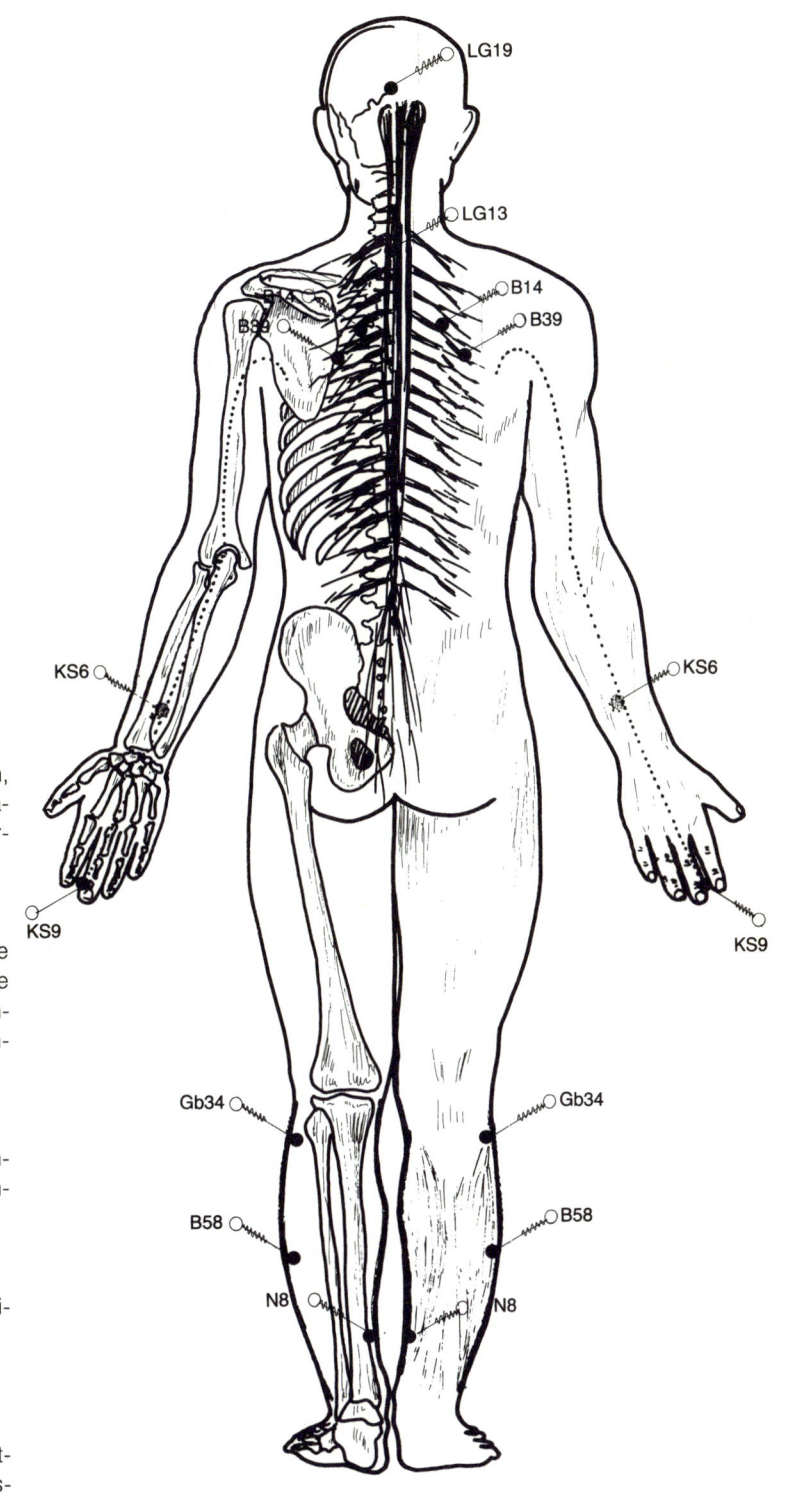

Wassermann Therapie

Akupunktur: N 8, B 58, Gb 34, KS 9, KS 6, B 39, B 14, LG 13, LG 19

Homöopathie:

Zincum metallicum in LG 19, KS 6, M 12
Ischias, Gedächtnisschwäche, Unruhe, Muskelzucken und -krämpfe.

Veratrum album in Di 4, KS 9
Wadenkrämpfe, Kreislaufschwäche, Kollapsneigung, Vasomotorenschwäche.

Aesculus in MP 5
Venenentzündung, Varizen, Thrombosen, Lumbosakralschmerz, venöse Stase.

Phosphor in H 5, Dü 15, 3E 10, Lu 7, Le 2, LG 5, KG 16, B 11, Le 9, 3E 3
Neurasthenie, Rückenmarksleiden, Hyperthyreose, Neuralgien, Schwindel.

Lachesis in B 31, N 6, B 17, KG 5, KS 7
Hämorrhagische Diathese, Thrombophlebitis, septische Prozesse, Dyskrasie.

Hamamelis
Venöse Blutungen, Varicen, Hämorrhoiden, Dysmenorrhoe, Atemnot.

Belladonna in B 65, MP 8
Gehirn-Hyperämie, plötzliche, heftige Funktionsstörungen, Unruhe, Delirien.

Arnica in Di 15, M 14, M 19
Quetschungen, Verrenkungen, Blutungen, Ischias, Varizen, Arteriosklerose.

Agaricus in B 14, Lu 5, Dü 3
Choreatische Zustände, Parästhesien, Muskelreizungen, venöse Stase.

Chamomilla in Di 4
Vasolabilität mit Blutandrang zum Kopf, Reizbarkeit, Schlaflosigkeit.

Andere Therapien:
Segmentmassage am Grenzstrang,
Meditationsübungen,
Joga,
Stärkung der körpereigenen Abwehr,
Camping, Skiurlaub, Segeln, Tanz.

Psychotherapie:
1. Lebe ich in einem lebendigen Rhythmus, oder presse ich mein Leben in einen strengen Takt?
2. Stelle ich mein Lebensziel in die Zukunft, oder verliere ich mich zu sehr im alltäglichen?
3. Wo behindern verdrängte Komplexe den Ablauf meiner Reflexionen.

Meditationsübung:
Ich springe in die Zukunft. Liebe, Kameradschaft, Vertrauen heißt sie. Ich bereite den Weg für jene, die folgen wollen. Behüte mich vor Irrwegen. Gaukelei und falsche Prophetie halte mir fern.

Fische

bedeutet die Endauseinandersetzung mit dem Umraum, ist gleichsam der äußerste Kreis unseres Aktionsradius'.

Füße und Hände greifen am weitesten in den Umraum hinaus, wegstrebend vom Schwerezentrum. Die Füße als Träger der Körperlast spiegeln das Belastete, oft „Getretene" der Fische-Psyche wider. Ein weiterer Aspekt: die Empfindung – die Empfindsamkeit der Fische-Geborenen, die Unterschiedlichkeit vom Gröberen zum Feineren bis hin zum Feinstofflichen, Außerirdischen, kommt den Organen des Tastsinns zu. Die Tastpunkte der Haut, am dichtesten an den Fingerspitzen vorhanden, übermitteln für jede berührte Stelle eine bestimmte Empfindung. Diese ist verbunden mit der Vorstellung vom Ort der Empfindung, und diese Orte können auch über das Raum-Zeit-Gefüge hinausreichen, in den Raum hineingreifen mit feinen Antennen. Der Fische-Geborene erlebt sich im nie endgültig auszutastenden, unendlichen Raum befindlich und ist mit ihm durch viele unsichtbare Fäden verknüpft.

Von allen Zeichen kann er am wenigsten werkzeughaft lokalisiert werden; er bringt den Sinn des organischen Chemismus in universeller Weise zum Ausdruck. Die Stoffe wurden in den vorangegangenen Zeichen assimiliert und in den Chemismus des Organismus einbezogen; sie haben die Verwandlungen durchgemacht und sind körpereigene lebende Substanz geworden: Lymphe, Plasma.

Das Formveränderungsvermögen dieser den Kern jeder Zelle umgebenden Substanz, diese bildefähige, lebende, dem Urmeer so ähnliche Struktur, die in unendlichem pulslosem Strom von den Verdauungsorganen durch unseren ganzen Körper, durch jede Zelle fließt, in deren Strom sozusagen unsere Seele eingebettet ist, um danach wieder im pulsierenden Strom des Blutes zu münden, stellt auch die allgemeine Entsprechung des Fische-Typs dar.

Zersetzung von Gewebsflüssigkeit, lymphatische Erkrankungen, Ödeme, Wucherungen etc.

Im Seelischen finden wir die Entgleisung ins Imaginäre, in die Halluzination, ins Phantom oder in die mehr humanisierte Rolle der sanften Täuschungen, in denen das Illusionäre über egoistische Ziele hinausgreift und Verbindungen schafft, wo sonst keine mehr zustande kommen können.

Motorische Anspannung kann man hier nicht erwarten; hierher gehört im Gegenteil das Relaxationsbedürfnis des Körpers. Das Kennzeichen des Fische-Typs ist demnach seine schlaffe Haltung. Dieses – vor allem auch seelische – Entspanntsein bildet die Voraussetzung des „Auf-sich-einwirken-Lassens" der Welt in hochgradiger Sensibilität. Im allgemeinen als Fingerspitzengefühl umschrieben, geht es über dieses weit hinaus in Bereiche media-

ler, psychometrischer Begabung, großer Empfänglichkeit für fein-
stoffliche Vorgänge, Emanationen, Strahlungen, atmosphärische
Einflüsse, im eigenmagnetischen Feld des Körpers stärker auf-
nehmend als abstrahlend.

Das oft Dezentralisierte dieser Wesenshaltung führt wieder auf
Hände und Füße zurück. Zu ihnen bestehen die weitesten Wege
für Blut-, Lymph- und Nervenbahnen; dementsprechende Leiden,
besonders auch das Kältegefühl an den Extremitäten, kennzeich-
nen daher auch die typischen Störungen.

Psychische und neurasthenische Erschöpfungs- und Überrei-
zungszustände, das Verlangen, durch Einnahme von Drogen dieser als zu schwierig empfundenen Welt zu entfliehen, spiegeln
das Krankheitsbild dieses Typus.

Fische Pisces ♓
20. 2. – 20. 3.

YIN
Dü

Bernstein

Konstitution:
Pykniker, Phlegmatiker

Prinzip:
Passivität, Empfänglichkeit

Person:
Hingabe, Hilfsbereitschaft

Tugend:
Verzichten können, Selbst-
losigkeit,

Fehler:
Selbstmitleid, Haltlosigkeit.

Sozialer Einsatz:
Caritas, helfen und heilen.

Psyche:
Empfänglich für alle Einflüsse, zurückhaltend, innere
Sammlung. Mitleid, Einfüh-
lungsgabe.

Physis:
Geduldig, bequem, philosophisch. Große Anfälligkeit
und Empfindlichkeit des Ge-
müts, keine Härte.

Krankheitsdiathesen:
Füße, Verdauungsorgane,
Lymphsystem, Nerven.

Häufige Erkrankungen:
Erkältungskrankheiten,
Rheuma, Gicht, Skrofulose,
Nervenschwäche und Ner-
venerkrankungen, Sucht-
krankheiten, Alkoholismus.

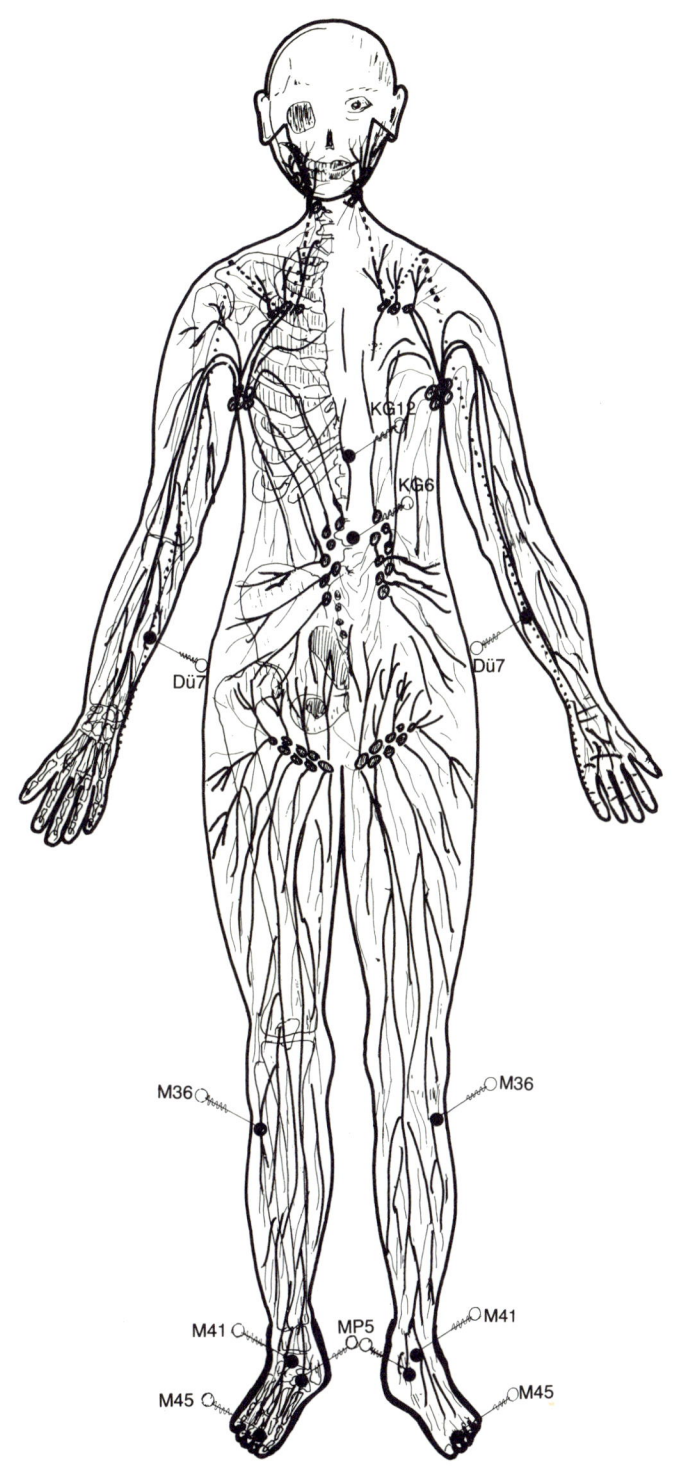

Fische Therapie

Akupunktur: Dü 7, M 44, M 41, M 36, MP 5, KG 6, KG 13, LG 16

Homöopathie:

Aluminium in Dü 4, B 17, 3 E 10, Di 11
Chronische Schleimhautkatarrhe, Depression, Frostigkeit, Sekretmangel.

Calcium carbonicum in LG 6, LG 9, LG 10, Gb 30
Polyglanduläre Insuffizienz, exsudative Diathese, Lymphatismus.

Pulsatilla in M 36, N 13, N 14, 3 E 4
Infantilismus, Dysmenorrhoe, hypophysäre Insuffizienz, Varizen, Rheuma.

Silicea in MP 5, B 11, 3 E 3, Gb 37, M 42, KG 9
Lymphatismus, Erkältungsneigung, Ekzeme, Mangel an Lebenswärme.

Causticum in 3 E 5, B 64, MP 9, Di 11, Di 6, 3 E 4, Le 3, Lu 7
Chronische Leiden, trockene Haut, Ausschläge, Depression, Müdigkeit.

Medorrhinum in B 54
Sykotisch rheumatische Konstitution, wechselnde Stimmung, deprimiert.

Arsenicum album in N 3, N 20, 3 E 16, Di 10, M 42, M 43, B 39, N 2, MP 2, KG 4, LG 5
Allgemeine Schwäche, endogene Drüseninsuffizienz, Blässe, Adynamie.

Avena sativa in KG 12, LG 11
Süchtigkeit, Entzugserscheinungen, Schlaflosigkeit, Erschöpfung.

Passiflora incarnate in H 1
Folgezustände von Drogenmißbrauch, vegetative Nervosität, Neurasthenie.

Colchicum in Gb 44, Gb 34, B 13, B 18
Rheuma, Gicht, große Schwäche, kolikartige Blähungen, Gastroenteritis.

Andere Therapien:
Hochpotenzen in der Homöopathie
Fußbäder, Kräuterbäder
Fußreflexzonenmassage, Lymphdrainage
Hypnose Meditationsübungen
Urlaub an Binnenseen, Wanderungen.

Psychotherapie:
1. Welchen Konflikt meines Lebens sehe ich nicht?
2: Welchen Konflikten weiche ich aus?
3. Welche Konflikte gestehe ich mir nicht ein?
4. Woran entzünde ich mich, mit welchen Aggressionen werde ich nicht fertig?

Meditationsübung:
Ich bin das Opfer, nimm mich an. Rastlos tätig will ich sein in der Liebe Gottes. Gib mir Kraft, diesen Weg zu Ende zu gehen.

Die Planeten, ihre Grundprinzipien

Sonne ⊙ Lebenskraft, Ich, Individualität, Machtstreben. Vital, feurig, furcht-los, Vater, Gatte. Herz, Kreislauf.

Mond ☽ Seele, Gefühl, Phantasie, Erlebnistiefe. Gestaltung, Wechsel. Mutter. Heimat, Volk. Sekretion, Fruchtbarkeit, Magen.

Merkur ☿ Intellekt und Zwecksinn. Vermittlung, Klugheit, Sachdenken; Rede und Schrift. Erziehung, Verkehr, jüngere Geschwister. Nerventätigkeit, Arme, Lunge.

Venus ♀ Harmonie, Empfindung und Hingabe. Ausgleichen. Kontakte herstellen, Reize empfinden, Sinnenfreude, Zärtlichkeitsverlangen, Erotik, Kunst, Geselligkeit, die Geliebte. Innere Sekretion, Sexualfunktion, Niere.

Mars ♂ Aufbauende oder zerstörende Energie, Trieb und Drang, Heftigkeit, Wille, Mut, Impuls, Initiative, Führungswille. Soldaten, Sportler, Techniker. Geschlechtstrieb, Muskelkraft, Unfall, Fieber, Verletzung.

Jupiter ♃ Expansion. Kraft zur Entfaltung des Lebensoptimismus, Hoffnung, Ausgleich, das Glück, das Erhabene, Religion, Philosophie, Recht und Gerechtigkeit. Fülle, Reife, Leber.

Saturn ♄ Konzentration, Einengung, Grenzen setzen, Mißtrauen. Das Notwendige anerkennen, Verdichtung, Isolation, Hemmung. Angst, Vorsicht. Hüter der Schwelle. Vater, Ahnen, Landwirte. Unglück, Trennung. Skelett, Milz, Pankreas, Haut. Chronische Erkrankungen, Verhärtungen, CA.

Uranus ⛢ Umschwung, Erneuerung, Zufall, Überraschung, Intuition, Katastrophe. Erfinder, Techniker, Revolutionäre. Nervensystem, Krampf, Unfall, Operation.

Neptun ♆ Phantasiekraft, Grenzüberschreiten, Mystik. Allumfassende Menschenliebe, Romantik, Hingabe. Inspiration, Schwindel, Schwäche, Rausch, Gift, Haltlosigkeit, Illusion, Täuschung, Intrige. Medien, Musiker. Gärungsprozesse, Süchte, Lähmung.

Pluto ♇ „Macht und Masse", höhere Gewalt. Zerstörung, Vernichtung. Das Gewaltige bricht hervor, radikale Umgestaltung. Kollektivismus, Massenpsychose. Massenschicksal.

Mondknoten ☊ Faktor für Gemeinschaftsleben, Kommunikation, mitmenschliche Beziehungen.

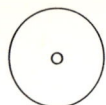

Sonne

Energetik: YANG

Meridian: Herz

Metall: Gold

Prinzip: Geist, Persönlichkeit, Liebe

Psychologische Entsprechung:
Lebenswille, Machtstreben, Zielstrebigkeit.

Soziologische Entsprechung:
Autorität, Mann.

Biologische Entsprechung:
Lebenskraft, Gesundheit, Herz, Kreislauf, Großhirn, rechtes Auge
des Mannes, linkes Auge der Frau.

Diathesen:
Herz- und Kreislauferkrankungen, Hypertonie, Hyperämie, Blut-
krankheiten, Schwächezustände, Ohnmachten, Augenleiden,
Skrofulose, Rachitis.

Die 7 Planeten als Herren der 7 Wochentage, aus dem „Kalender of Shepherdes", 1503

Simile:

Aurum	– Depression, Suizidneigung, Herzbeschwerden, Hypertonie. H 3, H 7.
Arnika	– Hypertonie, Zerschlagenheit, Wunden, Herzstiche. Di 15.
Crataegus	– Hypertonie, Herzmuskelschwäche, Arteriosklerose. H 1, H 7.
Cactus	– Stenokardie, krampfartiges Zusammenziehen des Herzens. KS 7, KS 1, KG 14, KG 17.
Aconit	– Herzinfarkt, Angina pectoris, Herzneurose (akut, heftig). H 7.
Camphora	– Rasches Absinken der Herz- und Lungentätigkeit, Kollaps.
Kalmia	– Herzstiche, Angina pectoris, Kopfschmerz über d. re. Auge. H 7, KS 7.
Kalium sulfuricum	– Umstimmung der inneren Sekretion. Skrofulose.
Arsenicum album.	– Herz- und Kreislaufschwäche, Angina pectoris. B 39, N 3.
Passiflora	– Unruhezustände, Suchten, Herzangst, Angina pectoris. H 1.
Kalium carbonicum	– Herzmuskelschwäche, Arrhythmie. B 15.

Mond

Umlaufzeit: 28 Tage

Energetik: YIN

Meridian: Magen

Metall: Silber

Prinzip: Seele, Gemüt, Gefühl.

Psychologische Entsprechung:
Anpassung, Wandelbarkeit, Sorgsamkeit, Mütterlichkeit.

Soziologische Entsprechung:
Frau, Mutter, Kind, Familie, Volk, Erbmasse.

Biologische Entsprechung:
Flüssigkeitshaushalt, Lymphe, Kleinhirn, Fruchtbarkeit.

Diathesen:
Erkrankung der weiblichen Organe (Brust), Magenleiden, Wassersucht, Drüsenerkrankungen, Geschwüre, Tumoren, Gemütsleiden.

Simile:

Argentum	– Gedächtnisverlust, Hinterkopfschmerz, Magenleiden. B 21, Dü 7.
Calcium carbon.	– Exsudative Diathese, Lymphstörungen. LG 10.
Silicea	– Bindegewebe, Erschöpfung, Drüsenschwellung, Dyskrasie. MP 5, B 11.
Pulsatilla	– Frauenleiden, Venen, Psyche, Magen-Darm, Rheuma. M 36.
Natrium muraticum	– Wasserhaushalt, Schleimhäute. M 41.
Hypercium	– Depression, Schlaflosigkeit, Müdigkeit. LG 3.
Luesinum	– Gedächtnisschwäche mit Niedergeschlagenheit, Magenulzera. B 54.
Nux vomica	– Chronische Gastritis, psychische Störungen. M 45, Le 13.
Ammonium carbon.	– Schwächemittel, Erregung des Nervensystems.
Alumina	– Geschwächte Konstitution, Ulzera, Magenkatarrh. B 17, Di 11.

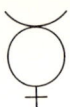

Merkur

Umlaufzeit: 88 Tage

Energetik: Vermittler zwischen YIN und YANG

Meridian: Lunge

Metall: Quecksilber

Prinzip: Intellekt, Vermittlung.

Psychologische Entsprechung:
Gewandtheit in Rede und Schrift, gute Auffassung, Beurteilung, Diplomatie, Kommunikation.

Soziologische Entsprechung:
Geistesarbeit, Handel und Vermittlung.

Biologische Entsprechung:
Motorische Nerven, Sprach- und Hörorgane, Arme, Lunge.

Diathesen:
Nervöse Störungen, Sprachhemmungen, Gehörleiden, Zittern, geistige Erregbarkeit, beschleunigte Atmung.

Simile:

Mercurius Solubilis	– Störungen der Gehirnfunktion (Sprache). N 7.
Phosphor	– Neurasthenie, Erschöpfung, hämorrhagische Diathese. Lu 7, KG 16, LG 5.
Acidum phosphoricum	– Geistige Erschöpfung, Redeunlust. Le 5, KG 15.
Aconit	– Neuralgien, Parästhesien, Unruhe, Angst, Rheuma, Fieber. H 7.
Magnesium phos.	– Krampf- und Schmerzmittel, Denkunfähigkeit. B 60.
Ignatia	– Nervliche Erschöpfung, Stimmungslabilität, Hysterie. M 26.
Coffea	– Erregungszustände, Migräne, Tachykardie, Schlaflosigkeit.
Chamomilla	– Erregungszustände, Reizbarkeit, Übellaunigkeit, Koliken. Di 4.
Sanguinaria	– Kongestionen zum Kopf, Lunge und Uterus. B 31, Dü 11, 3E 22.
Hyoscyamus	– Maniakalische Zustände, schizoide Symptome. KS 7, M 12.

Venus

Umlaufzeit: 225 Tage

Energetik: YIN

Meridian: Niere

Metall: Kupfer

Prinzip: Liebe, Kunst, Schönheit, Harmonie.

Psychologische Entsprechung:
Gefühl, Empfinden für Harmonie, Schönheit und Kunst, Lebens-
bejahung, erotische Anziehung.

Soziologische Entsprechung:
Beziehung zu Kunst und Vergnügungsstätten, Mädchen,
Geliebte.

Biologische Entsprechung:
Drüsen- und Hormonsystem, Nieren, Venen, Wangen, Haut,
Mammae.

Diathesen:
Drüsenerkrankungen, Nierenleiden, Tonsillitis, Frauenleiden, Blasenleiden, Zellgewebe, Wucherungen.

Simile:

Cuprum: – Nierenerkrankungen, Krämpfe, Ausschläge, Arteriosklerosen.
                  Le 1, KG 13.

Berberis   – Urogenitalsystem, Nebennierenerschöpfung, Leberaffektionen.
                  B 19, Gb 25.

Pulsatilla: – Venöse Konstitution, Dysmenorrhoe, harnsaure Diathese.
                  M 36, N 13.

Thuja: – Hauterkrankungen, Warzen, Wucherungen, Urogenitalerkrankungen.
                  KG 12, 3E 23.

Cimicifuga: – Hypophysen-Unterfunktion, Klimakterium mit Depressionen.
                  3E 5, LG 23, B 62.

Agnus castus: – Neurasthenie, Depression, Impotenz, mangelnde Libido.
                  3E 2, 3E 4, LG 4.

Hypericum: – Depression, Statikveränderung der Wirbelsäule.
                  LG 3.

Aesculus: – Venöse Stase, auch im Pfortadergebiet, Tagschläfrigkeit.
                  MP 5.

Belladonna: – Hals- und Mandelentzündung, Funktionsstörung der Thyreoidea.
                  MP 8.

Agaricus: – Funktionsstörungen durch Sekretion der Tränen-
                  und Speicheldrüsen.
                  B 14, Lu 5.

Mars

Umlaufzeit: 687 Tage

Energetik: YANG

Meridian: Gallenblase

Metall: Eisen

Prinzip: Energie, Wille, Tatkraft.

Psychologische Entsprechung:
Willensstärke, Mut, Tatkraft, Entschlossenheit, Arbeits- und Kampfesfreude.

Soziologische Entsprechung:
Kämpfer, Sportler, Techniker, Soldat.

Biologische Entsprechung:
Kopf, Muskeln, Sehnen, Zähne, Körperwärme, Galle, Sexualfunktionen, rote Blutkörperchen.

Diathesen:
Entzündungen, Fieber, Gallenleiden, Blutungen, Neigung zu Verletzungen (hauptsächlich Kopf) und Unfällen.

Simile:

Ferrum	– Anämie, Reizbarkeit mit Schwäche, Gesichtsröte. B 39, B 22.
Arnica	– Blutandrang zum Kopf, Verrenkung, Verstauchung. Di 15.
Aconit	– Fieber, Erregung, Trigeminusneuralgien, Heißfühligkeit. H 7.
Belladonna	– Kopfschmerz mit Erregung, Fieber, Gallenkoliken. KS 9.
Hamamelis	– Blutungen, frische Wunden, Entzündungen.
Bryonia	– Hitze, großer Durst, Schüttelfrost, Erregungszustände. Le 2, M 23.
Chamomilla	– Kopfschmerz, Unruhe, Erregungszustände, Koliken. Di 4.
Zincum	– Überarbeitung, Gehirnschwäche, Gefäßnerven. KS 6, LG 19.
Gelsemium	– Schwindel, Fieber, Erschöpfung, Zittern, Migräne.
Nux vomica	– Choleriker, Krampfneigung. Le 13

Jupiter

Umlaufzeit: 11,9 Jahre

Energetik: YANG

Meridian: Leber

Metall: Zinn

Prinzip: Gerechtigkeit, Religion, Expansion, Glück, Fülle, Philosophie.

Psychologische Entsprechung:
Streben nach Entfaltung, Erweiterung, Besitz, Harmonie, Gerechtigkeit, Optimismus, soziales Empfinden, sittliche und soziale Bestrebungen.

Soziologische Entsprechung:
Beamte, Angestellte von Justiz, Kirche, Banken. Reiche Personen, Menschen von religiösem und sittlichem Wert.

Biologische Entsprechung:
Ernährungsfunktionen, Stoffwechsel, Leber, Galle, Dickenwachstum, Schwellungen.

Diathesen:
Leber- und Gallenkrankheiten, Adipositas, Stoffwechselstörungen und Homotoxikosen durch falsche Ernährung, Diabetes, Neigung zu Apoplexie; Hämorrhoiden.

Simile:

Stannum	– Lebererkrankungen, Nervenschwäche, Gelenkserkrankungen. Gb 1.
Chelidonium	– Leber-Galle anregend, Diätfehler, Migräne. B 19, MP 21.
Natrium phos.	– Säureüberschuß, Sodbrennen, Dyspepsie.
Sulfur	– Reaktions- und Stoffwechselmittel, Lebererkrankungen. N 2, N 18.
Bryonia	– Leber, Galle, Rheuma, Katarrhe, Kitzelhusten. Le 2, M 23.
Colchicum	– Gicht, Rheuma, Erschöpfung, Magen-Darm, Ödeme. 3E 15, B 18.
Aesculus	– Pfortaderstau, Varizen, Hämorrhoiden, Meteorismus. MP 5.
Gnaphallium	– Rheuma, Gichtschmerzen, Ischias, Wadenkrampf. B 33, B 54, LG 2, LG 3.
Carduus Marianus	– Lebererkrankungen, Pfortaderstau. Le 6, MP 21.
Salvia	– Nachtschweiß.

Saturn

Umlaufzeit: 29,4 Jahre

Energetik: YIN

Meridian: Milz-Pankreas

Metall: Blei

Prinzip: Konzentration, Mühe, Pflicht, Arbeit, Hemmung, Weisheit, Gesetz.

Psychologische Entsprechung:
Konzentration, Festigung, Beharrlichkeit, Ernst, Vorsicht, Vertiefung, seelische Hemmung, Verschlossenheit, Geiz, Vereinsamung, Mißtrauen.

Soziologische Entsprechung:
Schwer arbeitende, innerlich gehemmte oder traurige Personen, Bergarbeiter, Haus- und Grundbesitz.

Biologische Entsprechung:
Skelett, Gelenke, Milz, Haut, Zähne, Lymphozyten, Alter, Verhärtung, Verkalkung, Steinbildung.

Diathesen:
Verhärtungen, Steinbildungen, Rheuma, Gicht, chronische Leiden, Ablagerung von Homotoxinen, Stoffwechselstörungen.

Simile:

Plumbum	– Verhärtungen, Arteriosklerose, Alterungsprozesse. N 15, Gb 34
Calcium fluoricum	– Verhärtungen, Bindegewebe, Knochenschwellungen, CA. MP 5, B 11.
Lycopodium	– Schwäche, Erschöpfung; fahle, graugelbe Haut. Le 9.
Conium	– Alterserscheinungen, Schwindel, Verhärtungen. N 7, B 54.
Eupatorium	– Schmerzen in allen Knochen und Gelenken, Mattigkeit.
Bryonia	– Trockenheit der Schleimhäute, Nephrolithiasis. Le 2, B 23.
Arsenicum album.	– Große Schwäche, Hoffnungslosigkeit. MP 2, Di 10.
Alumina	– Chronische Leiden, Magerkeit, Müdigkeit.
Calcium carbon.	– Milz, lymphatischer Apparat, Rheuma, Gelenke. LG 6, LG 10.
Luesinum	– Rheumatische, reißende Gliederschmerzen, Gedächtnisschwäche. B 54.

 **Uranus**

Umlaufzeit: 84 Jahre

Energetik: YANG

Meridian: Nerven-Degeneration, Kreislauf – Sexualität.

Metall: Zink

Prinzip: Plötzlichkeit, Umwälzung, Wandlung.

Psychologische Entsprechung:
Intuition, Selbständigkeit, Freiheitsliebe, Begeisterung für alles Neue, leichte Erregbarkeit, Sinn
für Rhythmus. Auflehnung, revolutionäre Gesinnung.

Soziologische Entsprechung:
Reformer, Techniker, Erfinder.

Biologische Entsprechung:
Lebensrhythmus, Puls, Atmung, Nervensystem, Meningen, Rückenmark, Hypophyse.

Diathesen:
Rhythmusstörungen, Nervenleiden, Krampfzustände, Rückenmarksleiden, Unfälle.

Simile:

Zincum	– Nervenaffektionen mit Schwindel und Benommenheit. KS 6, M 12.
Apis	– Hirnhautreizungen, Ödeme, Brennen, Stechen. B 17, N 6.
Camphora	– Krämpfe in verschiedenen Organen, Kollaps. KS 9.
Stramonium	– Hirnkongestionen, Delirien, Nymphomanie. LG 4, LG 11.
Belladonna	– Krampfzustände, plötzliche heftige Funktionsstörungen. – KS 9.
Agaricus	– Erregungszustände, motorische Unruhe, Hypophyse. Dü 3, B 14.
Aconit	– Hirnnerven, nervöse Erregung, Krampfanfälle, Unruhe. – KS 6.
Nux vomica	– Muskelkrämpfe, Rheuma, Magenstörungen. Le 13, KG 13.
Phosphor	– Neurasthenie, Rückenmarksleiden. – B 11.
Veratrum alb.	– Manie, Herzklopfen mit Angst, Wadenkrämpfe. Di 4.

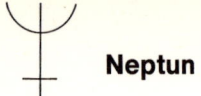

Neptun

Umlaufzeit: 165 Jahre

Energetik: YIN

Meridian: Dünndarm

Metall: Aluminium

Prinzip: Empfänglichkeit, Beeinflußbarkeit, Einfühlung.

Psychologische Entsprechung:
Aufnahmefähigkeit, Phantasie, Inspiration, Einfühlung, Neigung zu Mystik, Medialität, Täuschung.

Soziologische Entsprechung:
Negativ eingestellte, beeinflußbare Menschen, Medien, Schauspieler, Betrüger.

Biologische Entsprechung:
Zirbeldrüse, Sonnengeflecht, Unterbewußtsein.

Diathesen:
Erschlaffung von Organen, Paresen, Insuffizienzen, Drogen-, Medikamenten- und Alkoholabusus.
Bewußtseinstrübungen, Koma.

Simile:

Aluminium	– Geschwächte Konstitution, atonische Obstipation. Dü 4, Di 11.
Avena sativa	– Suchtneigung, Entzugserscheinungen. KG 12, LG 11.
Passiflora	– Suchtneigung, Einschlafstörungen. H 1.
Medorrhinum	– Verlangen nach Reizmitteln, Rheuma, feuchte Haut. B 54.
Sepia	– Leukorrhoe, Ptosen, Senkungsbeschwerden, süchtige Haut. N 7, MP 4, M 25.
Arsenicum alb.	– Geschwächte Gesamtkonstitution, kalte Füße. KG 12, LG 12.
Silicea	– Bindegewebsschwäche, Mutlosigkeit, Fisteleiterungen. MP 5, KG 9.
Pulsatilla	– Dysmenorrhö; weinerlicher, haltloser Typ. M 36, N 13.
Calcium carb.	– Leukophlegmatisches Temperament. LG 6, LG 10, KS 6.
Ignatia	– Melancholie, Gemütsleiden, Kälteempfindlichkeit. M 26.

 **Pluto**

Umlaufzeit: 248 Jahre

Energetik: YANG

Meridian:

Metall: Barium

Prinzip: Macht, Öffentlichkeit, höhere Gewalt, Fügung.

Psychologische Entsprechung:
Machtwille, Offenbarung unbewußter Kräfte, rücksichtslose Offenheit, Streben nach Beeinflussung der Masse.

Soziologische Entsprechung:
Kollektivbewußtsein, Menschen, die einen magischen Einfluß auf die Masse ausüben. Schauspieler, Redner, Politiker.

Biologische Entsprechung:
Chronische Erkrankungen, Degeneration.

Diathese:
Bei Kindern Minderwuchs, Einfluß auf Zwischenhirn und Hypophyse. Im Alter Arteriosklerose, Hypertonie, Cerebralsklerose.

Simile:

Barium carb.	– Schwäche, Langsamkeit der geistigen Tätigkeit, Kinder und Greise.
Viscum album	– Hypertonie, Arteriosklerose, Epilepsie, Myalgien.
Platinum	– Erregter Sexualtrieb, arrogantes Wesen.
Kalium phos.	– Nervennutritionsmittel. H 3.
Arsenicum alb.	– Schwere chronische Erkrankungen, Altersschwäche. N 3, B 39, KG 4, LG 5.
Calcium carb.	– Polyglanduläre Insuffizienzen. LG 6, LG 9, LG 10.
Conium	– Alterskachexie, Altersschwindel, Rückenmarksdegeneration. N 7.
Alumina	– Chronische Darmkatarrhe, Wundheit des Darmes. Dü 4, Di 11.
Carbo vegetab.	– Kachexie mit Kollapsneigung, Gastritis. Di 11, Dü 4.
Ignatia	– Unduldsamkeit, Streitsucht, vegetative Dystonie. M 26.

 **Mondknoten**

Schnittpunkt der Mondbahn mit der Ekliptik.

Prinzip: Kommunikation, Anknüpfung, Verbindung.

Psychologische Entsprechung:
Streben nach Verbindungen, Geselligkeit, Kameradschaftlichkeit.

Biologische Entsprechung:
Vegetatives System, unterbewußtes Gedächtnis,
Erbfaktoren, Kraftleib.

Soziologische Entsprechung:
Verbindungen, Versammlungen, Gesellschaften,
Verwandtschaft, Gemeinschaft.

Ascendent   AC

2 Std. in einem Zeichen, 4 Min. in einem Grad

Zeichen am östlichen Horizont im Augenblick der Geburt.

Prinzip:
Erscheinungsbild der Person, Umwelt.

Biologische Entsprechung:
Geburtsaugenblick.

Soziologische Entsprechung:
Das Ich im Verhältnis zu anderen Menschen, insbesondere den Menschen der Umwelt.

Medium Coeli   MC

Zeichen im Zenit im Augenblick der Geburt.

Prinzip:
Ichbewußtsein.

Psychologische Entsprechung:
Individualität des Menschen, Lebensziel.

Biologische Entsprechung:
Ichbewußtsein, Großhirnfunktion.

Soziologische Entsprechung:
Beruf, das Individuum.

Descendent   DC

Zeichen am westlichen Horizont im Augenblick der Geburt.

Prinzip:
Das Du, Partnerschaftsbeziehungen.

Imum Coeli   IC

Zeichen am Mitternachtspunkt im Augenblick der Geburt.

Prinzip:
Das Unterbewußte.

Die Planeten als Symbole kosmischer Ordnungen

○ = Geist

) = Seele

↑ = Impuls

+ = Materie

1. Ordnung: Leben ist Wachstum.
Alles was lebt, trägt den Impuls des Wachstums in sich.

Mars   ♂   als Symbol heißt **Kraft, Energie, Wille.**

2. Ordnung: Jedes Wachstum hat seine Grenze. Alles was lebt, m u ß vergehen.

Saturn   ♄   als Symbol heißt **Beschränkung, Pflicht, Demut.**

3. Ordnung: Jedes lebende System ist ein in sich geschlossenes Ganzes. Es ist von jedem anderen System getrennt und unterscheidbar. Jedes Lebewesen hat seinen eigenen, nur ihm zugehörigen Kern.

Sonne   ☉   als Symbol heißt **Wesenskern, Individualität, Vitalität.**

4. Ordnung: Jedes lebende System ist mit allen lebenden Systemen verbunden. Seine feinstofflichen Strukturen kommunizieren mit allen belebten oder intelligenten Systemen.

Mond   ☽   als Symbol heißt **Seele, Aufnahmebereitschaft, Hingabefähigkeit.**

5. Ordnung: Menschliches Leben ist nur in der Polarität möglich. Weitergabe des Lebens nur durch die Vereinigung zweier Polaritäten.

Venus   ♀   als Symbol heißt: **Liebe, Harmonie, Ästhetik.**

6. Ordnung: Höheres Leben entwickelt sich durch Empfangen höherer Impulse, Integration derselben, erkennen und verarbeiten der Polaritäten.

Merkur   ☿   als Symbol heißt **Intellekt, Verstand, Kommunikation.**

7. Ordnung: Die Erfüllung menschlichen Seins liegt im Empfangen und Geben geistiger Inhalte. Das Verknüpfen dieser Inhalte mit der Realität führt zum Verstehen.

Jupiter   ♃   als Symbol heißt **Weisheit, Expansion, Erfolg.**

Die weitere Entwicklung menschlichen Bewußtseins zeigen die drei transsaturnischen Himmelskörper auf.
Sie zeigen die Entwicklungsschritte an, die der Mensch zu gehen hat, um zu kosmischen Bewußtseinsinhalten vorzudringen.

1. Entwicklungsschritt: Das Einzelindividuum entwickelt den Impuls, mit Sphären anderer Dimensionen in Verbindung zu treten.

Uranus   ⛢   als Symbol heißt **Inspiration.**

2. Entwicklungsschritt: Individuen werden Kanal, Antenne, um kosmische Qualitäten zu empfangen, nehmen Schwingungen auf, geben sie an andere Individuen weiter. Spirituelle, geistige Kommunikation wird möglich (Telepathie, Hellsehen etc.).

Neptun   ♆   als Symbol heißt **Intuition.**

3. Entwicklungsschritt: Bildung höheren Bewußtseins. Wenn 10 % aller Individuen einer Gattung zu einem höheren Bewußtsein gelangt sind, springt der Funke über auf alle übrigen Individuen.

Pluto   ☽   als Symbol heißt **Transformation.**

Diese kosmischen Ordnungen hat der Mensch integriert. In seinen Chakren werden diese Ordnungen wirksam.

Planeten und Chakren

Chakren sind Zentren, die das Energiesystem des Menschen über das Meridiansystem der Akupunktur mit Energie versorgen. Sie haben eine starke Beziehung zu kosmischen Qualitäten, insbesondere zu den Planeten. Als Relaisstationen dienen die Neuronen der entsprechenden Nervenplexen.

Die Chakren können von bestimmten Akupunkturpunkten stimuliert sowie mit homöopathischen Mitteln angeregt werden.

1. Chakra   Wurzelchakra = Plexus coccygeus und Plexus pudendus.
Steuerung der Genital- und Fortpflanzungssysteme. Entstehung der Kundalinikraft, der Urvitalität und Transformation derselben.
Astrologische Entsprechung: Pluto und Mond.
Akupunkturpunkte: LG 1, B 31
Homöopathische Simile: Sulfur, Lachesis

2. Chakra   = Plexus sacralis, Nebennieren
Verarbeitung und Vereinigung von **Yin** und **Yang,** weiblichem und männlichem Prinzip in der Erotik, der Liebe. Sitz der erotischen Ausstrahlung.
Astrologische Entsprechung: Venus
Akupunkturpunkte: KG 6, N 8
Homöopathische Simile: Cuprum, Secale cornutum

3. Chakra   = Plexus solaris
Steuerung des vegetativen Nervensystems.
Pankreas, Milz, Leber.
Bereitstellung der Energie für die Unterhaltung der primären leiblichen Funktionen und Bedürfnisse. Sitz der vegetativen, unbewußten Kraftströme.
Astrologische Entsprechung: Merkur
Akupunkturpunkte: KG 12, M 36
Homöopathische Simile: Thuja, Plumbum

4. Chakra   = Plexus cardiacus, Thymus
Steuerung des Gefäß- und Kreislaufsystems, emotionaler Streßfaktoren, Angleichung des Herzrhythmus an seelische Inhalte und Zustände. Eingehen des Individuums auf das Wesen anderer Individuen. Sitz der emotionalen Ausstrahlungskraft.
Astrologische Entsprechung: Sonne
Akupunkturpunkte: KG 17, H 3
Homöopathische Simile: Aurum

5. Chakra Cervicae Ganglien, Schilddrüse, Nebenschilddrüse
Steuerung der Motorik und des Stoffwechsels im Organismus.
Geistige und körperliche Aktivität.
Astrologische Zuordnung: Mars
Akupunkturpunkte: M10, 3 E 5
Homöopathische Simile: Jodum, Apis, Mercur sol.

6. Chakra = Hypothalamus, Hypophyse, Medulla oblongata.
Steuerung des unwillkürlichen Nervensystems.
Intuitive Ströme und Kräfte führen das Individuum zu Weisheit und Erfolg.
Astrologische Entsprechung: Jupiter und Neptun
Akupunkturpunkte: LG16, LG 25
Homöopathische Simile: Kalium phos., Argentum

7. Chakra = Großhirn und Epyphyse
Steuerung des willkürlichen Nervensystems.
Bildung und Erweiterung von Bewußtsein, Erkennen und Überwinden von Grenzen.
Astrologische Entsprechung: Saturn und Uranus
Akupunkturpunkte: LG11, LG 20
Homöopathische Simile: Stramonium, Platinum.

Wir können nicht umhin, uns als große Einheit, als Teil des Universums zu begreifen. Wir erleben die Veränderung kosmischer Strukturen in unseren seelischen Strukturen und heilen unser Abweichen aus kosmischen Ordnungen, die wir als Krankheit empfinden, mit den Manifestationen dieser Ordnungen.

Doch wird uns Heilung nur zuteil, wenn wir verstehen gelernt haben, nicht nur unseren Körper, nicht nur unsere Seele, ja nicht nur unseren Geist zu heilen, sondern heil werden wir erst, wenn wir in unseren Heilungsprozeß den Organismus Erde, den Organismus Universum, einbezogen haben.

Erst wenn uns unsere Erde wieder „heilig" geworden ist, wenn wir „Ehrfurcht" vor dem Universum verspüren, haben wir das Thema „Kosmobiologie" letztendlich begriffen.

Unsere Krankheiten zeigen uns an, welche kosmischen Ordnungen wir verlassen haben:

Die 1. Ordnung **Wachstum** haben wir ins Maßlose übersteigert, unser hemmungsloses Wachstum in allen Lebensbereichen macht das Lebewesen Gaja, unsere Erde, ernstlich krank, ja ist bereits daran, irdisches Leben auf unabsehbare Zeiten zu zerstören. Gaja antwortet darauf, indem sie unsere Körper mit der gleichen Geisel schlägt. Hemmungsloses Wachstum einiger aus dem natürlichen Verbund unseres Körpers herausgefallener Zellen zerstört unseren Körper unrettbar. Die Medizin ist vollkommen hilflos. Verstümmelt und verstrahlt endet das Leben von über 50 % der Beklagenswerten in hoffnungslosem Siechtum.

Der nächste Schritt unserer Aktivitäten ist noch folgenschwerer: Im All installierte Atomsprengköpfe sind in der Lage, das Immunsystem der Erde, ihr kosmisches Schutzschild, für immer zu zerstören.

Gaja antwortet deutlicher: Auf **SDI** of **A**merika folgt **AIDS** aus Amerika. Die Zerstörung der Immunsysteme des Menschen, die zur unabwendbaren Zerstörung der Betroffenen führt.

Eine wahrhaft deutliche Sprache, die Gaja zu ihren Kindern spricht. Wann werden diese, die Sprache ihrer Mutter, verstehen lernen?

Es ist die Zeit gekommen, unseren Logos zu aktivieren, damit Bios auf unserem Planeten weiterhin möglich ist. Im Kosmos finden wir die Lösung.

Die Lösung ist die 2. Ordnung:
Alles Wachstum muß begrenzt werden, hier liegt unser Heil. Mars muß vom Saturn gezügelt werden, das Feuer vom Stein eingefriedet, soll es nicht alles zerstören.
Das Wassermann-Zeitalter ist nicht nur Uranuszeit, sondern auch Saturnzeit. Wieder zeigt uns der Kosmos die Lösung auf: Beschränkung unserer materiellen Ziele; nur so werden wir zum nächsten Entwicklungsschritt gelangen, er heißt

Inspiration.

Der Geist wird über uns kommen, wenn wir Gaja befreien von unserem Konsumwahn, von unserem Geltungsdrang, von unserem übermächtig gewordenen Mars. Laßt uns zum nächsten Chakra aufsteigen, es zeigt wiederum die Lösung an, es ist das Chakra der Venus, der Liebe. Auch die praktische Seite zeigt uns dieses Zeichen: Vereinen des Unterschiedlichen, nicht das Bekämpfen der Polaritäten fördert das Leben.

Machen wir sie zur Grundlage unserer Therapie für uns, für unsere Mitmenschen und für Gaja, unsere Erde.

Wir können also bereits aufgrund des Geburtsdatums einen groben Überblick über Konstitution und Diathese des Patienten gewinnen und aus der Mittelwahl das passendste aussuchen.

Sehr oft werden wir aber feststellen müssen: das ist gar kein Stier, Krebs, Widder, Fisch! Der paßt überhaupt nicht zu seinem Sternzeichen.

In diesem Fall wird uns das Horoskop genaue Aufschlüsse über die Persönlichkeit unseres Patienten und seine Behandlung vermitteln. Wir müssen also nicht nur ermitteln, wo zur Zeit seiner Geburt die Sonne stand, sondern wir müssen auch die Standorte der übrigen Planeten ermitteln und in unserem 360 °-Kreis eintragen.

Ein Horoskop erstellen wir wie folgt:

Wir benötigen die genaue Geburtszeit und den Geburtsort.

Die Geburtszeit ist in unseren Breiten in der Regel die Mitteleuropäische Ortszeit, MEZ. Sie wird um 1 Stunde korrigiert (–), und wir erhalten die Greenwichzeit. Nun müssen wir eine Korrektur von Greenwich zu unserem genauen Geburtsort vornehmen und die Zeitdifferenz zur Greenwichzeit addieren. Daraus ergibt sich unsere Ortszeit. Zur Ortszeit addieren wir wiederum die Sternzeit und erhalten so die Landessternzeit. In der Koch'schen Häusertabelle ermitteln wir mit diesem Ergebnis unseren Aszendenten, jenen Punkt, der in der Geburtsminute an unserem morgendlichen Horizont stand. Daraus ergeben sich die Punkte Medium Coeli (MC), Kulminationspunkt der Sonne, Deszendent (DC), Abendpunkt der Sonne und Imum Coeli (IC), Mitternachtspunkt sowie die Einteilung der einzelnen Häuser oder Felder. Aus der Ephemeridentafel entnehmen wir den Stand der Sonne und der einzelnen Planeten. Da es sich in der Regel um Mitternachts- oder Mittagsephemeriden handelt, müssen wir ermitteln, wieviel Grad die Sonne und die einzelnen Planeten an einem Tag zurücklegen, diese Gradzahl durch 24 Stunden teilen und mit der Geburtszeit das Ergebnis multiplizieren. Jetzt haben wir den genauen Standort der Planeten.

Wir beginnen mit dem Sternbild des Aszendenten, die Symbole entgegen dem Uhrzeigersinn in unser Horoskop einzuzeichnen und haben so den Rahmen unseres Geburtsbildes erhalten.

Je nachdem, in welchen Tierkreiszeichen die einzelnen Planeten stehen, haben wir bereits eine weitere Aussage über die Konstitution und den Charakter des Nativen.

Da sich die Planeten auch gegenseitig beeinflussen, müssen wir uns mit der Stellung der Planeten zueinander befassen.

Es gibt hier folgende Möglichkeiten: Zwei Planeten stehen genau übereinander oder dicht beieinander. Wir bezeichnen dies als Konjunktion; es können auch noch mehrere Planeten in Konjunktion stehen. Die Konjunktion zeigt uns an: Keim, Talent, Verkettung der Komponenten, innere Spannung, meist unbewußt.

Die Berechnung des Horoskops

Das Horoskop

Berechnung:

1. Name – wird auf dem Formblatt eingetragen.

2. Geburtstag wird auf dem Formblatt eingetragen.

3. Geburtsort wird auf dem Formblatt eingetragen.

4. Geburtszeit wird bei MEZ eingetragen.

5. Geograhische Breite wird bei LAT eingetragen. +)

6. Weltzeit wird bei WZ eingetragen (= MEZ – 1 Stunde in unseren Breiten. Bei Sommerzeit zusätzlich 1 Stunde abziehen!) +) +)

7. Korrektur der Weltzeit (Greenwich) zur Breite des Geburtsortes = + Gradunterschied von Greenwich zum Geburtsort.

8. Addition ergibt die Ortszeit = OZ.

9. + Sternzeit (entnehmen wir der Jahresephemeride und tragen sie ein bei ST).

10. Die Addition von OZ + ST ergibt LSZ (Landessternzeit).

11. Wir suchen in der Häusertabelle die LSZ in der obersten Spalte auf. In der Kopfspalte finden wir unter M den MC; Gradzahl und Sternzeichen tragen wir in unser Formblatt unter MC ein.

12. In der senkrechten Spalte unter A suchen wir die unter LAT angegebene Breite und tragen den Wert in unser Formblatt unter AC ein.

13. In der gleichen Zeile finden wir unter II das 2. Haus und tragen den Wert unter II in das Formblatt ein. Ebenso verfahren wir mit den Häusern III, XI und XII.

14. Wir ermitteln den Standort der Planeten, beginnend mit der Sonne.
    In der Jahresephemeride (Mitternachtsephemeride) suchen wir den Standort der Sonne am Geburtstag: z. B. 19. 10. 31   24.39   und berechnen die Differenz zum folgenden Tag 20. 10. 31   25.38

$$
\begin{aligned}
&= \quad 25°38' \\
&- \;\, 24°39' \\
\hline
&\quad\;\; 0°59' \qquad : 24
\end{aligned}
$$

Diesen Wert teilen wir durch 24 Std. und multiplizieren mit der Geburtszeit (WZ = Weltzeit), z. B. 6.30 h
Diesen Wert addieren wir zum Sonnenstand vom 19. 10. 31 (Geburtstag)

$$
\begin{aligned}
&= \quad 0°27'05'' \times \;\, 6{,}30 \text{ Std.} \\
&= \quad 0°15'58'' \\
&\quad\;\; 0°15'58'' \\
&+ \;\, 24°39' \\
\hline
&= \quad 24°54'58''
\end{aligned}
$$

Somit haben wir den genauen Standort der Sonne in der Geburtsminute. Diesen tragen wir unter Sonne ein.

Ebenso verfahren wir mit den übrigen Planeten und dem Mondknoten.

Literatur

+)　　　　Grimm / Hoffmann / Ebertin
　　　　　Die geographischen Positionen Europas
　　　　　Ebertin Verlag

+)+)　　　Europa Ephemeride METZ
　　　　　Dr. Wolf Metz Verlag
　　　　　Postf. 952, CH 8034 Zürich

Zeichnen des Horoskops

a) Wir zeichnen die Tierkreiszeichen ein, indem wir mit dem Zeichen des Aszendenten (AC) am linken Blattrand beginnen. Wir arbeiten immer entgegen dem Uhrzeigersinn.

Widder, Löwe, Schütze	zeichnen wir rot,
Stier, Jungfrau, Steinbock	zeichnen wir grün,
Zwillinge, Waage, Wassermann	zeichnen wir gelb,
Krebs, Skorpion und Fische	zeichnen wir blau.

b) In jedem Tierkreiszeichen haben wir jetzt 30 Grad im Kreissektor; wir zählen wiederum entgegen dem Uhrzeigersinn und beginnen in jedem Zeichen neu, von 1 – 30°. Zuerst zeichnen wir den AC, genau gegenüber den DC ein. Gleichermaßen verfahren wir mit dem MC und dem IC. Jetzt folgen die übrigen Häuerspitzen, wobei die gegenüberliegenden Segmente die in unserer Berechnung fehlenden Häuser ergeben.

c) Wir bezeichnen die Häuser, wobei wir mit dem AC beginnen. Er stellt die Spitze des I. Hauses dar. Entgegen dem Uhrzeigersinn numerieren wir weiter. IC ist die Spitze des Hauses IV, am DC beginnt Haus VII und der MC ist die Spitze des X. Hauses. Diese „Eckhäuser" (auch kardinales Kreuz genannt) werden nur mit ihrer entsprechenden Bezeichnung, nicht mit der jeweiligen Nr. des Hauses, gekennzeichnet. Die Gradzahl fügen wir jeweils hinzu.

d) Jetzt setzen wir die Planeten in die einzelnen Tierkreissektoren ein, jeweils der errechneten Gradzahl entsprechend; wiederum entgegen dem Uhrzeigersinn, in den Sektoren von 1 – 30°

e) Wir verbinden die Planeten miteinander.

f) Nebeneinanderstehende Planeten mit einem Orbis bis zu 9° werden im inneren Kreis mit der Farbe orange markiert:
Konjunktion

g) Planeten, die sich in 180° gegenüberstehen, verbinden wir mit einer roten Linie (Orbis bis 9°).
Opposition

h) Planeten, die im Winkel von 90° zueinander stehen, verbinden wir ebenfalls mit einer roten Linie (Orbis bis 6°).
Quadrat

i) Planeten, die sich im Winkel von 120° aspektieren, werden durch eine blaue Linie verbunden (Orbis bis zu 8°).
Trigon

j) Planeten im Winkelabstand von 60° verbinden wir mit einer blauen Linie (Orbis bis 5°).
Sextil

k) Planeten im Winkel zu 150° werden mit einer grünen Linie verbunden (Orbis bis zu 4°).
Quincunx

l) Planeten mit einem Winkelabstand von 30° verbinden wir mit einer grünen Linie (Orbis bis zu 3°). Halbsextil

2 GEB.-TAG 19.10.31 ORT 3   Brüx

5 LAT 50°31′24″

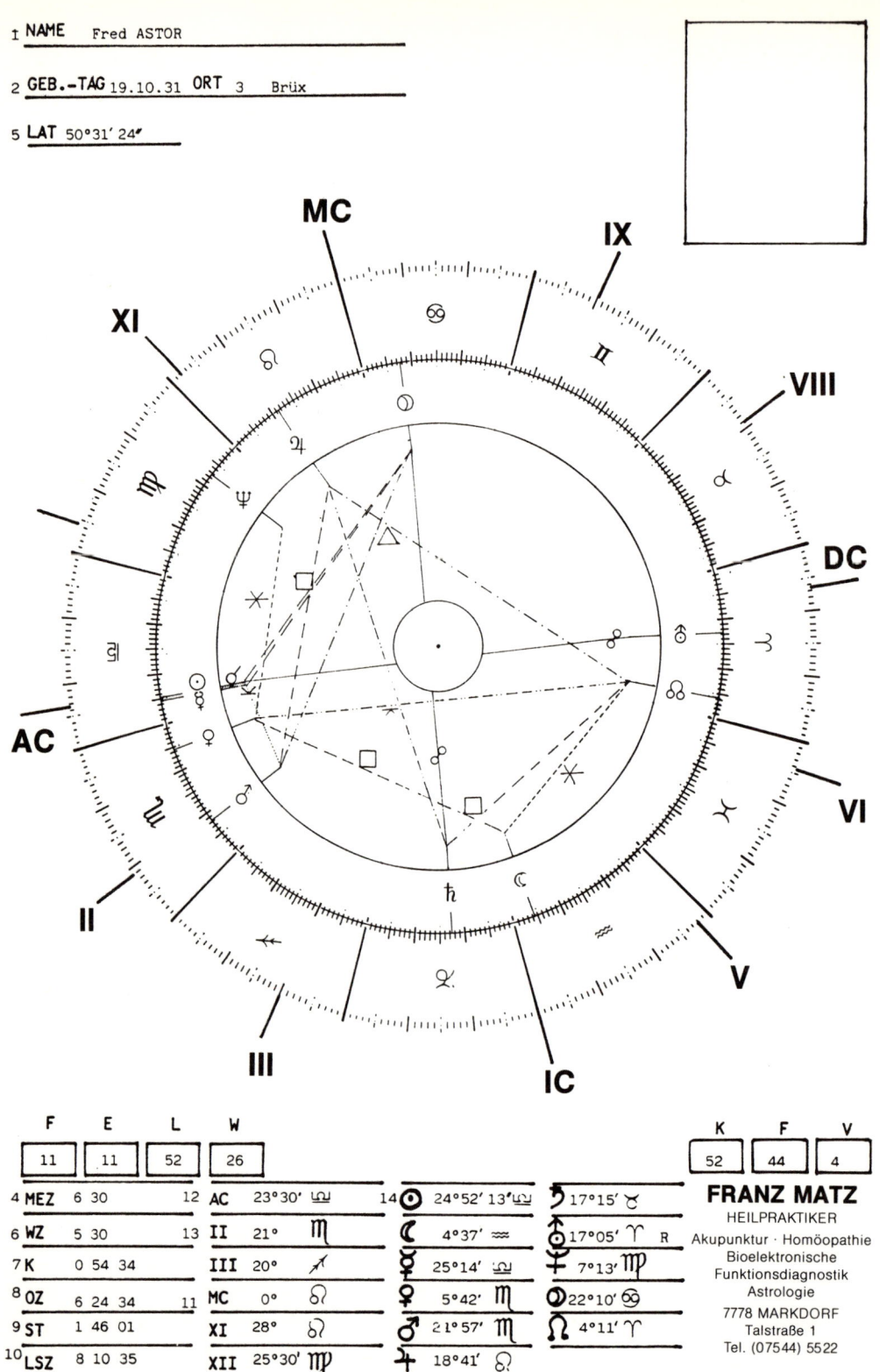

F	E	L	W
11	11	52	26

4 MEZ	6 30	12	AC	23°30′ ♎︎	14	☉ 24°52′13″♎︎	♄ 17°15′ ♉︎
6 WZ	5 30	13	II	21° ♏︎		☽ 4°37′ ♒︎	♅ 17°05′ ♈︎ R
7 K	0 54 34		III	20° ♐︎		☿ 25°14′ ♎︎	♆ 7°13′ ♍︎
8 OZ	6 24 34	11	MC	0° ♌︎		♀ 5°42′ ♏︎	♇ 22°10′ ♋︎
9 ST	1 46 01		XI	28° ♌︎		♂ 21°57′ ♏︎	☊ 4°11′ ♈︎
10 LSZ	8 10 35		XII	25°30′ ♍︎		♃ 18°41′ ♌︎	

K	F	V
52	44	4

FRANZ MATZ
HEILPRAKTIKER
Akupunktur · Homöopathie
Bioelektronische
Funktionsdiagnostik
Astrologie

7778 MARKDORF
Talstraße 1
Tel. (07544) 5522

84

Die Aspekte

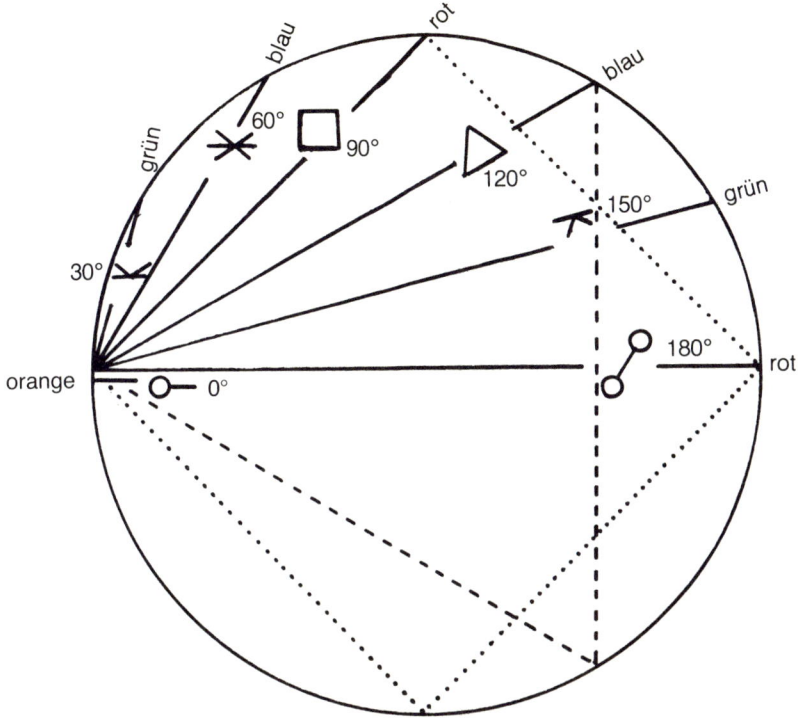

Die Spannungsverhältnisse zwischen den Planeten. Dynamik, Impulse, harmonische und disharmonische Richtkräfte.

♂	Konjunktion 0° :	Talent, Verkettung der Komponenten. Innere Spannung (meist unbewußt).	☉
☍	Opposition 180° :	Energie-Sperrung, Druck, Starre, Verdrängungsneigung.	♄
☐	Quadrat 90° :	Spannungs-Entladung, Kraft, Leistung, Reibung, Streß, Aggressionsneigung.	♂
△	Trigon 120° :	Fülle, Frucht, Perfektionierung, sinnliche Freude, Genußneigung.	♃
✳	Sextil 60° :	Wachstum, Assimilation, Harmonie-Streben, Konflikt-Angst, Kompromiß-Neigung.	♀
⚼	Quincunx 150° :	„Großer Denkschritt", willensbildend, Herausforderung, Sehnsucht, Projektions-Neigung.	♆
⚺	Halbsextil 30° :	„Kleiner Denkschritt", informativ (erkennen – vermitteln). Sachlichkeit.	☿

Aspektfiguren

Über 12 Aspekte: Überaktiv.

Unter 5 Aspekte: Spezialisierung.

Rot   –   Aktiv, gespannt, leistungsorientiert.

Blau   –   Ruhend, entspannt, harmonieorientiert.

Grün   –   Beweglich, informativ-suchend, unentschieden.

Orange –   Kontaktintensiv, unmittelbar, bindend.

Viel blaue Aspekte: Harmonie.

Viel rote Aspekte: Aktivität.

Viel grüne Aspekte: Sehnsucht; will viel erreichen, kann sich aber nicht durch-
                           setzen. Nervöse Typen.

Kombinationen von

rot + blau: Ambivalent, Schwarz-weiß-Denken. Schöpferischer Wider-
                           spruch. Diplomatisch-harmoniestrebig.

rot + grün: Widerspruchsgeist, Ausbeutungstendenzen, Leistungsden-
                           ken; das Höchste herausholend. Energieverluste.

blau + grün: Fluchtneigung; unbestimmte, labile Handlungen und Hal-
                           tung. Schweifende Phantasie. Leistungsunwillig aber er-
                           kenntnisfähig.

rot – grün – blau: Konflikt-Lösungsbestreben, Harmonisierung. Starke Ent-
                           wicklungsmöglichkeit durch kontinuierliche Krisen-Mecha-
                           nik. Erfahrungs- und Lerndreieck.

rot – rot – rot: Leistungsdreieck, zur Aktivität zwingend.

blau – blau – blau: Talentdreieck. Starke Begabungen.

Große, umfassende Aspektgefüge: Wirkung statisch.

Viele kleine, exzentrische Aspekte: Wirkung dynamisch.

Planetenballungen: Schwerpunkte laut Zeichen.

Getrennte Aspektfiguren: 2 Anlagen, 2 Gesichter.

Harmonisierende Planeten: Sonne, Mond, Venus, Jupiter.

Disharmonische Planeten: Saturn, Uranus, Neptun, Pluto.

Orbis

heißen die Toleranzen der Planeten und Aspekte. Sie sind bei den schnellen Planeten und der Sonne größer (bis 9^0), bei den fernen, den langsamlaufenden Planeten beträgt der Orbis maximal 5^0.

In diesen Aspekt-Umräumen werden die einzelnen Aspekte wiederum verschieden wirksam.

Konjunktion und Opposition haben einen Umraum von $5 - 9^0$, während wir beim Halbsextil lediglich einen Orbis von $1 - 3^0$ berücksichtigen.

Werden diese Toleranzen oder Umräume überschritten, so finden sie bei Betrachtung unserer Aspektierung keine Berücksichtigung mehr.

Bei einer Aspektverbindung zwischen der Sonne oder einem sonnennahen Planeten zu einem fernen Planeten wie Pluto, Neptun oder Uranus kann es geschehen, daß die Verbindung von der Sonne oder dem nahen Planeten wohl möglich wäre, der Orbis vom fernen, langsamlaufenden Planeten jedoch nicht mehr ausreicht. Diesen Aspekt können wir bewerten, indem wir die Linie von der Sonne z. B. bis zur halben Distanz durchziehen, in der zweiten Hälfte jedoch ziehen wir – bis zum Neptun z. B. – nur eine gestrichelte Linie:

Auf der folgenden Tabelle sind die einzelnen Orbes genau festgelegt.

Man sucht die beiden infrage kommenden Planeten am linken Rand und findet am unteren Rand die Aspekte. Verfolgt man die stark eingezeichnete Linie nach oben, so findet man den genauen Orbis des Aspektes.

Orbis

(Aspekt – Toleranzen)

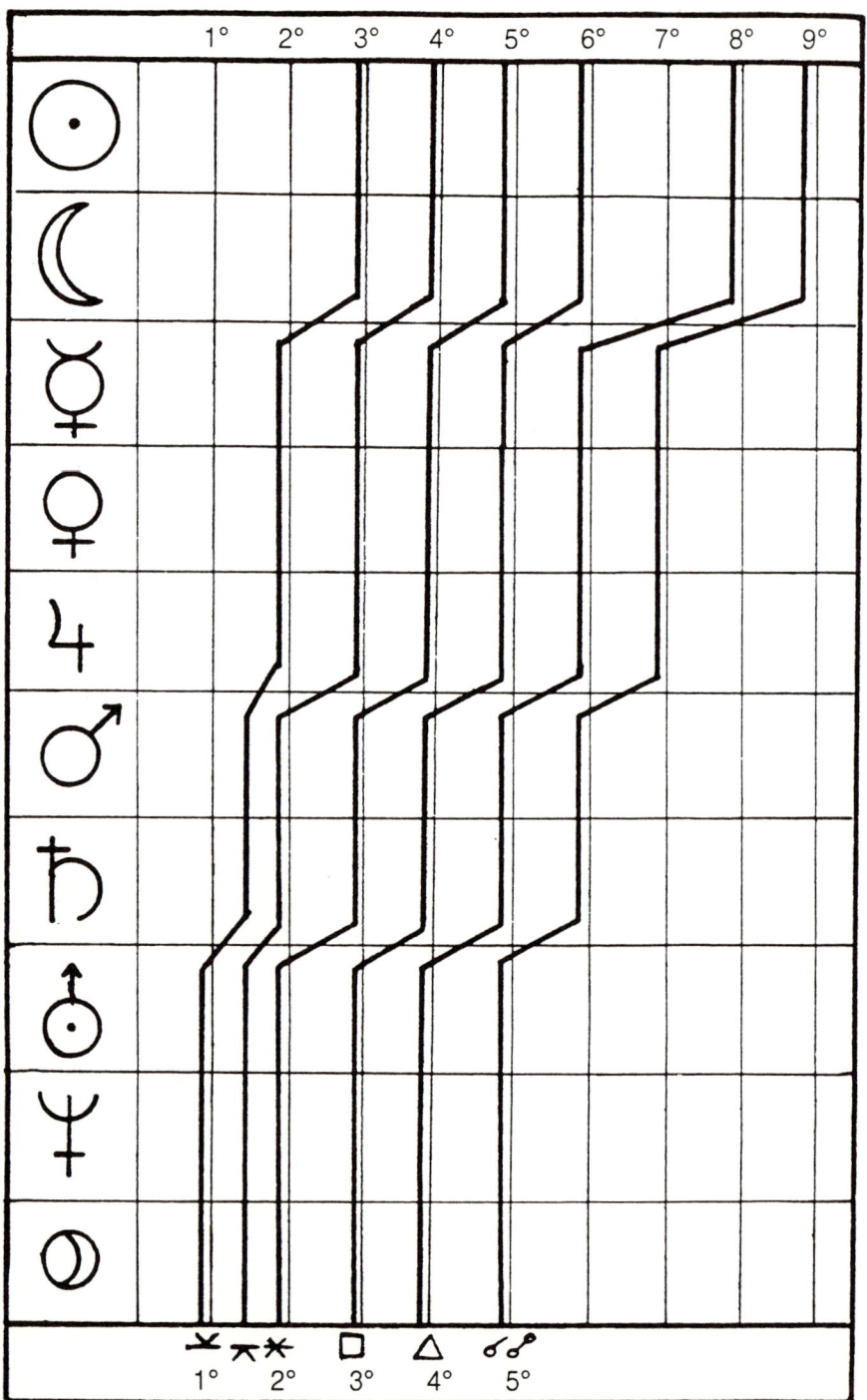

Die Aspekte geben uns die Hinweise über den Ablauf dieses Lebens. Ob es unter Spannung steht, welche Probleme gelöst werden müssen, welche Anlagen besonders herauskommen, wo immer wieder Hemmung, Mißerfolg, Frustration eintritt. Ob das Leben in harmonischen Bahnen verlaufen wird, ob viel Leistung gebracht werden muß; es zeigt die Begabungen auf, die Suchtgefahren, die Krisen und in welchen Bereichen sie zu erwarten sind. Die ersten Veröffentlichungen, die den Aspekten homöopathische Mittel zuordnen, sind bereits erschienen, jedoch ist dieses Gebiet zu umfangreich, zu vielfältig, um ganz erfaßt zu werden. Es reicht sehr tief in die tiefenpsychologische Sphäre des Menschen hinein und würde den Einstieg-Suchenden in diese Materie eher belasten, darum möchte ich beim Geburtshoroskop und seinen Konstellationen bleiben, um unser Konstitutionsmittel zu finden.

Nachdem wir nun die Sonne in ihrem Tierkreiszeichen bewertet haben und uns die infrage kommenden Mittel notiert haben, betrachten wir uns die Stellung des Mondes.

Der Mond ist das Prinzip der Seele, des weiblichen Prinzips, ein YIN-Zeichen. Je nachdem, in welchem Zeichen er steht, wird er den Charakter des Nativen beeinflussen. Im Widder, dem Zeichen der Energie, des Willens, des Durchsetzenwollens, wird er die Gefühlsaktivität noch mehr steigern. Er führt zu großer Impulsivität, zu Übereifer, die Triebsphäre ist stark ausgeprägt, der Native handelt unüberlegt, ist zerfahren. Springen uns hier nicht direkt die Mittel Aconit, Chamomilla, Staphisagria ins Auge?

Im Krebs ist er der Geburtsherrscher. Hier wird er dem Nativen Sensitivität, Empfindsamkeit verleihen, aber auch die Persönlichkeit unberechenbar machen und veränderlich. Hier finden wir keine Aggression, eher Verkapselung. Wir haben es mit fürsorglichen, häuslichen Personen zu tun. Calc. carb., Ignatia, Pulsatilla – beschreiben sie in ihren Arzneimittelbildern nicht eben diese Persönlichkeit?

Die Aspektierung des Mondes wird diese Eigenschaften bei harmonischen Aspekten abschwächen, bei Spannungsaspekten aber noch verstärken. Wir sollten sie immer mit in Betracht ziehen. Bei harmonischen Aspekten im Krebs wird der Native noch weicher werden, und das Mittel der Wahl wird die Pulsatilla sein; bei Spannungsaspekten wird eher das Sorgen- und Seufzermittel Ignatia anzuwenden sein. Selbstverständlich sind auch hier bei den Konstitutionsmitteln die passenden Akupunkturpunkte zu beachten, die außerordentlichen Gefäße, LG und KG bieten sich hier an, aber auch Punkte wie M 36 – Pulsatilla beim Krebs-Mond-Aspekt erscheinen sehr hilfreich.

Wir sehen, wenn wir die kosmischen Zeichen zu lesen verstehen, wird unsere Therapie sehr sinnvoll und erfolgreich.

Der Merkur, das Prinzip des Verstandes, des Intellektes, wird im Löwen zu einem sehr aktiven Verstand führen, aber die Gefühle des Löwen mischen sich in den Intellekt; er wird reizbar im Geistigen, jähzornig, arrogant. Die Mittel Aurum bei guter Aspektierung, Platin bei negativer Aspektierung, auch Lachesis treffen hier zu.

Der Merkur in den Fischen wird sich als sehr gefühlsbetonter Intellekt zeigen, mit viel Phantasie und Intuition; gutherzig aber auch grüblerisch und niedergeschlagen. Wir sind wieder bei der Pulsatilla angelangt, aber auch beim Causticum und bei Coffea, je nach Aspektierung.

Die Venus wird die Feuerzeichen und Spannungsaspekte weicher machen und die Gefühlszeichen gefühlvoller.

Der Mars wiederum bringt in die Feuerzeichen Übersteigerung, in die Luftzeichen große Beweglichkeit und Überforderung; die festen Zeichen lockert er etwas auf und in die Gefühlskonstellationen bringt er Zerrissenheit, Widersprüchlichkeit, Unzuverlässigkeit.

Demgegenüber harmonisiert der Jupiter wieder allgemein und nimmt allen Konstellationen und Aspekten die Schärfe. Haben wir gute Jupiter-Aspekte auf einer eigentlich spannungsreichen Konstellation, so können wir zu einem milderen Mittel greifen.

Der Saturn wiederum bringt Verhärtung, chronische Krankheitsgeschehen; tiefgreifende seelische und körperliche Leiden werden hier oft angezeigt. Haben wir die entsprechenden Iriszeichen, so müssen wir immer an Tumoren, Präcancerosen, CA denken!

Bei der Jungfrau werden wir hier an den Darm denken, beim Skorpion an das Urogenitale, beim Zeichen Fische an die Lymphogranulozytose. Das sind Hinweise, die bei einer klinisch noch nicht zu erfassenden Präcancerose lebensrettend werden können! Entsprechend haben wir hier die Mittelwahl.

Im folgenden sind die persönlichen Planeten in den verschiedenen Zeichen aufgeführt:

Aspekte

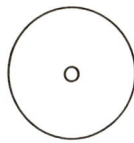

Sonne in

Widder

Physis: Dynamische Persönlichkeit, sicheres Auftreten, Ich-betont.
Psyche: Schnelles Auffassen und in Taten umsetzen, vorwärtsdrängend.
Tugend: Zielbewußtsein, Mut, Begeisterung, Überzeugungskraft.
Fehler: Rücksichtslos, voreilig, keine Zeit für Gefühle.
Pathologie: Hypertonie, Kopfschmerz durch Blutandrang.
Therapie: Aconit, Arnica, Chamomilla, Ferrum met.
              B 2, B 10, Gb 34.
              Wechselfußbäder, Kneipp'sche Güsse, Bewegungssport.

Stier

Physis: Praktische Veranlagung, Neigung zu Fülle, Beharrlichkeit.
Psyche: Kontinuierlicher Einsatz, langsames Anlaufen, Harmonie.
Tugend: Ruhe und Geduld, Humor, Geselligkeit, gefühlsoffen.
Fehler: Sturheit, erotisches Genußstreben, Phlegma.
Pathologie: Lymphatismus, Tonsillitiden, Adipositas.
Therapie: Calcium carb., Jod., Echinacea, Natr. sulf.
              Lu 11, Di 4, KG 22, LG 16.
              Entschlackungskuren, Trockenbürsten, Abhärtung.

Zwillinge

Physis: Schlank, drahtig, flache Brust; lebhaft und zappelig.
Psyche: Aufnahmefähig, viel Umweltkontakte, wechselnde Interessen.
Tugend: Schnell auffassend, lebhafte Ausdrucksfähigkeit.
Fehler: Unbeständig, Liebe zur Abwechslung, schnell vergessend.
Pathologie: Nervöse Störungen, Lungen- und Bronchialerkrankungen.
Therapie: Magnes. phos., Mercurius, Phosphor, Coffea, Bryonia.
              Lu 1, Lu 5, Lu 7, Lu 9, LG 19, M 36, H 7, B 16, KG 15.
              Atemgymnastik, Sonnenbäder, Luftkuren, Lauftraining.

Krebs

Physis: Rundlich, kann sich schwer zur Wehr setzen, scheu.
Psyche: Frißt alles in sich hinein, anlehnungsbedürftig.
Tugend: Fürsorglich, besinnlich, Gefühlsreichtum, zurückhaltend.
Fehler: Beeinflußbar, launenhaft, labil, sehr verletzlich.
Pathologie: Magen-Darm-Erkrankungen, psychische Depressionen.
Therapie: Argentum nitricum, Calc. carb., Carbo. vegetabilis.
              M 36, M 42, M 45, Kü 7, KG 6, KG 12, B 21.
              Familienanschluß suchen, Massagen, Zärtlichkeit.

Sonne in

Löwe

Physis:	Athletisch, Selbstsicherheit und Würde ausstrahlend.
Psyche:	Unternehmungsfreudig, tatkräftig, prunkvolle Ich-Entfaltung.
Tugend:	Generosität, Repräsentieren können, Gestaltungskraft.
Fehler:	Prahlerei, Despotismus, Überschreiten der Kompetenzen.
Pathologie:	Hypertonie, Arteriosklerose, Apoplexie, Streßgefahr.
Therapie:	Aurum, Arnica, Crataegus, Kalmia, Cactus.
	H 1, H 3, H 7, KG 14, KS 6, B 15, Gb 20.
	Aderlaß, Kneipp'sche Güsse, Kuraufenthalt, Geselligkeit.

Jungfrau

Physis:	Understatement – abwehrend, zurückhaltend, reserviert.
Psyche:	Berührungsangst, sexuelle Verdrängungsneigung.
Tugend:	Korrekt, lernfreudig, logisch-analytisch denkend.
Fehler:	Gefühle werden unterdrückt, Pedanterie, Kritiklust.
Pathologie:	Spastische Obstipation, Komplexe durch Verdrängung.
Therapie:	Ignatia, Abrotanum, Antimon crud., Aloe, Natr. mur.
	Di 2, Di 3, Di 4, Di 10, Di 11, Gb 43, Le 2, M 25, Dü 7, Le 9.
	Psychoanalyse, Symbioselenkung, vegetarische Kost.

Waage

Physis:	Schlank, schwingend, gewandt, zuvorkommend, ausgleichend.
Psyche:	Gefühlswärme, Lebensfreude, kompromißbereit, kultiviert.
Tugend:	Weltoffen, gute Umgangsformen, Kunstliebe, Optimismus.
Fehler:	Eitelkeit, sich nicht entscheiden können, Mangel an Festigkeit.
Pathologie:	Nieren- und Blasenerkrankungen, Nerven.
Therapie:	Kal. phos., Cuprum, Berberis, Solidago, Hypericum, Phos.
	N 2, N 6, N 8, B 23, M 36, LG 13, LG 19, Dü 7.
	Kräuterbäder, Massagen, Beschäftigung mit Kunst, Wanderungen. Ausleitungen über die Nieren.

Skorpion

Physis:	Gespannte Körperhaltung und Ausdruck. Willensmensch.
Psyche:	Durchsetzungskraft, Zähigkeit, Ausdauer, Kampfbereitschaft.
Tugend:	Selbstbehauptung, zäh, soziale Opferbereitschaft, Mut.
Fehler:	Fanatismus, Mißtrauen, Eigensinn, Eifersucht, Selbstüberschätzung.
Pathologie:	Ausscheidungsorgane, Verspannungen, Skrofulose, Kräfteüberforderung.
Therapie:	Hyoscyamus, Stramonium, Apis, Belladonna, Sulfur.
	B 28, B 54, B 58, B 60, B 10, Gb 34, LG 13.
	Thermalbäder, Ausleitungsverfahren, Baunscheidt'-ieren.

Sonne in

Schütze

Physis: Sportlich-elastisch. Bewegungsfreude, vorwärtsdrängend.
Psyche: Idealist, begeisterungsfähig, cholerisch. Religiös.
Tugend: Idealistischer sozialer Einsatz, großzügig, rationell.
Fehler: Rastlosigkeit, entschlußlos, Geltungsbedürfnis.
Pathologie: Überforderung des Bewegungs- und Muskelapparates, Leber.
Therapie: Bryonia, Gnaphallium, Acid. benz., Taraxacum, Stannum.
              Gb 30, Gb 34, Le 2, Le 3, Le 9, Le 14, Di 10.
              Massagen, Rheumabäder, biol. lacto-veget. Nahrung, Reisen, Reiten.

Steinbock

Physis: Knochig, hager, Arbeitsmensch, wenig Bewegungsbedürfnis.
Psyche: Selbstbeschränkung, konservativ, Beherrschung der Gefühle.
Tugend: Fleiß, Zuverlässigkeit, zäh, ehrgeizig, gewissenhaft.
Fehler: Geiz, Mißtrauen, zu materielle Einstellung, Härte.
Pathologie: Vorzeitiges Altern, Knochen-, Gelenkdegeneration, Knie.
Therapie: Lycopodium, Plumbum, Conium, Calc. fluor., Arsen alb.
              3E 5, 3E 15, M 35, Gb 34, Le 9, MP 5, MP 15, KG 6.
              Rheumabäder, Ausdauersport, Bergsteigen, Sauerstoffzufuhr.

Wassermann

Physis: Athletisch, kameradschaftlich, Ideenreichtum, Reformer.
Psyche: Toleranz, stets auf der Suche nach neuen Ideen, konstruktiv.
Tugend: Gute Beobachtung, Kreativität, Humanität, offen.
Fehler: Konzentrationsschwierigkeiten, Aufgeben von Zielen.
Pathologie: Venöse Durchblutungsstörungen, Wirbelsäule, Kreislauf.
Therapie: Aesculus, Hamamelis, Zinc, Lachesis, Veratrum alb.
              N 8, B 14, B 39, B 58, Gb 34, KS 6, KS 9, LG 3, LG 4, LG 13, LG 19.
              Wechselfußbäder, Kreislauftraining, gute Matratzen, Yoga, Meditation, Tautreten,
              Wandern, Schwimmen, Tanz.

Fische

Physis: Pastös, schlaff, verträumt, sich hingeben wollen, Phlegma.
Psyche: Hochsensibel, medial, gutmütig, leichtgläubig, passiv.
Tugend: Aufnahmefähig, empfänglich, Geduld, Mitleiden können.
Fehler: Haltlosigkeit, Passivität, Launen, Pessimismus, bequem.
Pathologie: Haltungsschwäche, schlaffer Tonus, Lymphstau. Füße. Suchtgefahr, emotionelle
              Krisen, Manien.
Therapie: Silicea, Calc. carbon., Aluminium, Medorrhinum, Avena sat.
              MP 4, MP 5, M 36, M 41, Dü 7, KG 6, KG 12.
              Lymphdrainage, Psychotherapie, Gymnastik, Yoga, Gruppentherapie,
              Autogenes Training.

Mond in

Widder

Physis: Lebhafte Körpersprache und Mimik, Willensdurchsetzung.
Psyche: Gefühlsaktivität, Ruhelosigkeit, starke Triebsphäre.
Tugend: Impulsivität, Ehrgeiz im Erstreben von Zielen.
Fehler: Übereifer, unüberlegtes Handeln, innere Unrast.
Pathologie: Schwellungen des Gesichts und allergische Reaktion.
Therapie: Aconit, Chamomilla, Staphisagria.
              B 2, Di 10, Di 4, M 42.

Stier

Physis: Konservativ, Gemüt und Gefühl ruhig und fest. Mutter.
Psyche: Sinnennatur, Genußfreude, schwelgt in Gefühlen. Lucullus.
Tugend: Praktisch, realistisch, dem Schönen zugetan. Naturliebe.
Fehler: Sentimentalität, Schlemmereien nicht widerstehen können.
Pathologie: Adipositas.
Therapie: Sulfur – 3E 3, 3E 4, Di 4 – Fasten und Stoffwechselkuren.

Zwillinge

Physis: Wendig, aber nicht konzentrativ, schwatzhaft, vertrauensselig.
Psyche: Unruhig mit großem Erlebnisdrang, wechselnde Empfindungen.
Tugend: Schnelles Auffassen, Unterhaltungsgabe, beeindruckbar.
Fehler: Vergeßlich, unzuverlässig. Stimmungsschwankungen.
Pathologie: Nervosität, Erregungszustände, verschleimte Bronchien.
Therapie: Phosphor, Acid. phos., Coffea, Drosera.
              Lu 11, H 5, KG 15, KG 17.

Krebs

Physis: Fürsorglich und häuslich, „Kindernarr", friedlich.
Psyche: Hochsensibel, sehr beeindruckbar, unterbewußte Einflüsse.
Tugend: Keine Aggressionen, anschmiegsam, zärtlich.
Fehler: Alles in sich hineinfressen, launenhaft, Abkapselung.
Pathologie: Seelische Belastungen, die auf den Magen schlagen. Gastritis.
Therapie: Pulsatilla, Nat. mur., Calc. carb., Ignatia.
              M 36, M 41, LG 10, B 21.

Löwe

Physis: Erhöhtes Ich-Gefühl, auf Anerkennung bedacht, stolz.
Psyche: Leidenschaftliche Gefühle, leicht verletzlich, Schwärmen.
Tugend: Große Offenheit, Kunstverständnis, Großzügigkeit.
Fehler: Im Auftreten überzogen, hysterisch, Selbstüberschätzung, eitel.
Pathologie: Tachykardie, Arrhythmie, Herzstiche.
Therapie: Adonis, Arnica, Platin, Stramonium, Apocynum.
              H 1, H 7, KS 6, B 14, B 15, KG 15, LG 11.

Mond in

Jungfrau

Physis: Verstand überwiegt das Gefühl. Auf sich selbst konzentriert.
Psyche: Ängstlich, pedantisch, mit Komplexen beladen.
Tugend: Zurückhaltung, konventionell, arbeitsam.
Fehler: Kritisch, leicht beleidigt, provoziert bei anderen Schuldgefühle.
Pathologie: Erkrankungen des Darms und des Appendix, psychogen bedingte Diarrhoen.
Therapie: Aloe, Antiomon. crud., Arsen alb., Ignatia, Cimicifuga.
               Di 10, Di 11, M 36, B 31, N 8, KG 4, LG 5.

Waage

Physis: Diplomat, gewandt, Vermitteln und Schlichten können.
Psyche: Verfeinerung im Wesen, Liebe zum anderen Geschlecht.
Tugend: Ausgeglichen, lebensfroh, heiter, taktvoll.
Fehler: Mangel an Selbstverantwortung, eitel, konfliktscheu.
Pathologie: Psychogen bedingte Nierenerkrankungen, Oligurie.
Therapie: Kal. phos., Phos., Solidago, Berberis, Cuprum.
               N 2, N 7, B 23, LG 13, LG 19.

Skorpion

Physis: Starke Energien, sehr bestimmt, scheut das „Anecken" nicht.
Psyche: Leidenschaftlich, sinnlich, eifersüchtig.
Tugend: Fähigkeit zur Selbstüberwindung.
Fehler: Angriffsneigung, die Gefühle anderer schnell verletzend, selbst aber sehr empfind-
               lich und stolz.
Pathologie: Genital hypersensibel, Reizblase, sexuelle Träume.
Therapie: Stramonium, Platin, Bryonia, Cantharis, Terebinthina, Nux vomica.
               Le 2, LG 3, LG 4, KG 7.

Schütze

Physis: Idealist, Romantiker, kann nicht stillsitzen, Reiselust.
Psyche: Plötzliche Gefühlsaffekte, innere Unrast, erregt.
Tugend: Naturverständnis, Altruismus, Idealismus, sozial.
Fehler: Geringe Ausdauer, Offenheit bis zur Selbstschädigung.
Pathologie: Nervöse Erregbarkeit, Leistendrüsenschwellungen.
Therapie: Zinc., Kal. brom., Calc. phos., Phos., Rhus tox.
               LG 19, KS 6, H 5, KG 5, M 36.

Mond in

Steinbock

Physis: Menschenscheu, praktischer Sinn, nimmt die Dinge zu schwer. Ehrgeizig und aufstrebend.
Psyche: Seelischer Tiefgang, kann nicht vergessen. Gefühle nicht zeigen können, starkes Pflichtgefühl.
Tugend: Im Gefühl ausdauernd, auf Ordnung bedacht.
Fehler: Quälende Selbstbeherrschung, verklemmt, verspannt.
Pathologie: Depressionen, Verspannungen, frühes Altern und Erkalten. Kniegelenksödeme.
Therapie: Lycopodium, Arsen alb., Ignatia, Acis fluor, Conium, Thuja.
Le 9, KG 5, KG 12, MP 9.

Wassermann

Physis: Origineller Gesellschafter, sehr kameradschaftlich.
Psyche: Geistig sehr aufgeschlossen, starke innere Anteilnahme.
Tugend: Gutmütig aber freiheitsliebend, kontaktfreudig.
Fehler: Zu große Ideenfülle, Zersplitterung, seelisch labil.
Pathologie: Nervosität, Unterschenkelödeme, Thrombophlebitis.
Therapie: Aesculus, Hamamelis, Ruta grav. Zinc.
MP 5, MP 6, B 58, B 60, B 65, M 36.

Fische

Physis: Große Passivität, Gefahr ausgenutzt zu werden.
Psyche: Sehr sensibel, sehr eindrucksfähiges Gemüt. Lebensangst.
Tugend: Starke Phantasie, sehr den seelischen Bereichen verhaftet.
Fehler: Realitätsverlust, Minderwertigkeitsgefühle, haltlos.
Pathologie: Suchtgefahr, seelische Krisen, geschwollene Füße.
Therapie: Pulsatilla, Arsen alb., Calc. carb., Passiflora.
M 36, Dü 7, N 13, LG 10, LG 11, B 31.

Merkur in

Widder

Physis: Intellektueller, schlagfertig in Rede und Schrift.
Psyche: Geistig rege, schöpferisches Denken, scharfe Beobachtung.
Tugend: Initiativ, klare Zielvorstellungen, umsichtig.
Fehler: Voreilig, stößt andere vor den Kopf, übertreibt gern.
Pathologie: Nervosität, nervliche Überbeanspruchung, Trigeminusneuralgie.
Therapie: Phosphor, Aconit, Lachesis.
                 KS 7, H 5, B 2, Magenpunkte im Kopfbereich, 3E 23.

Stier

Physis: Gründlich und konzentrativ, folgerichtiges Denken.
Psyche: In seinen Ansichten unbeugsam, Sicherheitsdenken.
Tugend: Ausdauer bei geistiger Arbeit, Logik, gesellig.
Fehler: Starrsinnig, sich nicht trennen können, Genußfreude.
Pathologie: ZNS mit verlängertem Mark, Rachenraum, Mandeln, Schilddrüse.
Therapie: Sulfur, Thuja, Jodum.
                 N 18, KG 12, KG 17, LG 16, M 10.

Zwillinge

Physis: Kontaktmensch, gewandter Intellekt mit rascher Reaktion.
Psyche: Häufige, vielseitige Kontakte, lebhafte Gesten.
Tugend: Schnelle Auffassung, Flexibilität, Sprachbegabung.
Fehler: Schwankende Aufmerksamkeit, schwatzhaft, oberflächlich.
Pathologie: ZNS und innervierende Nerven für Arme und Brustraum.
Therapie: Phosphor, Coffea, Argent. nit., Kal. brom., Zinc., Crocus, Lachesis.
                 H 5, KS 7, M 36, LG 19, LG 13, KG 15, Dü 3.

Krebs

Physis: Anderen Menschen zuhören können, Verständnis zeigen.
Psyche: Intellekt wird vom Gefühl beherrscht. Einfühlungsvermögen.
Tugend: Andere respektieren, gutes Gedächtnis, Phantasie.
Fehler: Geistige Haltung durch Stimmungen sehr veränderlich.
Pathologie: Vegetat. Nervensystem, Vagus, Verdauungssystem.
Therapie: Sulfur, Valeriana, Lachesis.
                 B 10, KG 12, KG 6, M 36.

Löwe

Physis: Aktiver Verstand, weitblickend, Sinn für Repräsentation.
Psyche: Eindringliche Mentalität, Überzeugungskraft, freimütig.
Tugend: Offenherzig, herzlich, sympathisch, ideelle Auffassungen.
Fehler: Arroganz, im Intellekt reizbar, überheblich.
Pathologie: Reizleitungssystem des Herzens, Coronarien.
Therapie: Aurum, Platin, Lachesis, Crataegus, Glonoinum, Cactus.
                 H 5, H 7, KG 15, B 15.

Merkur in

Jungfrau

Physis: Wissenschaftler, Inspektor, Vorliebe für Details.
Psyche: Eindringlicher Intellekt, guter Durchblick, Logik.
Tugend: Gutes Sprachgefühl, Blick für Fehlerhaftes, genau.
Fehler: Pedanterie, Kritiklust, Nörgelei.
Pathologie: Solar Plexus, nervliche Innervation des Darms.
Therapie: Arsen alb., Nat. carb., Antimon. crud., Ignatia, Caust.
                     Di 4, Di 10, Di 11, 3E 3, KG 12.

Waage

Physis: Diplomat, verbindlich, entgegenkommend, gewandt.
Psyche: Beweglicher, gewandter Intellekt, rasch erfassend.
Tugend: Gut beobachten und vergleichen, Gerechtigkeitssinn,
                     ausgewogene Sprache, Redetalent, gute Umgangsformen.
Fehler: Schaukelpolitik betreiben.
Pathologie: ZNS und nervale Versorgung des Urorenalsystems.
Therapie: Phosphor, Causticum, Cuprum.
                     B 11, B 23, B 65, N 2, N 6, N 7.

Skorpion

Physis: Scharfer Beobachter mit spitzer Zunge, zäh arbeitend.
Psyche: Man vertritt die nackte Wahrheit, scharfer Intellekt.
Tugend: Scharfsinnig, konzentrativ, Kritikvermögen, wahrhaft.
Fehler: Sarkasmus, Dreistigkeit. Andere provozieren wollen.
Pathologie: Nervale Versorgung des Genitalsystems.
Therapie: Stramonium, Hyoscyamus, Sulfur, Anacard., Arsen alb.
                     N 2, N 3, LG 2, LG 3, KG 3, KG 4, N 11.

Schütze

Physis: Beweglicher, sportlicher Typ, engagiert, reiselustig.
Psyche: Impulsiver Intellekt, Ideenreichtum, Idealist.
Tugend: Freimütig, Gerechtigkeitsliebe, soziales Engagement.
Fehler: Gefahr der Zersplitterung, geringes Durchhaltevermögen.
Pathologie: ZNS und nervale Versorgung der Hüftregion.
Therapie: Phosphor, Ambra, Cocculus, Rhus tox.
                     H 5, Gb 30, Gb 34, LG 5.

Merkur in

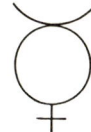

Steinbock

Physis:	Ausdauernd, konzentrativ, logisch erfassend, kritisch denkend.
Psyche:	Ernst, phantasielos, verschlossen. Klar im Denken.
Tugend:	Gründlichkeit, Geduld, prägnantes Formulieren.
Fehler:	Geizig, nachtragend, Maskenhaftigkeit der Mimik.
Pathologie:	Depressionen, nervale Versorgung des Knochenbaus und der Gelenke.
Therapie:	Sulfur, Arnica, Acid. nit., Thuja.
	3E 4, M 36, Le 9, MP 5.

Wassermann

Physis:	Neuerer, Erfinder, zukunftsorientiert. Originelles Denken.
Psyche:	Verlangen nach geistiger Unabhängigkeit, große Intuition.
Tugend:	Ideelle Zielsetzung, sehr beweglicher Intellekt.
Fehler:	Vor Ideenfülle werden oft zuviele Ziele verfolgt.
Pathologie:	ZNS, spinale Nerven.
Therapie:	Phosphor, Zinc.,
	H 5, LG 19.

Fische

Physis:	Reproduktive Talente, aufgeschlossen für fremde Ideen.
Psyche:	Gefühlsbetonter Intellekt, wird von Phantasie und Intuition gesteuert. Angst vor Kontaktaufnahme.
Tugend:	Gutherzig, intuitives Erahnen und Erfassen, schweigsam.
Fehler:	Läßt sich täuschen oder täuscht selbst. Verzögerungstaktik.
Pathologie:	ZNS, vasomotorische Nerven.
Therapie:	Calc. carb., Phosphor, Causticum, Pulsatilla.
	M 36, Di 4, LG 10, KS 6.

Venus in

Widder

Physis: Gepflegtes Äußeres; will Aufmerksamkeit auf sich ziehen.
Psyche: Impulsive, leidenschaftliche Gefühle, „Liebe auf den ersten Blick". Verlangen nach Abwechslung. Schwärmerei.
Tugend: Zärtlichkeit suchen und geben, gute mimische Ausdrucksfähigkeit, schöpferische Kräfte.
Fehler: Wenig Stabilität in Partnerbeziehungen, rasche, vorschnelle Kontakte. Dominant, immer „obenauf" sein wollen.
Pathologie: Schleimhäute des Kopfes, Mund, Nase, Nebenhöhlen.
Therapie: Crocus, Stramonium, Lachesis, Bufo rana, Hyoscyamus.
             N 2, N 6, Di 4, Di 20, B 10, M 6.

Stier

Physis: Realistisch, konservativ, Freude an Schmuck, beständig.
Psyche: Tiefes Gefühl, starke Anziehungskraft und Hingabefähigkeit.
Tugend: Schönheitssinn, musikalisch, treuer Freund und Partner.
Fehler: Verschwenderisch, übersteigerte Sinnlichkeit.
Pathologie: Schleimhäute im Rachen und Hals, Mandeln, Schilddrüse.
Therapie: Calc. carb., Jod, Cuprum, Spongia.
             LG 10, LG 16, KG 13.

Zwillinge

Physis: Schwingend, gewandter Ausdruck und ästhetischer Sinn.
Psyche: In seiner Zuneigung schwankend, verfeinerte Gefühle.
Tugend: Liebenswürdig, sympathisch, flexibel, anpassungsfähig.
Fehler: In der Liebe unzuverlässig, berechnend, braucht Abwechslung.
Pathologie: Seröse Häute des Brustraumes, Zwerchfell, Thymusdrüse.
Therapie: Coffea, Lachesis, Mercurius sol., Ferrum arsen.
             Lu 1, Lu 9, KG 17, B 13, Di 4.

Krebs

Physis: Sehr anhänglich und fürsorglich, mehr passives Erleben als aktives Gestalten. Kultivierte Häuslichkeit.
Psyche: Sehr empfänglich und schnell beeindruckbares Gemüt.
Tugend: Harmoniestreben, viel Phantasie, mediale Veranlagung.
Fehler: Versuch des passiven Dahinlebens.
Pathologie: Drüsen des Magens, Bauchspeicheldrüse.
Therapie: Pulsatilla, Calc. carb., Silicea, Nat. mur.
             M 36, MP 5, B 21, KG 12.

Venus in

Löwe

Physis:	Repräsentativ durch schöne Kleidung und Luxus, Spieler.
Psyche:	Sehr impulsive bis leidenschaftliche Gefühle, rasche Kontakte.
Tugend:	Liebesreichtum, strahlt Herzlichkeit und Wärme aus.
Fehler:	Genußliebe, spekuliert gern.
Pathologie:	Seröse Häute des Herzens, Perikard.
Therapie:	Apis, Kalmia, Belladonna, Naja trip., Lachesis.
	H 1, H 3, H 7, B 15, KG 14.

Jungfrau

Physis:	Einfache, hochgeschlossene Kleindung, prüde, kühl.
Psyche:	Begrenzte Hingabefähigkeit, Streben nach sittlicher Reinheit.
Tugend:	Mitgefühl für fremdes Leid, karitativer Einsatz, Ordnung.
Fehler:	Kritisieren und Moralisieren, im Gefühl gehemmt und spröde.
Pathologie:	Psychosen und Neurosen, Drüsen aller Darmabschnitte.
Therapie:	Antimon crud., Ingnatia.

Waage

Physis:	Lebenskünstler, ausgeglichen, verfeinerter Geschmack.
Psyche:	Seelische Verfeinerung, künstlerische Begabung, ruhig.
Tugend:	Gespür für andere Menschen, beruhigen können, zärtlich.
Fehler:	Gefahr der Zersplitterung in Liebesbeziehungen.
Pathologie:	Die serösen Häute des Uro-Genitalbereiches.
Therapie:	Causticum, Cantharis, Cuprum, Terebinthina.
	B 65, N 2, N 11, KG 3, B 28.

Skorpion

Physis:	Starker Sex, leidenschaftliche Sinnlichkeit, fanatisch.
Psyche:	Schwanken zwischen Selbstbeherrschung und Zügellosigkeit.
Tugend:	Um Sympathie und Zuneigung kämpfen, Aufmerksamkeit erringen.
Fehler:	Eifersucht, Zügellosigkeit, Unsittlichkeit.
Pathologie:	Neigung zu sexueller Kraftvergeudung, Krankheit dadurch. Häute und Schleimhäute der Genitalien, des Afters, Prostata.
Therapie:	Cantharis, Hyoscyamus.
	KG 2.

Schütze

Physis:	Verführer, Charme und Anmut. Vielseitige Beziehungen, Flirt.
Psyche:	Idealistisch, religiös; treibt Sport als Kunst.
Tugend:	Viel Charme und Anmut, guter Sportkamerad.
Fehler:	Bindet sich zu unüberlegt und schnell. Wenig Stabilität.
Pathologie:	Die serösen Häute der Leber.
Therapie:	Phosphor, Calc. phos.
	Le 9.

Venus in

Steinbock

Physis:	Ernste, tiefgehende Bindung, Neigung zu älteren Partnern.
Psyche:	Sexuelle Abstinenzkrisen, moralisch konservativ.
Tugend:	Treue und Zuverlässigkeit in der Partnerschaft.
Fehler:	Mißtrauen, Eifersucht, nicht aus sich herausgehen können.
Pathologie:	Periost.
Therapie:	Calc. carb., Ignatia. LG 10

Wassermann

Physis:	Einfallsreicher Liebhaber, Abenteurer, nicht an Ehe interessiert.
Psyche:	Großes Freiheitsverlangen, auch im Gefühlssektor.
Tugend:	Schnelle Kontakte, unkonventionelle Zuwendungen.
Fehler:	Ungebundene Auffassungen über Liebe und Sex.
Pathologie:	Blau verfärbte Unterschenkel.
Therapie:	Lachesis Le 6, KS 7.

Fische

Physis:	Liebt die Einsamkeit, die Abgeschlossenheit, opferfähig.
Psyche:	Starke Gefühlsveranlagung, abhängig von seinen Gefühlen und Trieben. Liebessehnsucht.
Tugend:	Mitfühlend, karitativ, hilfsbereit, inneres Spüren, Hören und Schauen.
Fehler:	Angst vor Sexualität, vor der Wirklichkeit die Augen verschließen. Träumen.
Pathologie:	Psychische Empfindsamkeit, Liebesenttäuschungen.
Therapie:	Fußreflexzonenmassagen, Pulsatilla, Silicea, Arsen alb. M 36, MP 5, B 39, KG 6.

Mars in

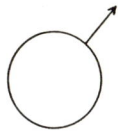

Widder

Physis: Draufgänger, vorwärtsdrängende Vitalität, Durchsetzungsvermögen.
Psyche: Immer in Auseinandersetzung mit der Umwelt. Unerschrockenheit.
Tugend: Tatkraft, Unternehmungslust, Führen und Motivieren können.
Fehler: Übereifer, „Blinder Eifer schadet nur" – nicht warten können.
Pathologie: Muskeln des Gesichts und des Kopfes.
Therapie: Aconit, Belladonna, Chamomilla, Bryonia.
                 M 4, M 6, M 7, M 8, M 1, Di 4, Le 2.

Stier

Physis: Entschieden, bestimmt und beharrlich, gibt nicht nach.
Psyche: Starkes Besitzverlangen, Planen auf lange Sicht. Stur.
Tugend: Realist, ausdauernde Energie, kontinuierliches Schaffen.
Fehler: Stur wie ein Panzer, eigensinnig, widerspenstig.
Pathologie: Hals-Nacken-Muskulatur verspannt.
Therapie: Nux vomica. – Gb 21, LG 13, 3E 15, Di 15, Di 4, B 10.

Zwillinge

Physis: Vielseitige Fähigkeiten, beweglich, handlungsbereit.
Psyche: Schlagfertig, auf mehreren Hochzeiten zugleich tanzen.
Tugend: Vielseitige Fähigkeiten, geschickt, flink, hilfsbereit.
Fehler: Viel Wechsel, sarkastisch, neugierig. Zersplitterung, Streitlust, Ruhelosigkeit.
Pathologie: Schulter-Arm-Syndrom.
Therapie: Chamomilla, Arnica. – Di 4, Di 15, Gb 21, Dü 8, Dü 9.

Krebs

Physis: Sanftes Vorgehen bei Unternehmungen. Stimmungsabhängig.
Psyche: Instinktives Handeln, mehr Phantasie als echte Tat.
Tugend: Familiäre Bande pflegen, Impulsivität.
Fehler: Subjektivität, unausgeglichene Energie.
Pathologie: Magenmuskulatur.
Therapie: Calc. phos., Chamomilla, Absinthinum.
                 KG 12, M 36, M 43, Di 4.

Löwe

Physis: Heftiger Energieeinsatz, Durchsetzung der eigenen Person.
Psyche: Tatbegeisterung, Zivilcourage, Imponiergehabe.
Tugend: Große Pläne mit Zähigkeit verfolgen, leidenschaftliche Liebesfähigkeit. Ehrlich und freimütig.
Fehler: Egoismus, Eitelkeit, Überheblichkeit, Übersteigerung.
Pathologie: Herzmuskel, Infarkt.
Therapie: Aurum, Arnica, Crataegus, Stramonium, Kalmia.
                 H 1, H 7, B 15, KG 14.

Mars in

Jungfrau

Physis: Der Wille wird vom Intellekt gesteuert. Kleinlich.
Psyche: Ordnungstrieb, Ausdauer in Kleinarbeit. Arbeitsam.
Tugend: Methodisch, gründlich, fleißig, begabt für Wissenschaft.
Fehler: Kritiklust, reizbar, zu viel Vorbehalte überall.
Pathologie: Hypochonder, Darmmuskulatur.
Therapie: Ballaststoffe, Antimon crud., Sulfur.
               Di 10, Di 11, 3E 4, 3E 5.

Waage

Physis: Großer Ehrgeiz, Liebe zum anderen Geschlecht, Verlangen nach Aufstieg.
Psyche: Schwankende Energie, abhängig von Gefühl und Stimmungen.
Tugend: Klug Taktieren und Verhandeln; ausgleichend, vermittelnd.
Fehler: Empfindlich, launisch, eitel, im Ich-Gefühl verletzbar, sich schlecht wehren können.
Pathologie: Blasenmuskulatur.
Therapie: Phosphor, Sabal serr. – H 5, N I I, B 67.

Skorpion

Physis: Rücksichtsloser Einsatz der Energie, Wille von großer Dynamik, bei Schwierigkei-
               ten gesteigerter Energieeinsatz.
Psyche: Tiefgründige erotisch-sexuelle Spannungen. Alles intensiv erleben wollen. Eifer-
               süchtig.
Tugend: Kämpfer, schwierigste Aufgaben übernehmen. Tiefgründig.
Fehler: Rachsüchtig, aggressive Kritik, Sarkasmus, Vernichtungswille.
Pathologie: Krank durch Kraftvergeudung und sexuelle Exzesse.
Therapie: Nux vomica, Hyoscyamus, Platin, Stramonium, Colocynth.
               KG 13, KS 7, Dü 3, LG 3, LG 4, N 11.

Schütze

Physis: Begeisterungsfähig und Begeisterung abstrahlend, geist. Führer.
Psyche: Setzt sich intensiv für ideelle Ziele ein. Sportinteresse.
Tugend: Beweglicher Geist, freimütig, offenherzig, Redebegabung.
Fehler: Impulsive, unüberlegte Handlungen, Streitlust.
Pathologie: Muskeln der Hüfte und des Oberschenkels.
Therapie: Zinc, Aconit, Rhus tox. – LG 19, H 7, Gb 30, Gb 34.

Steinbock

Physis: Äußerst konzentrierter Leistungseinsatz. Ehrgeizig.
Psyche: Zäher, ausdauernder Wille mit großen Geduldreserven.
Tugend: Arbeitseifer, Wirklichkeitssinn, Durchsetzungssinn.
Fehler: Selbstüberschätzung, Eigensinn, Trotz – nachtragend.
Pathologie: Muskelansätze und Sehnen des Kniegelenks.
Therapie: Bryonia, Acid. nitr. – N 2, Le 2, Le 9, M 36, M 43.

Mars in

Wassermann

Physis:	Initiator, Organisator. Für neue Entwicklungen eintreten.
Psyche:	Originelle Mentalität, Weltverbesserer. Kreativ.
Tugend:	Humanität und Gerechtigkeit, Neues in die Tat umsetzen.
Fehler:	Widerspricht oft; nicht fähig, sich unterzuordnen.
Pathologie:	Wadenmuskulatur.
Therapie:	Zinc, Belladonna, Magnes. phos.
	LG 19, MP 8, B 58, B 60, Gb 34.

Fische

Physis:	Keine Veranlagung zum offenen Kampf. Ausgleich durch List und Diplomatie. Kampf um Anerkennung.
Psyche:	Abwartendes Wollen und Handeln, Arbeit in der Stille.
Tugend:	Dienen und Helfen wollen.
Fehler:	Unzuverlässig in der Liebe, sehr verletzbar, labil.
Pathologie:	Hang zu Genußgiften, Fußmuskulatur.
Therapie:	Bufo rana, Passiflora, Arsen. alb.
	KG 11, LG 10, H 1, B 39, B 60, M 41, MP 5.

Jupiter in

24

Widder

Physis:	Weitsichtige, vorausschauende Führungsqualität, die andere mitzureißen vermag. Guter Organisator.
Psyche:	Ausgeprägtes Gerechtigkeitsgefühl, tatbereite Energie.
Tugend:	Vorteile erfassen und nützen können. Maximale Lösungen anstreben. Großräumiges Denken und Planen.
Fehler:	Übereilte Verwirklichung von Plänen.
Pathologie:	Zu schnell und zu viel essen, hastiges Kauen.
Therapie:	Chelidonium. – Le 6, B 19.

Stier

Physis:	Realist; schafft materielle Werte, ruhiges und festes Zupacken. Dieser Aspekt wirkt mäßigend auf alle übrigen negativen Konstellationen und Aspekte.
Psyche:	Zufriedenheit; bequem. Freude an schönen Dingen.
Tugend:	Wohltätig, großzügig, den Freuden des Lebens zugewandt.
Fehler:	Übermaß an Genuß und im Geldausgeben. Zu große Freigiebigkeit.
Pathologie:	Neigung zur Fülle, Kropf.
Therapie:	Jod, Calc. carb. – LG 10, LG 16.

Zwillinge

Physis:	Gesellschaftliche Gewandtheit, gute Umgangsformen.
Psyche:	Expansion im Geistigen. Großes Publikum ansprechen wollen.
Tugend:	Optimismus, Lebensmut, Liebe zum Studium, Reiselust.
Fehler:	Oberflächlichkeit, Leichtlebigkeit.

Krebs

Physis:	Wohlstandsbürger; lebt für die Fürsorge seiner Familie.
Psyche:	Einlenkende, vermittelnde Wesensart, ideelle Empfindung.
Tugend:	Höflich, verständnisbereit, materielle Absicherung.
Fehler:	Genußsucht, Naschsucht (Dickenwachstum) beeinflußbar.
Pathologie:	Adipositas, Magenerweiterung.
Therapie:	Fastenkuren. Pulsatilla, Calc. carb. – M 36, LG 10.

Löwe

Physis:	Repräsentativ. Große Ansprüche an das Leben, großspurig.
Psyche:	Starkes Selbstvertrauen, Führerwille, Popularität.
Tugend:	Immer gut angezogen; übernimmt Repräsentationsaufgaben.
Fehler:	Neigung zu Übertreibungen und Übermaß. Eitelkeit.
Pathologie:	Leiden durch Übertreibungen im Genuß. Herzerweiterung.
Therapie:	Aurum, Arnica, Platin. – H 1, H 7, B 15, KG 14.

Jupiter in

♃

Jungfrau

Physis:	Pädagoge; Lehrtalent, Methodik, Geistiges gut weitergeben können; Freude an Ordnung und Systematik.
Psyche:	Hohe sittliche und moralische Werte.
Tugend:	Lerneifer, Freude am methodischen Arbeiten vermitteln.
Fehler:	Übertriebener Ehrgeiz, unsachliche Kritik.
Pathologie:	Adipositas.
Therapie:	Antimon crud., Ignatia. – Di 10.

Waage

Physis:	Streben nach Ausgleich, Verständigung, Gerechtigkeit.
Psyche:	Wohlwollen und Ausgeglichenheit ausstrahlen.
Tugend:	Unterhaltungsgabe, Auseinandersetzungen schlichten können.
Fehler:	Sorglosigkeit.

Skorpion

Physis:	Sehr selbstbewußter Wesenskern, starke Potenz.
Psyche:	Die gerechte Sache verteidigen.
Tugend:	Intensiver Einsatz für die Wahrheit. Kreuzzügler.
Fehler:	Übertriebener Ehrgeiz. Fanatismus.

Schütze

Physis:	Reiseliebend, Verlangen nach Freiheit und Ungebundensein.
Psyche:	Expansion im Geistigen, Einsatz für religiöse, soziale und sittliche Ideen. Güte ausstrahlen.
Tugend:	Humanität, tritt für seine Ideale ein; selbständig.
Fehler:	Gefahr des Realitätsverlustes.

Steinbock

Physis:	Vertrauensperson, Hang zur Konvention, Ämtern und Titeln.
Psyche:	Entfaltung der Persönlichkeit mühevoll, Bewährungsproben.
Tugend:	Rechtschaffenheit, Verantwortungsbewußtsein, Pflichtbewußtsein, Zielbewußtsein, Korrektheit.
Fehler:	Egoismus, Scheinheiligkeit.

Wassermann

Physis:	Avantgarde, Schöpfer neuer Ideen; seiner Zeit voraus.
Psyche:	Kameradschaftlich, gute Menschenkenntnis.
Tugend:	Vermittelt Mut, Selbstvertrauen und Zuversicht.
Fehler:	Zu große Risikobereitschaft.

Jupiter in

♃

Fische

Physis: Altruist, religiöser Führer, Liebe zur Einsamkeit.

Psyche: Suche nach Verborgenem, mediale Veranlagung. Okkultismus.

Tugend: Hilfs- und Opferbereitschaft, religiöse Stärke, seelische Verfeinerung. Aufgehen in der religiösen Gemeinschaft.

Fehler: Sich ausnützen lassen. Beeinflußbar.

Saturn in

Widder

Physis:	Schwerpunktmäßiger Energieeinsatz, traditionsbewußt.
Psyche	Andere leiten oder dirigieren, auch mit Druck. In engen Grenzen leben, Selbstbeschränkung.
Tugend:	Ausdauer, Ehrgeiz, Strebsamkeit.
Fehler:	Hartnäckig. Eigensinn, Selbstsucht, dünkelhaft.
Pathologie:	Cerebralsklerose, Durchblutungsstörungen des Kopfes.
Therapie:	Agaricus, Secale cornut.
	Dü 3, 3E 3, 3E 4, Gb 3, B 10.

Stier

Physis:	Praktiker, Realist. Langsam aber ausdauernd arbeiten.
Psyche:	Zäher Wille, Verlangen nach Solidität, Besitz verteidigen, sich vom alten nicht trennen können.
Tugend:	Sparsam, konservativ, zuverlässig.
Fehler:	Geizig, drückt sich langsam und umständlich aus; sich nicht lösen können. Hemmungen erschweren das Vorankommen. In Gesellschaften zieht man sich zurück.
Pathologie:	Drüsenverhärtungen, HWS-Syndrom.
Therapie:	Jod, Calc. carb., Acid fluor, Thuja.
	LG 10, LG 16, MP 5, B 10.

Zwillinge

Physis:	Großer Lerneifer, gründlich in der Arbeit. „Schweiger".
Psyche:	Platzangst, ängstlich und depressiv. Mangel an Spontaneität.
Tugend:	Sich auf Wesentliches konzentrieren, Logik.
Fehler:	Schüchtern und unbeholfen; legt sich selbst an die Kette. Fühlt sich immer zurückgesetzt. Viel Sorgen.
Pathologie:	Ungenügende Bewegung und Atmung.
Therapie:	Ipecacuanha, Ignatia, Arsen alb., Nat. carb.
	Lg 3, LG 13, B 17, Lu 7, B 13, 3E 3.

Krebs

Physis:	Einzelgänger, Ärger, Belastungen, Kränkungen werden nicht verdaut. Isolation.
Psyche:	Seelischer Tiefgang, stark an der Vergangenheit orientiert; im Leben wenig erfolgreich.
Tugend:	Konzentriert auf wirtschaftliche Sicherstellung.
Fehler:	Über Kränkungen lange nicht hinwegkommen, emotionale Bindungen werden vermieden.
Pathologie:	Hypoacidität des Magens, schlechte Verdauung.
Therapie:	Sepia, Absinthinum, Chinin arsen.
	N 7, M 43, B 21, KG 12.

Saturn in

Löwe

Physis:	Unnahbar, strahlt Seriosität aus. Untertreibt eher.
Psyche:	Ziele werden mit großer Zähigkeit angestrebt, ohne Rücksicht auf andere. Arbeitet lieber in der Zurückgezogenheit, will niemandem zeigen, was er hat.
Tugend:	Zuverlässig und treu. Oft hohe Ideale.
Fehler:	Selbstüberschätzung; übernimmt oft quälende Pflichten.
Pathologie:	Stenokardie.
Therapie:	Aurum, Cactus, Glonoinum, Crataegus. H 1, H 3, B 15, KG 14.

Jungfrau

Physis:	Sehr eindringlicher Intellekt, konzentrativ, prüfend.
Psyche:	Kann sich von Kränkungen und Schicksalsschlägen nur sehr schwer erholen. Starke geistige, in die Tiefe gehende Kraft.
Tugend:	Ordnung, Sauberkeit, hohe Konzentration, methodisches Arbeiten.
Fehler:	Andere kontrollieren wollen, pedantisch. Nörgelsucht.
Pathologie:	Obstipation, Melancholie.
Therapie:	Arsen alb., Antimon crud., Ignatia, Frangula. Di 10, N 3, B 21, B 25, 3E 5, MP 9.

Waage

Physis:	Zuverlässig, pflichtbewußt, Reife und Würde ausstrahlend.
Psyche:	Sehr gerecht denkend. Pflichten und Verantwortung auf sich nehmen. Hohe Moralvorstellungen.
Tugend:	Pflichtbewußt, treu, gewissenhaft. Künstlerische Begabung.
Fehler:	In der Ehe Ernüchterungstendenzen, Schwierigkeiten mit der angeheirateten Verwandtschaft.
Pathologie:	Unbewältigte Konflikte schlagen auf die Nieren, Nephrolithiasis, Nephrosklerose.
Therapie:	Sulfur, Acid. fluor, Berberis, Rubia tinct., Plumbum acet. 3E 4, MP 5, N 7, N 8, B 23.

Skorpion

Physis:	Große Zähigkeit und starker Wille, der bei Schwierigkeiten eher zunimmt. Verbeißt sich in schwere Probleme, ist aber sehr ausdauernd.
Psyche:	Überzeugungskraft. Will andere fordern und zwingen. Beschäftigung mit Grenzgebieten des Wissens. „Stirb-und-Werde"-Prozesse.
Tugend:	Entschlossen sich durchsetzen und aufsteigen können, auch wenn es lange Zeit erfordert. Durchhaltevermögen.
Fehler:	Seine Wünsche unterdrücken, andere unter Druck setzen.
Pathologie:	Sexuelle Schwierigkeiten, Impotenz, Frigidität.
Therapie:	Belladonna, Stramonium, Platinum, Ginseng. LG 4, LG 11, N 1, KG 3.

Saturn in

Schütze

Physis:	Philosoph. Juristische Veranlagung. Gewissenszensur.
Psyche:	Sehr tiefgehendes idealistisches Denken. Religion, Ethik, Weltanschauung haben einen großen Stellenwert.
Tugend:	Seine Wünsche seinen Idealen unterordnen. Askese.
Fehler:	Zwiespalt zwischen Pflicht und persönlichem Wollen.
Pathologie:	Coxarthrose.
Therapie:	Nat. phos., Stannum, Rhus tox.
	Gb 1, Gb 30, Gb 34.

Steinbock

Physis:	Mühevoller Aufstieg, erste Lebenshälfte ist harter Durchsetzungskampf. Arbeitsmensch; ist gern allein.
Psyche:	Mangel an Wärme und Zuwendung, zurückhaltend bis scheu, geduldig im Ertragen äußerer Schwierigkeiten.
Tugend:	Selbstbeschränkung, Konzentration und Ausdauer, starker Wille, Sparsamkeit.
Fehler:	Mangel an Flexibilität, Entfremdung, Isolation – selbst gewählt. Egozentrisch, eigenwillig.
Pathologie:	Kniegelenksarthrose, Arthritis, Erkalten.
Therapie:	Plumbum, Conium, Dulcamara.
	Gb 35, N 7, N 15, Gb 38.

Wassermann

Physis:	Zuverlässiger Partner, in den Ideen zäh, bis zur Durchführung.
Psyche:	Setzt sich mit Konsequenz für neue Ziele ein, harmonische Verbindung zwischen Planen und Verwirklichen, zwischen Idee und Praxis. Intuitive Menschenkenntnis.
Tugend:	Kann Menschen günstig beeinflussen, hält langfristig sein Ziel im Auge. Soziale Interessen.
Fehler:	Zuviel Denken, zuwenig Bewegung.
Pathologie:	Venenerkrankungen, Varizen.
Therapie:	Veratrum alb. Aesculus, Hamamelis.
	Di 14, MP 5, Le 6.

Fische

Physis:	Wissenschaftlich forschender Typ (Archäologe).
Psyche:	Zu sensibel, vermag sich nicht durchzusetzen.
Tugend:	Genügsam, opferbereit, sucht Ruhe und Frieden in der Stille.
Fehler:	Sich aufopfern, Zwang zur Einsamkeit, Grübeln.
Pathologie:	Ohnmachtsneigung, kalte Füße. Weltfremd.
Therapie:	Silicea, Calc. carb. Pulsatilla, Alumina, Merc. solub.
	MP 4, MP 5, KG 6, KG 9, B 17, N 7, LG 10, M 36.

Uranus in

Widder

Charakteristik:	Man lebt häufig in Streßsituationen, innere Unruhe; man erfaßt und reagiert schnell, will alles sofort erledigen, überfordert sich und andere.
Pathologie:	Kongestive Kopfschmerzen, Blutfülle im Kopf, Migräne.
Therapie:	Gelsemium, Aconit, Iris, Spigelia, Hypericum.
	Di 4, B 2, Gb 20, B 10, 3E 4, KS 7, Gb 3, LG 13.

Stier

Charakteristik:	Risikofreudig – Sicherheit und Besitz werden hingegeben, um innere Freiheit zu erlangen. Geselligkeit.
Pathologie:	Anginen, Hyperthyreose, innere Unruhe.
Therapie:	Echinacea, Calc. carb., Lycopus.
	M 10, LG 10, 3E 5.

Zwillinge

Charakteristik:	Zappelig, ständig in Bewegung; kann sich sehr rasch umstellen. Guter Unterhalter – geistreich.
Pathologie:	Erkältungskrankheiten, Lungen, Bronchien, Asthma.
Therapie:	Ipecacuanha, Luffa, Drosera, Bryonia, Ephedra.
	Lu 9, Lu 5, Lu 1, B 13, N 27, Di 4, Di 19, Di 20.

Krebs

Charakteristik:	Wechselt gerne seine Partner und Bezugspersonen; im Familienleben unruhig, bringt hier ständig Neues und viel Wechsel – auch im Standort – mit hinein.
Pathologie:	Nervöser Reizmagen, Sodbrennen, Erbrechen.
Therapie:	Nux vomica, Argent. nit., Colchicum.
	M 36, B 21, KG 12, M 45, M 41, KG 20, Le 14.

Löwe

Charakteristik:	Vor Extraversion findet man keine Ruhe; man muß sich immer in den Vordergrund stellen – „der Größte" sein.
Pathologie:	Tachykardie, Cor nervosum, Infarktgefahr.
Therapie:	Aurum, Cactus, Glonoinum, Adonis, Convallaria.
	H 7, H 5, H 1, KG 14, B 15.

Jungfrau

Charakteristik:	Sucht ständig neue Methoden zum Erlernen neuer Sachgebiete, verliert sich dabei häufig in Kleinkram. Wegen kleiner Anlässe macht man gern großes Theater.
Pathologie:	Nervöse Darmbeschwerden, Diarrhoen.
Therapie:	Mercur. solub., Podophyllum, Aethiops antim., Aloe.
	Di 2, Di 3, Di 4, M 25, Dü 4, MP 4, KG 6, Le 13, Le 14.

Uranus in

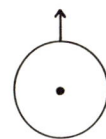

Waage

Charakteristik:	Innere Unruhe und Nervosität bei äußerer Ruhe und Besonnenheit. Fähigkeit, in Gemeinschaften Harmonie herbeizuführen und neue Ideen hineinzubringen.
Pathologie:	Reizblase, Polyurie.
Therapie:	Cantharis, Mandragora, Mercur. solub. N 2, N 4, B 65, B 67, N 11, M 36, KG 2, KG 3, KG 4.

Skorpion

Charakteristik:	Aggressiv, kämpferisch; will den „Durchbruch" erzwingen; zwingt andere in seine Pläne. Ehrgeizig.
Pathologie:	Ejaculatio praecox, schneller Orgasmus.
Therapie:	Caladium segunium. – LG 2, LG 4.

Schütze

Charakteristik:	Leistungssportler. Suchen nach geistiger Erneuerung, Freiheit und Unabhängigkeit.
Pathologie:	Spondylarthrose, Bandscheiben, Ischias.
Therapie:	Symphytum, Gnaphallium, Colocynthis, Bryonia, Acid. formic. B 31, B 47, B 50, B 58, B 60, LG 3, LG 4, LG 5.

Steinbock

Charakteristik:	Hinter großer Selbstbeherrschung innere Spannungen und Erregungszustände. Sich von Konventionen lösen.
Pathologie:	Neigung zu Frakturen und Fissuren.
Therapie:	Symphytum, Arnica. – MP 5, Gb 34.

Wassermann

Charakteristik:	Im Leben viel Unruhe, ständig Veränderungen, Umstellungen, neue Ideen und Konzeptionen.
Pathologie:	Unterschenkelfrakturen und -Verletzungen.
Therapie:	Arnica, Symphytum, Calc. phos., Hamamelis. B 60, Gb 34.

Fische

Charakteristik:	Starke innerliche Erregung und Anspannung, die nach außen unterdrückt wird. Oft aufgewühlt und gerät leicht in Panik; leicht aus der Ruhe zu bringen.
Pathologie:	Unsicherer Gang, Neigung zu Stolpern und Umknicken.
Therapie:	Strontium carb., Lithium carb. B 60, N 6, M 41.

Neptun in

Widder

Charakteristik:	Empfindungsreichtum und große Sensibilität; man bezieht andere in seine Illusionen mit ein, versucht, sie zu verführen. Das Reale will man nicht wahrnehmen.
Pathologie:	Schlechte Durchblutung des Schädels, des Hirns und der Augen. Sehschwäche; ophthalmische Migräne, Schwindel.
Therapie:	Secale cornut, Gelsemium, Ruta grav., Phosphor. B 1, B 2, B 10, Gb 1, Gb 3, Gb 20.

Stier

Charakteristik:	Neigung zu Genußgiften, Labilität, Heimlichkeiten.
Pathologie:	Anginen, Stomatitis, Antibiotikaallergien, Lymphatismus.
Therapie:	Penicillinium, Sulfonamid Nosode, Calc. carb., Merc. bij. LG 10, Lu 11, 3E 3.

Zwillinge

Charakteristik:	Feinnervige Typen, die sich mit anderen identifizieren können – mitleiden können. Gutes Tastgefühl.
Pathologie:	Allgemeine Tonusschwäche der Muskulatur, flacher Atem, daher ungenügende Sauerstoffversorgung, Bronchitiden.
Therapie:	Ferrum phos., Kal. jodat., Arsen jodat. B 39, Lu 7, Lu 9, B 13, B 17, KG 17.

Krebs

Charakteristik:	Geringe Abwehrkräfte gegen seine Mitmenschen, empfindsam und beeinflußbar; nimmt leicht übel. Hellfühligkeit.
Pathologie:	Empfindlicher, schwacher Magen, schwache Sekretion.
Therapie:	Chinin arsen., Abrotanum, Okoubaka. B 21, M 36, M 43, KG 12.

Löwe

Charakteristik:	In Illusionen leben, den Schein wahren. Sich und anderen etwas vormachen. Große Begeisterungsfähigkeit.
Pathologie:	Myokardinsuffizienz, Kreislauflabilität, Erschöpfung.
Therapie:	Crataegus, Strophanthus, Lachesis, Naja trip., Cactus. H 1, H 5, H 9, B 14, KG 14.

Jungfrau

Charakteristik:	Man sucht die Ordnungen des Verborgenen zu erkennen. Sinn für feinste Strukturen, Informationen selektieren.
Pathologie:	Schwäche des Darms in der Peristaltik und der Sekretion; daher Roemheld-Syndrom, Meteorismus.
Therapie:	Carbo. veg., Mandragora, Asa foet., Lycopodium. KG 12, Le 2, Le 13, M 25, B 17.

Neptun in

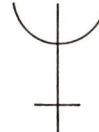

Waage

Charakteristik:	Großes Einfühlungsvermögen, durchlässig. Sehnsucht.
Pathologie:	Niereninsuffizienz, daher viel Stoffwechselgifte und Infektanfälligkeit, schnell erschöpft.
Therapie:	Berberis, Solidago, Lycopodium. N 7, N 8, B 23, B 64, B 67.

Skorpion

Charakteristik:	Sinn für Grenzwissenschaften, das Geheime suchen, seine Umwelt ablenken, täuschen; seine Arbeiten verschleiern.
Pathologie:	Geschlechtskrankheiten, Pilzerkrankungen des Genitales, sexuelle Frustrationskrisen.
Therapie:	Ginseng, Kal. jod., Selen., Agnus cast., Staphisagria. LG 2, LG 3, LG 4, KG 2, KG 3, KG 6, N 11, KS 6.

Schütze

Charakteristik:	Fühlt sich durch Inspiration mit dem All verbunden.
Pathologie:	Schwäche des Muskeltonus, Bandscheibenprolaps, Haltungsschäden, Schwäche in Hüfte und Becken.
Therapie:	Plumbum jodat., Lycopodium, Ranunculus bulb. Gb 30, Gb 34, Di 10, M 36.

Steinbock

Charakteristik:	Interesse an Mystik und Metaphysik. Sich zurückziehen wollen, das Vergangene heraufbeschwören wollen.
Pathologie:	Schwache, empfindliche Kniegelenke, Meniscus, Osteoporose.
Therapie:	Calc. fluor., Cocculus, Aesculus, Calc. carbon. M 35, M 36, L 39, B 60.

Wassermann

Charakteristik:	Versuche, telepathische Verbindungen in die Ferne aufzunehmen. Phantastereien, Oppositioneller.
Pathologie:	Rückenmarkserkrankungen, Lähmungen, Unterschenkelödeme.
Therapie:	Scilla, Digitalis, Apis, Apocynum. B 60, B 62, N 2, KG 13, M 41.

Fische

Charakteristik:	Hochgradige Sensibilität, Feinfühligkeit, Wahrträume. In die Zukunft sehen. Erlösung suchen.
Pathologie:	Drogenabusus, Psychopharmaka, Knöchelödeme.
Therapie:	Avena sativa, Passiflora, Hyoscyamus, Convallaria.

Pluto in

Widder
Generationsprobleme, jede Generation versucht, die andere zu unterdrücken. Machtstreben; man versucht, die Vorherrschaft zu erringen mit allen Mitteln. Dies führt zu Streß- und Überforderungssymptomen.

Stier
Habgier breiter Volksschichten; Erobern und Kolonialisieren großer Areale. Sicherheitsstreben der Massen. Kollektiver Egoismus und Nationalismus.

Zwillinge
Ausgleichsbestrebungen durch weltweite Kommunikations- und Informationsbestrebungen (Massenkommunikation, Telefon, Rundfunk, Fernsehen). Durch Welthandel angleichende Denk- und Lebensformen schaffen.

Krebs
Aufwertung der Familie durch Staat und Gesellschaft. Mutterschutz; Familienpolitik wird installiert. In den Familien sammelt sich Konfliktstoff durch zu starke Machtansprüche.

Löwe
Das Kollektiv versucht, aus dem vollen zu leben. Repräsentation führt in die Verschwendung. Zu großes Prestigestreben zerstört Persönlichkeitsstrukturen.

Jungfrau
Entstehen von Bürokratie, Wuchern von sozialen und pädagogischen Organisationen. Papierkrieg um Förderungen verschiedenster Art. Fortbildung, Umschulung, Volkshochschulen usw.

Waage
Harmoniestreben des Volkskörpers. Wohlstand für alle. Man strebt ausgeglichene Machverhältnisse an. Blütezeit der Demokratie. Man will auch Randgruppen leben lassen.

Skorpion
Zeit des Umbruchs. Man sucht neue Gesellschaftsformen, bricht aus den bestehenden Ordnungen aus, entwickelt neue Formen des Zusammenlebens und der sexuellen Ordnungen.

Schütze
Religiöse und ideelle Erneuerung. Aufbruch zu neuen Zielen und Idealen, internationale Verbreitung und Verständigung.

Steinbock
Zurückschwingen des Pendels. Zurückfinden zu alten Traditionen. Konservative Verhaltensmuster mit Zwang zur Unterordnung und Einschränkung sowie Einfachheit. Absolutismus.

Wassermann
Neue Entwicklungen und Techniken; auch geistig-mystische Erfahrungen, Entdecken des kosmischen Bewußtseins führen die Menschheit in die Zukunft. Kreative Fertigkeiten und Fähigkeiten schaffen neue Lebens- und Gesellschaftsformen.

Fische
Emporsteigen tiefster seelischer Bewußtseinsinhalte. Intensivierung religiöser Gemeinschaften, Beschäftigung mit der Seele, mit unbewußten Bereichen, mit Mystik, Verinnerlichung und Humanisierung großer Volksteile.

Mondknoten

Der Mondknoten nimmt im Horoskop eine Sonderstellung ein, indem er keinen bestimmten Planeten symbolisiert und auch kein fixes Areal des Himmels wie die Tierkreiszeichen, sondern es ist ein Schnittpunkt der Mondbahn mit der Ekliptik der Sonne.

Dieser Schnittpunkt ergibt sich einmal am nördlichen und einmal am südlichen Himmelskreis. Wir sprechen vom auf- bzw. absteigenden Mondknoten oder besser vom Nordknoten und vom Südknoten, die sich jeweils genau gegenüberstehen, also immer eine Opposition bilden.

Die Mondknoten geben uns Hinweise, unser Karma betreffend. So ist ihre biologische Entsprechung auch das Unterbewußtsein, das vegetative Nervensystem, Erbfaktoren.

Psychische Entsprechung wären die zwischenmenschlichen Beziehungen, die Kommunikationsebenen, vom Mondknoten angezeigt.

Der Südknoten gibt uns Hinweise über unsere Vergangenheit; er ist das Symbol unserer früheren Inkarnationen. Er zeigt uns unsere Verstrickungen, Erinnerungen aus früheren Leben auf. Daraus ergeben sich für unser jetziges Leben Verhaltensmuster, die es zu überwinden gilt; Engramme, die tief in unser Unterbewußtsein eingegraben sind und unser Verhalten mitbestimmen, welche aufgelöst, ja erlöst werden müssen.

Der Südknoten zeigt uns auf, welche Problemstellung unser Leben hat, in welchem Bereich die Probleme zu suchen sind. Er zeigt uns weiterhin die Fußspuren, die wir hinter uns gelassen haben, die karmischen Überreste aus der Vergangenheit. Ihre Lösung, unsere Zukunft, sehen wir in der Stellung des Nordknotens.

Dieser symbolisiert unsere Zukunft; er zeigt die Erfahrungen an, die es in diesem Leben zu machen gilt.

Der Nordknoten weist auf unser Lebensziel hin. Diese Zielsetzung finden wir in den Zeichen und Häusern. Auf diesem Weg sammeln wir neue und einzigartige Erfahrungen. Wenn uns auch die Macht der Gewohnheit, das durch den Südknoten symbolisierte Karma, ständig zurückfallen läßt in alte Verstrickungen, so finden wir doch immer wieder die Lösung im Zeichen des Nordknotens. Die Fesseln der Vergangenheit gilt es abzustreifen, um die neuen, bisher unbekannten Probleme dieses Lebens, die uns der Nordknoten anzeigt, zur Lösung zu bringen.

Die Unzufriedenheit auf den alten, verschlammten Wegen der Vergangenheit verschwindet, wenn der Mensch das Land seiner noch unentdeckten und unbekannten Möglichkeiten betritt. Mit jeder neuen Erfahrung gewinnt sein Leben mehr an Bedeutung.

Ist der Mensch bereit, die negativen Gewohnheiten und Erinnerungen, die in diesem Leben sinnlos geworden sind, abzulegen, so ist er bereit für den neuen Weg, einen Weg, den er vorher noch niemals beschritt, der ihn weiterführt auf dem Rad des Lebens in seiner Aufwärtsspirale zum geistigen Erleben der Nähe Gottes, bis hin zur vollkommenen Integration des Geistes in den allumfassenden Geist des Universums.

Die karmische Deutung des Mondknotens in den einzelnen Tierkreiszeichen:

Mondknoten in

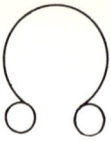

Widder

Unentschlossenheit und Angst vor einem eigenen Standpunkt sind zu überwinden. In diesem Leben gilt es, sich selbst zu finden und sich zu profilieren als Führerpersönlichkeit (Leiter, Vorstand etc.).

Stier

Sexuelles Verlangen muß in idealistische Liebe, in Gottesverlangen, umgewandelt werden. Die Brücken zu Vergangenem müssen abgebrochen werden. Es gilt zu lernen, seine Kraft nicht in wertlosen Aufgaben zu verschwenden. Die Liebe zur Erde und ihren Geschöpfen muß entwickelt werden. Man soll den Dingen und der Materie nicht mehr nachjagen, um in diesem Leben einen Zustand des Glücks und der Zufriedenheit zu erreichen. Der Übergang vom kriegerischen Leben des Erfolgszwanges zum beschaulichen Leben des Friedens und der Gemeinschaft muß gefunden werden.

Zwillinge

Überreste von Unreife und Tatenlosigkeit gilt es aufzuarbeiten. Aus dem „Elefanten im Porzellanladen" wird ein weltgewandter Weiser, der es zu lernen hat, die Kunst der Kommunikation zu meistern, die Rechte der anderen zu respektieren. Der Körper, der die sportliche Aktivität braucht, wird vom Geist gelenkt, der Sprachen studiert als Reflexion seiner Wandlung. Seine Aufgabe ist es nämlich, das Gelernte an viele Menschen weiterzugeben. Dieser Mensch hat darum viel zu sagen in diesem Leben – er ist der Informant.

Krebs

Es gilt, in diesem Leben die Mauern, die man um sich herum errichtet hat, niederzureißen. Persönliche Voreingenommenheit heißt es abzubauen, Opportunismus abzulegen. In früheren Inkarnationen lernt man es, die Dinge zu einem positiven Erfolg zu bringen, ohne Rücksichtnahme auf andere. Jetzt gilt es, für andere Sorge zu tragen, die weibliche Rolle des Lebens zu übernehmen. Von der Kälte des Gipfels wird man zur Wärme des Mutterschoßes geführt. Man wird lernen müssen, sich zu entschuldigen, wenn man im Unrecht ist, nicht nach Gewinn und Machtanspruch zu trachten, sich von seinen Ansprüchen, alles um sich herum managen zu wollen, zu trennen. Auch wird man lernen, mehr der Natur als dem Geld Beachtung zu schenken, dem Gefühl mehr als der Aktivität. Die Lebensaufgabe besteht darin, für andere zu sorgen, sie zu pflegen. Dafür wird man hart an sich arbeiten müssen, bis man für andere auch der geistige Ernährer geworden ist.

Löwe

Die Hauptschwierigkeit besteht in einem Mangel an Kontrolle. Man ist so stolz auf seine Einzigartigkeit, daß man sich seine eigenen Regeln zu setzen versucht. Es gilt, in diesem Leben sich selbst zu finden, der Menschheit so kraftvoll und begeisternd wie möglich einen Weg zu zeigen, wie sie ihre Last loswerden kann.

Als Ziel: seinen persönlichen Willen in den Dienst der Menschheit zu stellen.

Dieser Mensch kämpft darum, seinen einzigartigen Charakter zu behaupten.

Mondknoten in

Jungfrau   Alten Aberglauben und Verschwommenheit gilt es zu überwinden, Kristallisation und Selbstvertrauen aufzubauen. Fluchtgedanken und Tagträume sollen zugunsten geistiger Unabhängigkeit abgelegt werden. Hygiene und bewußte Ernährung spielen eine große Rolle, um dieses Ich zu festigen. Auch auf den Gebieten der Medizin, des Heilens, wird man seinem Wunsch nach Vollkommenheit realen Ausdruck verleihen können, denn seine Bestimmung in diesem Leben ist es, nach Reinheit und Vollkommenheit zu streben, dabei aber die Schwächen der anderen zu tolerieren. Selbstdisziplin, klare Perspektiven, werden ihm helfen, seine Tendenz zu Übertreibungen in den Griff zu bekommen. Sein Leben wird er dem Dienen widmen müssen, und er wird nie an der Reinheit seiner Sache zweifeln dürfen. Leistung, Ordnung und kristallklare Geistesstrukturen machen den Verstand zu einem Instrument, das aus vielen Einzelteilen ein großes Ganzes zu formen versteht.

Waage   Selbstsucht und Ehrgeiz erhalten in diesem Leben so viele und empfindliche Schläge, bis sie abgelegt werden. Je mehr der Mensch um Dinge kämpft, die er aufgeben muß, desto mehr verliert er. Sein selbstsüchtiges „Ego" muß er aufgeben und lernen, in dieser Welt mit anderen zu teilen. Er muß Sensibilität gegenüber den Wünschen anderer entwickeln, um sich von seinem Karma zu befreien – eine der schwierigsten Aufgaben, die einem im Leben gestellt werden können.

Skorpion   Das starke Verlangen nach immer mehr Besitz macht es unmöglich, das zu genießen, was man bereits hat. Je mehr man sammelnd anhäuft, um so schwerer wird diese Last. Diese alten Verhaltensmuster gilt es zu löschen, indem alle Brücken hinter sich abgebrochen werden. Die größte Entwicklung kann erst dann einsetzen, wenn man loslassen kann. Man muß lernen, seine unbewußten Wünsche ans Tageslicht zu bringen und objektiv zu beleuchten.

Durch das Praktizieren von Selbstdisziplin wird man zu seiner Selbstachtung finden. Hier hat sich eine Seele mehrere Leben lang auf einem dekadenten Weg bewegt. Jetzt muß alles auf den Kopf gestellt werden, um all das Faule zu entfernen – ein äußerst schmerzhafter Umwandlungsprozeß für einen Menschen, der dabei alles verlieren kann, was ihm je lieb und teuer war. In diesem Reinigungsprozeß muß der Mensch alles abstreifen, bis auf sein reines „Selbst". Oft verbringt dieser Mensch daher die späteren Jahre allein. Aus dem symbolischen Tod seiner Besitztümer und seiner Gelüste wird sein neues Leben hervorgehen können.

Schütze   Dieses Leben war in Dualitäten verstrickt, die aus vielen Unentschlossenheiten herrührten. Der Mensch wollte für jeden möglichst alles sein und blieb daher immer an der Oberfläche haften. Jetzt muß er Loyalität lernen; er kann nicht mehr wie ein Pendel von einer Seite zur anderen schwingen in der Überzeugung: „Welche Seite spielt keine Rolle – die Hauptsache ist die Schwingung an sich!" Jetzt gilt es, Farbe zu bekennen. Seine Aufgabe besteht in der Suche nach Wahrheit und höherem Wissen. Ist er fähig, Transzendenz in seine Gedanken zu bringen, kann es ihm gelingen, seine geistige Einheit zu finden.

Sein Karma fortwährender Bedeutungslosigkeit muß verarbeitet werden. Klatsch und Geschwätz gilt es, gegen die Freiheit der Weisheit auszutauschen. Spitzfindigkeiten müssen abgelegt werden zugunsten natürlicher, wirklicher Weisheit.

Steinbock Reife ist das Thema dieses Lebens. Das ewige Kind, das immer versucht, die Aufmerksamkeit auf sich zu lenken, das lieber Probleme von den Eltern lösen läßt oder von den Partnern und sich sogar selbst auferlegte Krankheiten schafft, muß von seiner Vergangenheit, von seiner Kindheit loslassen lernen.

Seine Lektion ist, sich mit einem größeren Ideal als dem persönlichen Leben zu identifizieren. Der Mensch muß lernen, hinter einer Sache zu stehen – trotz aller Schwierigkeiten – und wahre Verantwortung zu tragen, für sich selbst und für andere.

Bei Frauen besteht die Neigung, Vaterfiguren zu suchen, beim Mann, die Vaterrolle auszufüllen.

Mit diesem Mondknoten verbindet sich der Auftrag des „Erwachsenwerdens"; man möchte jedoch so lange wie möglich in den schönen und bequemen Kindheitsträumen verharren und stolpert daher in der Jugend etwas hilflos durchs Leben, um in der Lebensmitte durch das Tor zu schreiten, durch welches jeder gehen muß, um vor seinen Richtern bestehen zu können. Die Schwelle muß überschritten werden, damit der Mensch seine karmische Bestimmung erfährt: Verantwortung, Tradition, Vollendung.

Wassermann Dieses Karma ist das des Herrschers, der sich auf den Verzicht seines Thrones vorbereitet, um zu lernen, wie man leicht und beschwingt durchs Leben geht, wie man tanzt, ohne die tiefen Engramme und Fußspuren eines Herrschers zu hinterlassen. In der Ehe treten oft große Schwierigkeiten auf, da man dazu neigt, seine Familienmitglieder zu unterdrücken, Dominanz auszuüben.

Dieser Mensch ist dazu bestimmt, einen Teil seines Lebens allein zu verbringen; seine Persönlichkeit ist zu überwältigend, um von anderen Menschen ertragen zu werden. Ihn interessiert nicht so sehr die Sympathie seiner Mitmenschen, sondern deren grenzenlose Bewunderung. Sein Ziel in diesem Leben ist, sein Prestigedenken zu überwinden und zu einer universalen Brüderlichkeit hin zu finden. Dann kann er dahin gelangen, daß er sich selbst als Teil kosmischer Sphären sieht, in denen ihm die Aufgabe gestellt ist, an der menschlichen Entwicklung mitzuwirken.

Mondknoten

Er muß seinen Stolz vergessen und neue Horizonte anstreben, wie exzentrisch seine Ideen auch den anderen erscheinen mögen. Er ist der Abenteurer, der durch seine Extravaganz im Geistigen einen wichtigen Beitrag zum Fortschritt der menschlichen Kultur leisten kann.

Fische

Hier muß sich der Mensch lösen von Starrheit und Dogmatismus, von seinen selbst aufgestellten sittlichen Regeln, vom Autoritätsdenken, der Unterordnung. Diese härteste Auseinandersetzung mit sich selbst bleibt meist nicht ohne Folgen: nervöse Reizbarkeit, ständig erhöhter Tonus führen zur Krankheit, verstärkt durch die Neigung, mentale Bedürfnisse zu unterdrücken, um das zu tun, was – scheinbar – von ihm verlangt wird. Sexuelle Erfahrungen sucht man zu vermeiden, gefühlsmäßige Verletzungen zu umgehen.

Die Aufgabe dieses Menschen im jetzigen Dasein ist es, Vertrauen zu lernen. Wenn er aufhört, die Welt ständig zu ordnen, zu schematisieren und einzuteilen, wird er erfahren, daß alles Eines und das Eine alles ist. Es ist seine Bestimmung, wie Jesus am Kreuz die Leiden des Universums nachzuvollziehen, damit er seine universelle Liebe so erstarken lassen kann, daß er Kritik sowie das Rechten und Richten ablegen kann.

Seine beachtlichen Intuitionen werden ihm von Zeit zu Zeit den Kern tiefer mystischer Wahrheit offenbaren, doch stürzt er immer wieder in die reale Welt und in Zweifel zurück. Er gelangt jedoch durch jede mystische Erfahrung einen Schritt tiefer in den Urgrund der Unendlichkeit, bis er die Fesseln seiner starren Vergangenheit ganz ablegen kann, um mit immer größerer Reinheit des Geistes wiedergeboren zu werden.

Ascendent (AC) in

Widder

Physis:	Durchsetzungskraft, Zielbewußtsein, unruhige Umwelt.
Psyche:	Impulsivität, Leidenschaftlichkeit, Selbstbewußtsein.
Tugend:	Aktivität, Leistungsstreben, andere mitreißen können.
Fehler:	Alles überstürzen, Rücksichtslosigkeit, Zanksucht.
Pathologie:	Sich unter Zeitdruck stellen. Managerkrankheit.
Therapie:	Aconit, Chamomilla, Nux vomica, Valeriana, Zincum. LG 13, LG 19, KG 15, H 7, KS 7. Entspannungsübungen, Bewegungssport, Gymnastik.

Stier

Physis:	Realistische Lebensgestaltung, Standhaftigkeit.
Psyche:	Abwartende Haltung, Gemütlichkeit, Festigkeit.
Tugend:	Zeit haben, Häuslichkeit, auf Sicherheit bedacht.
Fehler:	Genußsucht, Egoismus, Chancen verpassen durch zu langes Abwarten und Überlegen. Eigensinn.
Pathologie:	Adipositas, Ernährungsfehler, Bewegungsarmut.
Therapie:	Stoffwechselmittel, biochemische Mittel, „Schüßler". Di 4, Di 10, Di 11, 3E 5, M 36, M 43, Le 9. Fasten und Entschlackungskuren, Langlauf, Radfahren.

Zwillinge

Physis:	Beweglichkeit, rasche Reaktion auf Umwelteinflüsse.
Psyche:	Verbindliches Wesen, Anpassung, gute Auffassungsgabe.
Tugend:	Schnelles Erfassen der Dinge, Kontaktfähigkeit.
Fehler:	Oberflächlich, Verstrickung in Widersprüchen, Verzetteln.
Pathologie:	Konzentrationsunfähigkeit, Nervosität, Fahrigkeit.
Therapie:	Nervennutritionsmittel, Phosphor, Lecithin. B 12, LG 19, M 36, KS 7, Le 2. Konzentrationsübungen, Eurhythmie, Atemgymnastik.

Krebs

Physis:	Anlehnungsbedürfnis, stimmungsabhängig, familiär.
Psyche:	Feinfühlig, auch im Umgang mit anderen, beeinflußbar.
Tugend:	Mitgefühl, Aufopferung, Fleiß, freundschaftlich.
Fehler:	Unselbständig, launenhaft, überempfindlich.
Pathologie:	Mangelnde Antriebskraft, Neigung zu Bequemlichkeit.
Therapie:	Bewegung in geselligem Kreis; (Motivation). Auf Bewegung achten (Trinksitten), Balneotherapie. Calc. phos., Pulsatilla, Calc. carbon., Argentum nitr. KG 6, M 43, KS 9, MP 5, N 8.

Ascendent (AC) in

Löwe

Physis:	Imponierende Persönlichkeit, autoritiv, lebensfroh.
Psyche:	Selbstbewußt, würdevoll: im Mittelpunkt stehen.
Tugend:	Offenheit, Freigiebigkeit, Gerechtigkeit.
Fehler:	Eitel, Prunksucht, Selbstherrlichkeit.
Pathologie:	Gefahr der Übersteigerung, seelische Krisen.
Therapie:	Gruppentherapie, Psychotherapie, Aurum, Herztherapie.
	H 3, H 9.
	Kuraufenthalt, Kneipp'sche Anwendungen, Bäder.

Jungfrau

Physis:	Korrekt, aber unauffällig im Aussehen, Zurückhaltung.
Psyche:	Kritische Einstellung, Gründlichkeit, Sorgfalt.
Tugend:	Ordnungsliebe, gute Beobachtung, Vorsicht, Umsicht.
Fehler:	Sich im Detail verlieren, Pedanterie, Umständlichkeit.
Pathologie:	Minderwertigkeitskomplexe, Verdauungsbeschwerden.
Therapie:	Hypericum, Abrotanum, Darmpflege, Symbioselenkung.
	Di 4, Di 10, Di 11, B 20, Le 9, MP 5.
	Gesprächstherapie, Wanderungen in kleinen Gruppen.

Waage

Physis:	Gute Umgangsformen, Anlehnungsbedürfnis, lebhaft.
Psyche:	Gefühlsbetontes Wesen, niemandem wehtun wollen.
Tugend:	Zuhören können. Helfen und beraten können, Verständnis.
Fehler:	Beifallsucht, den Boden verlieren, sich ausnutzen lassen.
Pathologie:	Psychasthenien.
Therapie:	Kalium phos., Hypericum.
	Dü 7, LG 19, KG 13.
	Konzert- und Theaterbesuche, Beschäftigung mit Kunst.

Skorpion

Physis:	Handlungsbereitschaft, rasche Entschlußkraft, Eifer.
Psyche:	Leidenschaftlichkeit, sich auf sich selbst stellen.
Tugend:	Letzte Ursachen ergründen wollen. Grenzen überschreiten.
Fehler:	Andere vor den Kopf stoßen, Jähzorn, Fanatismus.
Pathologie:	Gefahr durch Übersteigerung und Überarbeitung.
Therapie:	Stramonium, Ignatia, Nux vomica, Agaricus.
	N 2, B 67, Dü 3, Le 2, B 60, N 6.
	Leistungssport, Kampfsport, autogenes Training.

Ascendent (AC) in

Schütze

Physis: Begeisterung ausstrahlen, Naturliebe, Sportlichkeit.
Psyche: Hochfliegende Pläne, Idealismus, andere mitreißen.
Tugend: Soziale Einstellung, Engagement, ethische Ziele.
Fehler: Sentimentalität, Geltungsdrang, Abenteuerlust.
Pathologie: Muskelverspannungen.
Therapie: Massagen, Sauna, Ausleitung über die Nerven.
              Gb 30, Gb 34.
              Bildungsreisen, leichter Bewegungssport, Jogging etc.

Steinbock

Physis: Askesehaltung, stetiges „Nach-oben-Streben".
Psyche: Dogmatiker, unter extremen Bedingungen noch durchhalten.
Tugend: Verantwortung tragen. „Schweigen und Handeln"
Fehler: Egoismus, Hemmungen, Eigenbrötelei.
Pathologie: Verhärtungen, Sklerotisierungsprozesse.
Therapie: Conium, Silicea
              MP 5, LG 9, LG 10, LG 13.
              Thermalbäder, Psychotherapie, Fortbildungskurse.

Wassermann

Physis: Stets dem Neuen auf der Spur; zukunftsbezogen.
Psyche: Chancen suchen und finden. Eigene Ideen. Anpassung.
Tugend: Weitgehende Interessen, seiner Zeit voraus sein.
Fehler: Blick auf die Gegenwart getrübt. Stimmungsschwankungen.
Pathologie: Geringe Ausdauer, Neigung, den Boden zu verlieren.
Therapie: Zinc., Valeriana.
              LG 19, B 10, B 39.
              Gruppensport, Basteln, Beschäftigung mit Technik.

Fische

Physis: Im Hintergrund bleiben, sich nicht wehren können.
Psyche: Passives Wesen, Gefühlsreichtum, ängstlich zurückhaltend.
Tugend: Hilfsbereit, anspruchslos, jenseitsbezogen.
Fehler: Haltlosigkeit, Unbestimmtheit, Trödeln; bequem.
Pathologie: Unbewußt negative Situationen schaffen, Depressionen.
Therapie: Pulsatilla, Sepia, Passiflora, Avena sat.
              M 36, MP 5, KG 6, KG 12, Dü 7.
              Massagen, Lymphdrainage, Fußreflexzonenmassage.
              Beschäftigung mit sozialen Aufgaben.

Medium Coeli (MC) in

Widder

Person: Impulse setzen, Führen wollen. Durchsetzen der Individualität. Ehrgeiz.
Tugend: Optimismus, Zuversicht, Zielbewußtsein.
Fehler: Egoismus, Voreiligkeit, Begehrlichkeit, Fanatismus.
Zielsetzung: Führungspositionen zu erreichen.

Stier

Person: Beharrrliches Durchsetzen der eigenen Person.
Tugend: Duldsamkeit, Beharrlichkeit, realisitisches Handeln.
Fehler: Egoismus, berechnend, begehrlich, mißtrauisch.
Zielsetzung: Ökonomischer Besitzaufbau, Lebenssicherung.

Zwillinge

Person: Vielfältige Ziele verfolgen, schnell aber unbeständig.
Tugend: Große Beweglichkeit, Flexibilität, Kontakte.
Fehler: Zersplitterung, oberflächlich, Unbeständigkeit.
Zielsetzung: Viele Dinge auf einmal tun wollen. Universalgenie.

Krebs

Person: Durchsetzen des Ego mit Gefühl und Takt.
Tugend: Rücksichtnahme, Sparsamkeit, Einfachheit.
Fehler: Emotionales Denken, „Sich-im-Kreise-Drehen", Empfindlichkeit.
Zielsetzung: Geborgenheit schaffen für sich und die Familie.

Löwe

Person: Führer, Erstreben sozialen Aufstiegs, Prestige.
Tugend: Übergeordnete Aufgaben übernehmen, Organisation.
Fehler: Anspruchsdenken, Egoismus, empfindlicher Stolz.
Zielsetzung: Leitung von Großprojekten, Management.

Jungfrau

Person: Durch Sparsamkeit vorwärtskommen. Einfachheit.
Tugend: Ordnungsliebe, Organisationstalent, Genauigkeit.
Fehler: Überempfindlich, kleinliche Kritik, Pedanterie.
Zielsetzung: Durch Arbeitsvorbereitung und Kalkulation eine feste,
               sichere Lebensstellung erreichen.

Waage

Person: Diplomatisches Streben nach oben durch Protektion.
Tugend: Gute Umgangsformen, diplomatisches Geschick.
Fehler: Andere ausnutzen wollen, starke materielle Interessen.
Zielsetzung: Aufstieg in obere Gesellschaftsschichten durch Geselligkeit,
               Diplomatie und Anpassung.

Medium Coeli (MC) in

Skorpion

Person:	Aufbruch zu neuen Ufern! Ehrgeiziges Streben.
Tugend:	Keine Mühe und Arbeit wird gescheut, Ausdauer.
Fehler:	Rücksichtslosigkeit, Selbstüberschätzung.
Zielsetzung:	Durch Mutproben und Gefahren hindurchgehen, um grenzüberschreitende Gebiete zu erfahren.

Schütze

Person:	Weitgesteckte Ziele zu erreichen versuchen.
Tugend:	Humanität, Erweiterung des Gesichtskreises.
Fehler:	Geltungsdrang, Unbeständigkeit, Abenteuerlust.
Zielsetzung:	Streben nach einer besseren Welt, mit religiösen und philosophischen Grundinhalten.

Steinbock

Person:	Sich langsam aber sicher durchsetzen. Realist.
Tugend:	Fleiß, Ausdauer, Konzentration, Selbstvertrauen.
Fehler:	Verschlossenheit, Unnahbarkeit, Hochmut.
Zielsetzung:	Aufgaben, die die Zeit überdauern; langfristig und kontinuierlich planen und realisieren.

Wassermann

Person:	Zukunftsorientierung; der Zeit voraus; Erfinder.
Tugend:	Erfassen der besten Möglichkeit, plötzliches Durchsetzen.
Fehler:	Neuerungssucht, Zersplitterung.
Zielsetzung:	Reformieren, erfinden, die Zukunft herbeiführen.

Fische

Person:	Durch Meditation Problemlösungen herbeiführen.
Tugend:	Einfachheit, Anspruchslosigkeit, Hilfsbereitschaft.
Fehler:	Unklarheit, beeinflußbar, Zögern, Zweifeln.
Zielsetzung:	In der Vergangenheit leben – Suchen, Nacherleben, Beschreiben.

Sonne/Mond

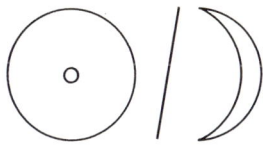

Konjunktion

Spontaneität und Echtheit der Haltung. Wollen und Fühlen stimmen überein. Überzeugtsein vom Tun im Moment des Handelns, mitunter jedoch auch Neigung zu Sinneswandel, Labilität aufgrund von Stimmungsschwankungen und damit Änderung der Haltung.

Man lerne aus der Erfahrung und hüte sich davor, Dinge in Gang zu bringen – nur, um sich von innerer Spannung zu befreien!

Beziehungen sind für die Entwicklung sehr wichtig, um sich selbst besser kennenzulernen. Man braucht die Umwelt, um sich selbst besser in Erfahrung zu bringen.

Spannungsaspekt

Erwartungen und Möglichkeiten klaffen auseinander. Es erfordert oft übermäßige Anpassung, um das Erwünschte zu erhalten. Psychisch besteht eine Divergenz zwischen bewußtem Wollen und unbewußten Motivationen. Dies kann dazu führen, daß jeweils eine Seite unbefriedigt bleibt, wenn die andere Entsprechung findet. Oftmals treten Schwierigkeiten mit Personen in Autoritätsstellungen auf, ebenso in der Beziehung zum anderen Geschlecht. Neigung zu seelischen Konflikten.

Harmonischer Aspekt

Gleichgewicht zwischen Wollen und Empfinden, dem männlichen und weiblichen Wesensanteil. Man geht von tatsächlichen Gegebenheiten aus und wird sich kaum in uferlosen Zielen verlieren. Die Fähigkeit, aufgrund des gesunden Menschenverstandes auch schwierige Situationen zu meistern, führt zur Anerkennung bei der Umwelt. Erfolg auch beim anderen Geschlecht. Gute Ansätze zur Bekleidung von Führungspositionen. Durchsetzungskraft und Willensstärke, gepaart mit einem großen Verständnis für das Anliegen der Mitarbeiter und Untergebenen, wie auch die Kraft zu überzeugen, ohne aggressiv zu wirken, führen zur Wertschätzung beim „Du".

Harmonischer Charakter mit innerem Gleichgewicht.

Sonne/Merkur

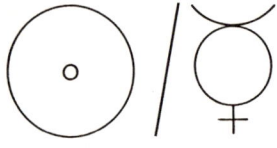

Konjunktion

Subjektive Einstellung. Man ist von seiner Meinung überzeugt, und es fällt einem leichter, seine Ansichten vorzubringen als die der anderen anzunehmen. Großes Können in der Präsentation eigener Gedanken, logische und geschickte Ausdrucksweise; Fähigkeit, andere zu überzeugen und mitzureißen. Nervöse Energien, die aber durch das Gespräch abgeleitet werden können.

Spannungsaspekt (nur bei Transit möglich)

Unklarheit in den Zielvorstellungen, mangelnde Konzentration, Zerstreutheit, Ziellosigkeit in den Planungen; Arbeitsunlust. Zuviel gleichzeitiges Planen führt oft zu Mißerfolgen.

Harmonischer Aspekt (nur bei Transit möglich)

Organisationstalent, Erfassen der Zusammenhänge, klarer Verstand, Zielbewußtsein, praktisches Denken, gutes Vorankommen durch eifrige Tätigkeit und Ausführung der Pläne mit Umsicht.

Sonne/Venus

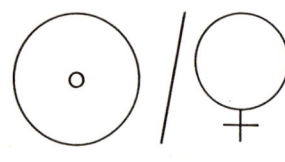

Konjunktion

Große Gefühlsstärke, Sinn für künstlerisch-ästhetische Bestrebungen, ausgeprägte Liebesfähigkeit, Streben nach Harmonie, Geselligkeit, Lebensgenuß. Beliebtheit durch Anmut und Verfeinerung hinsichtlich Geschmack, Gefühl, Selbstausdruck. Hang zur Romantik. Gute Fähigkeit, Kontakte zu knüpfen. Neigung zur Verweichlichung.

Spannungsaspekt

Neigung zur Unbeherrschtheit in Liebesdingen, zur Überbewertung von Äußerlichkeiten, während die inneren Werte vernachlässigt werden. Streben nach Luxus, Genuß, ohne innere Befriedigung dabei zu finden. Liebe zu Talmi – oftmals geschmacklos.

Harmonischer Aspekt

Starkes Liebesempfinden, erotische Anziehungskraft und Beliebtheit. Starkes Kunstinteresse, verbunden mit Sinn für Musik, Schönheit, Natur. Vorliebe für gepflegte Geselligkeit. Gute Möglichkeiten, Gefühle und Liebesneigungen zum Ausdruck zu bringen.

Sonne/Mars

Konjunktion

Dynamik, Durchsetzungskraft, Geltungsbedürfnis, Impulsivität, rasche Entschlußkraft, Heißblütigkeit.

Spannungsaspekt

Viel Initiative und Energie, aber oft gegen sich selbst gerichtet. Überanstrengung, bis die Kräfte fast versagen. Die Ziele sind hochgesteckt, die Anstrengungen zeitigen jedoch oft nicht die erwarteten Resultate. Dies kann zur Mutlosigkeit führen. Die Aktivitäten sollten besser diszipliniert, und Prioritäten gesetzt werden; das bedeutet, sich nicht im Unwesentlichen zu verlieren, sondern die Dinge anzugehen, die einem wirklich am Herzen liegen.

Herausforderungen sollte man mit Gelassenheit begegnen und sich darin üben, die Neigung zu Rechthaberei, Entrüstung, Streitsucht, Eigensinn und Ruhelosigkeit besser zu beherrschen.

Starke Sinnlichkeit und Bedürfnis nach Bestätigung im sexuellen Bereich bedingen hohe Erfüllungsansprüche und können im Liebeserleben zu Enttäuschungen führen.

Sportliche Betätigung (Wettkampfsport) kann die starken Energieüberschüsse in nützliche Bahnen lenken.

Tendenz zu Verletzungen, Unfällen, akut verlaufenden Krankheiten mit hohem Fieber.

Harmonischer Aspekt

Viel Tatkraft, Durchsetzungswille, Ehrgeiz, Strebsamkeit. Gute Erfolgsaussichten in der Verwirklichung der gesteckten Ziele, ohne Gefahr, sich in Details zu verlieren. Führungseigenschaften. Fähigkeit, andere zu begeistern und sein Leben nach eigenem Gutdünken und praktischen Gesichtspunkten einzurichten.

Sonne/Jupiter

Konjunktion

Gute Gesundheit; schöpferische Kraft, Streben nach Besitz und Macht, Befähigung für besondere Leistungen; Enthusiasmus, Großzügigkeit anderen gegenüber und Optimismus bringen Glück und gesellschaftlichen Einfluß, ebenso die Fähigkeit, andere für hohe Ziele zu begeistern. Hier liegt jedoch auch die Gefahr der Übertreibung, der Selbstüberschätzung.

Glücksfaktor im Horoskop!

Bei gemäßigter Handlungsweise wird einem vieles zufallen, wofür sich andere oft endlos abmühen müssen.

Günstig sind Tätigkeiten, die die Möglichkeit zum Ausdruck der eigenen Kreativität bieten. Routinearbeiten sind weniger geeignet, da man in großen Zusammenhängen denkt.

Spannungsaspekt

Vielfach Gefahr der unüberlegten, übertriebenen Handlungsweise und des „Allzuschnell-Allzuviel-Erreichen-Wollens", jedoch auch viel Initiative und Enthusiasmus. Starkes Bedürfnis nach Aktivität, Bewegung, Einsatz; viele Ziele.

Man prüfe jedoch, ob alle diese Ziele auch realisierbar sind und sei bemüht, auf dem Boden der Realität zu bleiben. Erfolgskontrollen durchführen!

Die Gesinnung ist eher materiell, anspruchsvoll, etwas nachlässig und verschwenderisch.

Harmonischer Aspekt

Glücksfaktor!

Wille und eigene Ansprüche werden den Verhältnissen entsprechend eingesetzt und realisiert. Schöpferisch gute Entwicklungschancen, die genutzt werden sollten!

Sowohl der Tatmensch, der es zu hoher Selbstverwirklichung bringt, als auch der Genießer, der Lebenskünstler mit einer Portion Glück im Leben, sind möglich. Das Glück wird einem in vielen Situationen entgegenkommen. Gute Gesundheit, sittliche Qualitäten, Expansionsstreben.

Sonne/Saturn

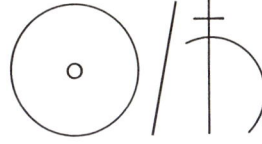

Konjunktion

Starkes Bedürfnis nach Selbstverwirklichung. Befähigung zu ernsthaftem, tiefgründigem Denken, ausgeprägtes Verantwortungsbewußtsein. Beschränkungen, langsamer Aufstieg im Leben. Oftmals fast erdrückende Lasten, die zur Ausdauer, zum Durchhalten zwingen.

Pflichtbewußtsein, Verzicht und Sparsamkeit sind kennzeichnend. Das Hauptproblem dürfte wohl die Einsamkeit sein.

Schweigsamkeit. Unverbindliche Gespräche werden als oberflächlich und ebensolche Menschen wiederum als abstoßend empfunden. Finden Gespräche statt, so handelt es sich um ernste, durchdachte Themen, und der Partner sollte zuhören.

Die Verwirklichung der Ziele ist sehr wichtig. Oft extrem starke Pflichtgedanken und Dogmatismus.

Veratrum alb. D 4 – D 30, LM 6 – LM 18
Iberis amara   D 6 – D 30
Plumbum   D 12, D 30
Arsen alb.   D 12, D 30, D 200, C 30, C 200

Spannungsaspekt

Probleme mit dem Selbstwertgefühl. Mangel an Selbstvertrauen kann zu einer defensiven Haltung der Umwelt gegenüber führen. Großer Lebensernst, viel hemmende Faktoren im Leben, in der geistigen Entfaltung oder auch körperlich. Neigung zu Pessimismus.

Veratrum alb. D 4 – D 30, LM 6
Iberis amara   D 6 – D 30
Plumbum   D 12, D 30
Arsen alb.   D 12, D 30, D 200, C 30, C 200

Harmonischer Aspekt

Langsames, bedächtiges Vorgehen. Keine Vergeudung von Energie für unnötige Dinge. Große Selbstsicherheit. Man legt Wert auf das Beständige, Langfristige. Kennzeichnend sind eine kühle Reserviertheit, Wahrung der Distanz. Verantwortung wird bereitwillig übernommen. Pflichtbewußtsein, Geduld, Ausdauer und Takt schaffen Vertrauen. Methodisch sorgfältige Arbeitsweise. Konservative Einstellung. Festigkeit, Entschiedenheit, Zurückgezogenheit, Vertiefung.

Sonne/Uranus

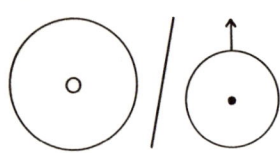

Konjunktion

Gespanntes Innenleben, Widerspruchsgeist – unkonventionell und ständig auf der Suche nach neuen Wegen. Eigenwilligkeit, oftmals verbunden mit Ungeduld und Trotz. Starke Impulsivität, Originalität. Erfinder-, Reformernatur. Neigung zu extravagantem Handeln. Vorliebe für Fortschritt, Technik, Wissenschaft, Psychologie, aber auch für Grenzgebiete wie Parapsychologie etc. Uranus verleiht Intuition, Geistesblitze. Neigung zu plötzlichen Veränderungen. Oft mangelt es an Anpassungsfähigkeit.

Das Erarbeiten eigener Methoden, gepaart mit Selbstdisziplin können hier zum Erfolg, zur erstrebten Unabhängigkeit und Selbständigkeit führen.

Nosode: Herpes Zoster
Kalmia   D 4, D 18, D 30, LM 30, LM 100
Kalium phosphoricum

Spannungsaspekt

Exzentrische, oft widerspenstige Anlagen. Starkes Bedürfnis, Macht über andere auszuüben. Innere Unsicherheit – man reagiert oft gereizt und reißt sich leicht von bestehenden Banden los, was bei der Umwelt „Kopfschütteln" auslöst; man wird als Wirrkopf, als Friedensstörer empfunden.

Hier gilt es zu lernen, auch die Standpunkte anderer zu akzeptieren und ernst zu nehmen, Kompromisse zu schließen. Das starke Gefühl für individuell und menschlich richtiges Verhalten sollte aktiviert werden, und es sollte Toleranz geübt werden. Dann wird man sich in einer Tätigkeit verwirklichen können, die Originalität und Erfindungsgeist verlangt. Um jedoch nicht in der ständigen Suche nach sich selbst von Abenteuer zu Abenteuer zu springen, sollte man bestrebt sein, die vielen vielversprechenden Unternehmungen auch zu Ende zu bringen. Lebhafte Intuition sowie Sinn für das Künftige kann für die Menschheit allgemein von Nutzen sein.

Nosode: Herpes Zoster
Kalmia   D 4, D 18, D 30, LM 30, LM 100
Kalium phosphoricum

Harmonischer Aspekt

Freizügiger, origineller Lebensstil. Kreative Talente und Erfindungsgabe, Sinn für den Zeitgeist. Streben nach originellen Betätigungen, welche auf das Neue, Zukünftige ausgerichtet sind.

Starke Anziehungskraft durch Originalität und Unberechenbarkeit. Großes menschliches Interesse. Fähigkeit, schwierige Probleme unkonventionell zu lösen. Starke Intuition für Gelegenheiten, die sich aus der Situation heraus ergeben. Reformstreben.

Sonne/Neptun

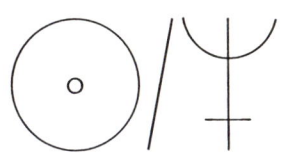

Konjunktion

Große Sensibilität – Berührung mit einer unsichtbaren inneren Welt. Interesse an Kunst, Musik, Grenzgebieten, Mystik. Schwierigkeiten, in der realen Welt voll aufzugehen. Aggressionen anderer Menschen werden schlecht ertragen. Fluchttendenz. Leichte Beeinflußbarkeit. Jedoch auch spontane Hilfsbereitschaft. Tagträumerei, Neigung zu Illusionen, die Welt durch eine „rosarote Brille" zu sehen, auch zu Täuschungen, was häufig ein jähes Erwachen, Ernüchterung nach sich zieht. Es ist daher wichtig, realitätsbezogener zu werden, zu prüfen, ob sich die eigenen Vorstellungen verwirklichen lassen oder Wunschträume bleiben müssen.

Anzustreben wäre ein Beruf, der der eigenen Kreativität genügend Spielraum läßt, z. B. in der Kunst (Musik, Dichtkunst, Malerei), auch im Bereich der Forschung und Wissenschaft (Chemie) oder auf sozialem Gebiet. Routinearbeiten sind weniger geeignet. Materielle Fragen werden oft Schwierigkeiten bereiten; ein praktisch veranlagter Partner wäre von Vorteil.

Labile Gesundheit. Der Organismus ist empfindlich und reagiert stark auf Gifte und Drogen. Naturheilmethoden und Diätetik sind zweckmäßig, da die Schulmedizin oft nur sehr schwer den Schwierigkeiten auf die Spur kommen wird. Rauschmittel und Drogen sollten vermieden werden, da diese die Tendenz zur Flucht aus der Realität unterstützen würden.

Pulsatilla D 30, C 30, C 200, C 1 000.

Spannungsaspekt

Mangel an Selbstvertrauen, Schwierigkeiten im täglichen, offenen Konkurrenzkampf. Zeitweilig starke Minderwertigkeitsgefühle, oft grundlos. Häufig herrscht das Gefühl, Herausforderungen nicht gewachsen zu sein, weshalb man solchen Situationen aus dem Wege zu gehen sucht oder aber mit Mitteln kämpft, die nicht ganz offen und ehrlich sind. Das Bemühen um eine klare, furchtlose Auseinandersetzung mit den Problemen der Realität sollte angestrebt werden.

Häufig besteht eine Entscheidungsschwäche, was dazu verleitet, Wunschprojektionen nachzuhängen. Es ist daher ratsam, von den tatsächlichen Gegebenheiten auszugehen und das eigene Wunschdenken zurückzustellen.

Beeinflußbarkeit, Pläne ohne Durchführungskraft, Selbsttäuschung, Schwäche, Hang zu Genußgiften sind vorherrschende Merkmale.

Pulsatilla D 30, C 30, C 200, C 1000.

Sonne/Neptun

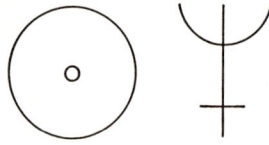

Harmonischer Aspekt

Starke Verinnerlichung, Feinfühligkeit und Empfänglichkeit für alles Immaterielle, viel kreative Phantasie – sensibel und empfänglich für musische und übersinnliche Bereiche. Sinn für feine Stimmungen, für das Unaussprechliche, für Mystik. Hellsichtigkeit, Vorausahnen künftiger Entwicklungen. Gespür für Menschen, die Hilfe brauchen. Eignung für künstlerische und soziale Berufe. Tendenz, die Dinge gleiten zu lassen. Terminschwierigkeiten.

Sonne/Pluto

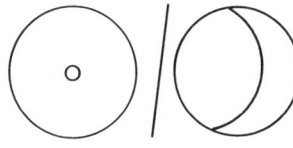

Konjunktion

Dieser Aspekt verleiht ein gewaltiges Kraftreservoir. Man bleibt nicht auf halbem Wege stehen; was man sich vorgenommen hat, wird durchgeführt. Ausgeprägtes Machtstreben, extreme, unwiderstehliche Handlungsweise. Durchsetzung des eigenen Willens um jeden Preis. In der Zusammenarbeit mit anderen werden gerne auch psychologische Druckmittel angewandt, wenn sich jemand in den Weg stellt. Daher wird man sich im Leben immer wieder um Kompromißbereitschaft bemühen müssen.

Agaricus
Latrodect. mact.

Spannungsanspekt

Schwierigkeiten mit Personen, die der uneingeschränkten Ich-Entfaltung im Wege stehen. Man versucht, andere zu beherrschen und zu kontrollieren. Dadurch entstehen Kampf und Auseinandersetzung.

Die konstruktive Zusammenarbeit mit anderen und die Bereitschaft, andere Meinungen anzunehmen, wären anzustreben. Der eigene Machtanspruch sollte zurückgenommen und damit den anderen Gelegenheit gegeben werden, ihre eigene Individualität zu entfalten.

Beruflich wird die starke Strebsamkeit helfen, das Gebiet, auf dem man tätig ist, auszufüllen.

Machthunger, Selbstüberschätzung, Überheblichkeit.

Agaricus
Latrodect. mact.

Harmonischer Aspekt

Kraft und Mut! Starke Beeinflussung der Menschen seiner Umwelt. Das Energiepotential sollte aber darauf ausgerichtet sein, die Lebensbedingungen auch für die Umwelt positiv zu beeinflussen und nicht den persönlichen Machtanspruch in den Vordergrund zu stellen. Vorhandensein beträchtlicher Energiereserven zur Bekämpfung von Ungerechtigkeiten in der Umgebung. Falsche Behauptungen werden instinktiv erspürt, erfaßt und man hat die Fähigkeit, direkt auf den „wunden Punkt" zuzusteuern.

Gewaltige Kräfte, um auch Krisensituationen zu meistern, chaotische Verhältnisse zu entwirren und zur Lösung zu bringen.

Sonne/Mondknoten

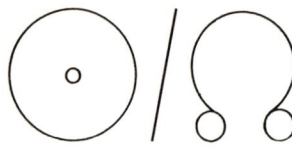

Konjunktion

Man ist bestrebt, Kontakte zu suchen und Verbindungen anzuknüpfen.

Spannungsaspekt

Disharmonien im Zusammenleben oder auch in der Zusammenarbeit mit anderen.

Harmonischer Aspekt

Anpassung, gern Verbindungen eingehen, geistige Kontakte suchen. Gute Zusammenarbeit.

Mond/Merkur

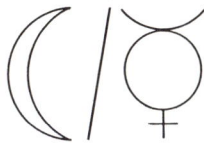

Konjunktion

Denken und Fühlen bilden eine Einheit. Gefühlsmäßiges Engagement bringt oft Schwierigkeiten, eine Situation vom Verstand her klar zu erfassen. Andererseits interessiert „leblose Materie" kaum. Man fühlt sich stärker angezogen von Belangen, die mit dem Leben und der menschlichen Erfahrung zu tun haben. Gute Anpassungsfähigkeit an sich wandelnde äußere Umstände. Aus Reisen, Bekanntschaften mit interessanten Menschen ergeben sich bedeutsame Lern- und Wachstumschancen. Aufgrund des guten Einfühlungsvermögens Befähigung, sich mit der Psyche anderer – mit Psychologie zu befassen.

Lebhafte Erzähler sind hier eher zu finden als gute Logiker, da die Äußerungen stets mit Assoziatitonen aus dem Gefühlsbereich durchwoben sind. Vielseitigkeit und die Fähigkeit, mit vielen Menschen gute Kontakte zu pflegen, führen zu Anerkennung und Sympathie bei der Umwelt.

Spannungsaspekt

Konflikt zwischen Fühlen und Denken, zwischen bildhaftem Sehen und begrifflichem Erkennen; Schwierigkeiten, die äußere Wirklichkeit real in sich aufzunehmen. Gefühle werden verdrängt, und man versucht, alle Situationen verstandesmäßig zu bewältigen. Es kann leicht eine intolerante Haltung aufkommen. Gefühle sollten mehr Beachtung finden – besser akzeptiert werden.

Andererseits können jedoch auch Gefühle die Oberhand gewinnen und das Denken subjektiv färben. Man richtet sich nicht mehr nach den äußeren Gegebenheiten, sondern ist nur noch damit beschäftigt, die eigenen gefühlsmäßigen Wünsche zu rechtfertigen. Dies kann zu Kommunikationsschwierigkeiten mit der Umwelt führen. Wird man sich des Konfliktes zwischen Denken und Fühlen bewußt, besteht die Chance, ein höheres Denkniveau, eine Bewußtseinserweiterung zu erreichen.

Veränderliche Anschauungen, empfindliche Nerven, Klatschsucht.

Harmonischer Aspekt

Gesunder Menschenverstand, kein Widerspruch zwischen Denken und Fühlen; Fähigkeit, seine Gefühle gut auszudrücken, lebendig und vielseitig. Gewandtheit auch im verbalen Ausdruck, mündlich und schriftlich. Man bemüht sich darum, verstanden zu werden und macht aus seinem Innenleben kein Geheimnis. Das Verhalten ist jeweils situationsgerecht, jede Lage wird unmittelbar erfaßt.

Gute Lernfähigkeit; Austausch mit anderen; man versteht es, seine Gefühle „im Zaum" zu halten. Ideenreichtum, literarische Begabung, gutes Urteilsvermögen.

Mond/Venus

Konjunktion

Weichheit, Anpassungsfähigkeit, Gefühlsstärke, Liebe zu Komfort, Luxus, guter Geschmack. Feinfühligkeit und Begabung, sich ohne weiteres in den anderen hineinzuversetzen, seine Gefühle zu erspüren.

Aggressionen werden nicht vertragen. Ein unsensibles Vorgehen wird als abstoßend empfunden, auch dann, wenn man sich nicht zur Wehr setzt. Sehnsucht nach einer heilen Welt, wo niemand dem anderen ein Leid zufügt. Den anderen leiden zu sehen, erzeugt Mitleid und in der Folge unter Umständen Selbstmitleid. Aufgrund seiner Liebenswürdigkeit ist man in der Gesellschaft beliebt. Der Sinn für Luxus und Ausgabefreudigkeit kann in finanzielle Enge führen.

Starkes Gefühlsleben, Sinnesfreude, Zärtlichkeitsbedürfnis, Kunstsinn, Eigenliebe.

Spannungsaspekt

Großes Liebesbedürfnis. Man möchte von anderen geschätzt und geliebt werden, bevor man sich selbst gefühlsmäßig engagiert. Durch großes Entgegenkommen versucht man, das Interesse anderer zu wecken und erwartet, daß die Umwelt darauf reagiert. Tritt dies nicht ein, ist man enttäuscht, wird unsicher. Man sollte daher mehr Gewicht auf innere Werte legen, auf gutes gegenseitiges Verstehen als auf Äußerlichkeiten. Häufig findet man nicht den Lebenspartner, von dem man sich seelisch oder erotisch angezogen fühlt, was eine erhebliche Spannung zwischen den Wünschen und den praktischen Möglichkeiten zur Realisierung bewirkt. Vor allem hat die Frau meist Schwierigkeiten, den Lebensgenuß und das Familienleben in Einklang zu bringen.

Das Gleichgewicht zwischen sinnlich Ansprechendem und seelisch Befriedigendem muß man sich erarbeiten.

Harmonischer Aspekt

Sehr reiches Gefühlsleben, Geselligkeit und Diplomatie. Fähigkeit, seine Gefühle auch anderen mitzuteilen. Harmonie und Sinn für Schönheit, Kunst. Liebenswürdigkeit, Beblliebtheit. Vermittelnde Haltung bei Konflikten. Man schätzt schöne Dinge und eine harmonische Umgebung. Guter Instinkt, das Richtige, Passende zu finden. Musisches Talent.

Mond/Mars

Konjunktion

Kämpfernatur – impulsiv und spontan. Jeder aus der Umgebung kommende Anreiz fordert zur sofortigen Aktion heraus, daher oft sehr stark überschießende Reaktionen, kaum realitätsbezogen. Voreiligkeit.

Beruflich werden abwechslungsreiche Tätigkeiten mehr befriedigen, vor allem auch im Kontakt mit Menschen, und es sind Erfolgschancen gegeben, wenn man es versteht, seine Launen unter Kontrolle zu halten. Sonst besteht die Gefahr der ständigen Auseinandersetzung mit Vorgesetzten oder Kollegen.

Im privaten Bereich wird ein ausgeglichener Partner eine gute Beziehung gewährleisten.

Spannungsaspekt

Je nach Stimmung schwankender Energieeinsatz. Aktive und passive Phasen. Oft aufbrausend und unvermittelt wieder passiv. Heftige, über das Ziel hinausschießende Reaktionen, Ruhelosigkeit, Unbeherrschtheit. Auseinandersetzungen mit darauffolgender Reue. Selbstbestrafungstendenzen, Affekthandlungen.

Harmonischer Aspekt

Gefühlsbetonter, starker Wille. Man handelt im Einklang mit seiner Gefühlslage. Geselligkeit – man hat gerne Freunde um sich herum, die man auch zu Taten mitreißen kann. Im Berufsleben stellt man sich oft an die Spitze eines Teams. Großes Improvisationstalent, geeignet für dynamischen Arbeitseinsatz. Aufrichtige Spontaneität, beliebt bei Jugendlichen.

Kraftvolles, zielbewußtes Wesen, Offenheit, Ehrlichkeit.

Mond/Jupiter

Konjunktion

Spontaneität im Ausdruck der Gefühle. Man hat viel Auftrieb und wendet sich offen, mit hoffnungsvollen Erwartungen der Umwelt zu. Der Lebensschwung und Enthusiasmus vermag andere zu begeistern, wodurch einem Sympathie entgegengebracht wird. Man ist großzügig, hilfsbereit, geschäftstüchtig. Einengende Lebensverhältnisse werden schlecht vertragen, doch kann hier ein intaktes Familienleben viel kompensieren. Der Lebenszweck besteht nicht nur aus Pflicht und Arbeit – Genuß und Freude gehören ebenso zum Sinn des Daseins.

Spannungsaspekt

Kontaktfreudiges, begeisterungsfähiges Wesen. Expansionsdrang. Man möchte gut ankommen und tut viel dafür. Um anderen zu gefallen, verausgabt man sich oft zu sehr. Kompromißbereitschaft. Tendenz zu Übertreibungen, die unter Kontrolle gebracht werden sollte. Affekthandlungen sind möglich. Leichte Erregbarkeit.

Harmonischer Aspekt

Man erfreut sich der Anerkennung und Sympathie der Umwelt. Großzügigkeit, Selbstsicherheit. Gefühle bestimmen die Handlungsweise, und es geht im Leben alles etwas leichter.

Großmut, Güte, Hilfsbereitschaft, Entgegenkommen, soziales Empfinden sind charakteristisch.

Mond/Saturn

Konjunktion

Selbstbeherrschung, Enthaltsamkeit, Einsamkeit. Verhaftetsein an die Vergangenheit. Neues wird nur mit Vorbehalt aufgenommen. Mißtrauen bei Verbindungen, aber auch Treue, Geduld, anhaltende Gefühle. Menschliche Kontakte werden vom Verstand her gewertet. Minderwertigkeitsgefühle, depressive Stimmungen.

Man versucht, den Akzent auf praktische Effizienz zu legen, durch oftmals harte, ausdauernde Arbeit die soziale Stellung anzuheben. Gefühlsmäßig wird Distanz gewahrt. In der zweiten Lebenshälfte ist die Erfüllung des Lebens durch errungene Weisheit, Erfahrung, Abgeklärtheit des Geistes zu erwarten.

Acid. lact.
Argent. nitricum D 30, C 30, C 1 000.

Spannungsaspekt

Tendenz zur Einsamkeit, Zurückgezogenheit, Verschlossenheit der Umwelt gegenüber. Minderwertigkeitsgefühle können Beziehungen bedrückend machen. Man glaubt sich vom Schicksal benachteiligt. Gefühle werden gerne verdrängt, was Depressionen hervorrufen und die Entfaltung der Persönlichkeit erschweren kann. Das innere Gleichgewicht stellt sich meist erst in der zweiten Lebenshälfte ein, kann aber zu einem ausgewogenen, sicheren und zuverlässigen Charakterbild führen.

Stimmungsschwankungen, Mangel an Selbstvertrauen, Freudlosigkeit.

Acid. lact.
Argent. nitricum D 30, C 30, C 1 000.

Harmonischer Aspekt

Zurückhaltung im Ausdruck der Gefühle. Man hat Angst, sich etwas zu vergeben und vertraut sich nur guten Bekannten, Freunden an. Die Haltung ist ernst, sachlich, kühl und auf Effizienz bedacht. Häufig macht sich ein Gefühl der Einsamkeit breit; gleichzeitig besteht aber Sehnsucht nach Sicherheit, Geborgenheit – gepaart mit der Furcht, auf Ablehnung zu stoßen. Dem Partner und seinen Kindern vermag man stabile Grundlagen fürs Leben mitzugeben.

Pflichtbewußtsein, Sorgsamkeit, Bedachtsamkeit, Selbstbeherrschung.

Mond/Uranus

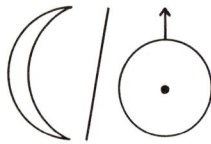

Konjunktion

Im Denken und Handeln unkonventionell, originell, intellektuell – Individualist. Starkes Bedürfnis, eigene Wege zu gehen, äußere Zwänge werden schlecht ertragen. Man möchte im Leben den eigenen Willen durchsetzen. Bindungen werden plötzlich eingegangen und ebenso wieder gelöst.

Luesinum	D 30, C 1000
Conium	
Antim. crud.	D 12, C 200
Thallium sulf.	D 30

Spannungsaspekt

Wechselhafte Gefühle, Individualismus. Schwierigkeiten, sich emotional zu engagieren, daher im Bereich der Beziehungen oft plötzliche Trennungen. Faszinierende oder bereits gebundene Partner wirken oft anziehend, aber man scheut die Verantwortung einer engen Bindung. Neigung zu unbeherrschten Reaktionen, die man unter Kontrolle bringen sollte. Ist man in der Lage, sich zu disziplinieren, kann auf künstlerischem und unternehmerischem Gebiet Außergewöhnliches geleistet werden. Starker Bezug zum Zeitgeist und Fähigkeit, kommende Entwicklungen vorauszuahnen.

Übertreibungen, Überspannung der Nerven, Unrast, Streben nach unbedinger Unabhängigkeit.

Harmonischer Aspekt

Freiheits- und Unabhängigkeitsliebe. Man fühlt sich von ungewöhnlichen Menschen angezogen und möchte Kontakte pflegen, die interessante Erfahrungen versprechen. Originelle Einfälle und Handlungsweise. Große Intuition – Wege tun sich plötzlich auf, ohne daß man eigentlich weiß, wie man zu dieser Einsicht gekommen ist.

Unbedingtes Verfolgen der eigenen Überzeugung, gesteigerte seelische Erregbarkeit. Instinktives Handeln, Zielstrebigkeit, Entschlossenheit. Interesse an Grenzgebieten (Hellsehen).

Mond/Neptun

Konjunktion

Äußerst sensible Veranlagung – umgebungsabhängig. Für das Wohlbefinden ist der Kontakt mit feinfühligen Menschen wichtig, man blüht auf, zeigt reiche Phantasie und viel Idealismus. Streitsüchtige oder materialistisch eingestellte Menschen werden als unangenehm empfunden; man spürt sofort negative Schwingungen und fühlt sich psychisch dementsprechend schlecht.

Tagträumer – nicht sehr praktisch veranlagt, lebt in Illusionen. Gefühlsmäßiges Erfassen von Notsituationen, große Hilfsbereitschaft.

Das Hauptproblem ist die praktische Existenzbewältigung. Ist jedoch erst ein stärkerer Realitätsbezug gefunden, so wird man fähig sein, die reiche Phantasie in den Dienst künstlerischer oder sozial-dienender Betätigungen zu stellen.

Pulsatilla	D 30 – C 100
Psorinum	LM 18 – LM 100
Calc. carb.	D 12 – D 200

Spannungsaspekt

Feinfühligkeit, aber auch Tendenz, sich in Wunschvorstellungen zu verlieren, an der Wirklichkeit vorbeizugehen und nur das wahrzunehmen, was der Gefühlslage entspricht. Daraus resultiert das Gefühl des Unverstandenseins. Man will oder vermag es nicht, die Umwelt über seine eigentlichen Wünsche und Pläne zu informieren, verschleiert diese, lebt in Illusionen. Man weicht gerne aus, legt sich nicht fest, gibt sich auch Selbsttäuschungen hin. Hier sollte man versuchen, der Realität mehr Raum zu geben.

Pulsatilla
Psorinum
Calc. carb.

Harmonischer Aspekt

Traum und Wirklichkeit fließen ineinander. Fähigkeit, okkulte Bande zwischen den Dingen zu erfühlen. Sensitivität, Inspiration, mystisches Erleben. Außerordentlich starke Reaktion auf die Umwelt; daher sollte man Kontakte mit Gleichgesinnten suchen, da man sich gegen negative Schwingungen und äußere Aggressionen nicht zu wehren vermag.

Mond/Pluto

Konjunktion

Tiefe Gefühle, welche mit verborgenen archetypischen Bereichen des Unbewußten in Zusammenhang stehen. Dies macht es oft schwierig, über seine Gefühle zu sprechen, sie bewußt zu machen. Oft fühlt man sich gänzlich von ihnen beherrscht. Beim Erleben von archaischen Elementen, die aus seelischen Tiefen emporsteigen, kommen oftmals überwältigende Schuldgefühle auf. Neigung zu Affekthandlungen. Intensive Liebesbeziehungen mit starkem Gefühlsengagement, jedoch gleichzeitig mit erheblichen Forderungen an den Partner. Man verliert häufig die Kontrolle über die Beziehung.

Dieser Aspekt fordert auf zur Regeneration und Wandlung im seelischen Bereich!

Agaricus
Latrodect. mact.

Spannungsaspekt

Schwierigkeiten, echte Gefühle auszudrücken. Beziehungen sind äußerst gefühlsintensiv, oft schmerzvoll. Fordernd, besitzergreifend möchte man den Partner festhalten, erreicht jedoch meist das Gegenteil.

Harmonischer Aspekt

Große Tiefe und Intensität der Gefühle, starke Anziehungskraft. Viel Stärke und Widerstandskraft im Gefühlsbereich. Man schöpft Kraft aus dem Unbewußten und geht sehr intensive Verbindungen ein, besitzt auch die Fähigkeit, den Partner an der Tiefe seiner Gefühlswelt teilhaben zu lassen.

Mond/Mondknoten

Konjunktion

Gefühlsmäßige Einstellung zu Verbindungen.

Spannungsaspekt

Mangel an Anpassung, Empfindlichkeit, Neigung zu Entfremdungen.

Harmonischer Aspekt

Das Gefühl ist ausschlaggebend im Zusammenleben.

Merkur/Venus

Konjunktion

Das Schöne wird mit dem Nützlichen verbunden. Man ist fähig, mit den meisten Leuten gut auszukommen; weiß, wann Kompromisse geschlossen werden müssen, um die Harmonie zu wahren. Die Aufmerksamkeit richtet sich auf die verbindenden Elemente – Streit wird vermieden.

Ausgeprägter Sinn für Formen, Proportionen. Fähigkeit, sich gewandt auszudrücken. Bei Meinungsverschiedenheiten ist man großzügig und ermöglicht es dem Partner, sein Gesicht zu wahren.

Die angenehme und entgegenkommende Art wird in den meisten Berufen zum Vorteil gereichen, besonders auf Gebieten, wo künstlerische Ambitionen Entfaltung finden können oder diplomatisches Geschick erfordert wird. Guter Geschäftssinn ist vorhanden.

Auch in der Liebe besteht die Tendenz, das Nützliche mit dem Schönen zu verbinden.

Ungünstig wäre ein Betätigungsfeld, wo nüchterne Fakten dominieren.

Spannungsaspekt

Neigung zu Vergnügen und Luxus. In der Liebe Tendenz, auch materiellen Nutzen aus der Beziehung zu haben. Geringes Zielbewußtsein. Der Verstand mischt sich in Bereiche ein, die spontaner gefühlsmäßiger Zuwendung gehören sollten. Eitelkeit.

Harmonischer Aspekt

Diplomatisches Talent, Fähigkeit, auch schwierige Dinge zum Ausdruck zu bringen, ohne anzustoßen. Situationsgerechtes Argumentieren.

Großes Harmoniebedürfnis. Viel Charme bei der Konversation und die Fähigkeit, auf den Gesprächspartner einzugehen.

Aufgrund des ausgeprägten Sinnes für Formgebung, Schönheit und Kunst sind Berufe, die derartige Begabung verlangen, bevorzugt. Der Intellekt ist eher gefühlsbetont, beschwingt und heiter.

Merkur/Mars

Konjunktion

Man setzt sich für seine Meinung voll ein, identifiziert sich mit dem, was man für richtig hält und ist bereit, dies bis zur letzten Konsequenz – gegen anderslautende Meinungen – durchzufechten. Man schätzt Diskussionen und verbale Auseinandersetzungen, sucht jedoch im Gespräch weniger den Konsens als das Aufeinanderprallen der Argumente. Es fällt schwer, die Einwände anderer anzuhören und in die eigenen Gedankenschemen einzubeziehen. Neigung zur Voreiligkeit – falls nicht alle Fakten zur Hand sind, wird bedenkenlos improvisiert.

Ein anregender, überzeugender aber oft auch unbequemer Gesprächspartner. Gute Disposition zum Lehrer, Redner, Schauspieler.

Spannungsaspekt

Meinungen werden auf extreme Art und Weise vorgebracht; man ist beleidigt, wenn der Partner sie nicht in dieser Form hinnimmt. Neigung zu unüberlegten, unqualifizierten Aussagen, die unter Umständen zurückgenommen werden müssen. Kritik kann zum Selbstzweck werden. Schwierigkeiten, seine Einstellung so zu verdeutlichen, daß sie hieb- und stichfest erscheint, überzeugend wirkt. Man nimmt alles viel zu persönlich, fühlt sich von abweichenden Meinungen persönlich getroffen und reagiert dann meist kühl und unsachlich. Hier sollte versucht werden, in Diskussionen nicht übereilt zu argumentieren, sondern in Ruhe zuzuhören, nachzudenken und erst dann seine Meinung kundzutun.

Störungen aller Bewegungsimpulse, krampfartige Erscheinungen.

Harmonischer Aspekt

Denken und Handeln gehen eine harmonische Synthese ein. Fähigkeit zu raschem Erkennen und entsprechendem Handeln. Schnelle und präzise Entscheidungen. Ehrliche Aussagen – man weiß, woran man ist. Manchmal überspitzte Wahrheitsliebe, die größer sein kann als das Taktgefühl. Man kann seine Belange direkt und spontan zum Ausdruck bringen. Durchsetzungsvermögen in Diskussionen – man geht aber auch auf die Bedürfnisse anderer ein.

Befähigung für Stellungen, die schnelle Entscheidungen und augenblickliches Handeln erfordern. Es interessieren Ziele, die in der unmittelbaren Zukunft liegen. Techniker, Verkaufsleiter, Redner etc.

Merkur/Jupiter

Konjunktion

Großzügiges Denken. Befähigung zur Synthese ist größer als zur Analyse. Man ist zukunftsorientiert, sucht das Lebensnahe und das, was zur Intensivierung der eigenen Ausstrahlung beitragen kann.

Gefahr der Übertreibung, des „Über-das-Ziel-Hinausschießens". Eitelkeit.

Spannungsaspekt

Beschleunigte Denkfähigkeit, man schaltet sehr rasch und möchte innerhalb kürzester Zeit zu Entscheidungen kommen. Dabei können nicht immer alle Fakten berücksichtigt werden, was oft zur Voreiligkeit verleitet.

Auch die Menschen werden häufig nicht kritisch genug beurteilt. Diese Gutgläubigkeit kann zu Enttäuschungen führen. Mitunter werden Versprechungen abgegeben, die man später nicht einzuhalten vermag.

Neigung zu Übertreibungen. Taktlosigkeit.

Harmonischer Aspekt

Ausgeglichenes Denkvermögen. Man versteht das langfristig Richtige mit dem kurzfristig Erfolgversprechenden in Einklang zu bringen und innerhalb einer Ordnung neue Gedanken zu entwickeln, die im Bestehenden ihre Grundlage haben. Aufbauender Intellekt, „gesunder Menschenverstand". Aktiver Geist, Redetalent. Interesse für Literatur. Loyalität und Natürlichkeit.

Bevorzugt werden Tätigkeiten im politischen und wirtschaftlichen Bereich, wo es darum geht zu überzeugen und harmonisch zusammenzuarbeiten.

Merkur/Saturn

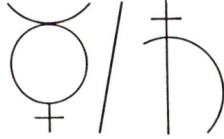

Konjunktion

Ernstes bis tiefschürfendes Denken. Das Bedürfnis, von allen verfügbaren Informationen auszugehen, bevor man sich ein Urteil bildet, macht im Denken eher langsam. In seinen Äußerungen bleibt man auf dem Boden der Realität; wenn die Meinung jedoch gebildet ist, ist man auch bereit dafür voll einzustehen, aber sie soll auch von der Umwelt akzeptiert werden. Andernfalls fühlt man sich einsam, deprimiert. Zu ernsten Menschen fühlt man sich hingezogen. Berufliche Eignung für Beschäftigungen, die tiefgründiges Denken und sachliche Präsentation verlangen (Juristik, Forschung, Pädagogik).

Spannungsaspekt

Kommunikationsschwierigkeiten, Neigung, sich von anderen unverstanden zu fühlen. So befindet man sich oft in der Defensive, verschanzt sich hinter Vorurteilen und gewohnheitsmäßigen Sicherheiten. Neue Gedanken läßt man nur sehr schwer an sich herankommen, um die intellektuelle Sicherheit nicht zu verlieren.

Konservatives, im Extremfall stures und unbewegliches Denken. Lernschwierigkeiten.

Der Beruf muß intellektuell fordern: Mathematik, Wissenschaft, gewisse Formen der Lehrtätigkeit.

Nosode Pertussinum
Succinum D 30 – C 1000
Cuprum ars. LM 6 – LM 30, D 12

Harmonischer Aspekt

Fähigkeit, überzeugende, logische Konstruktionen aufzubauen; nüchterne Analyse. Starker Realitätssinn. Systematischer, gründlicher, gewissenhafter Arbeiter, der keine Vorschrift außer acht läßt. Gutes Gedächtnis; dem Neuen setzt man allerdings Widerstände entgegen. Die Denkweise ist praktisch, traditionsgebunden.

Organisationstalent, Fleiß, Methodik.

Merkur/Uranus

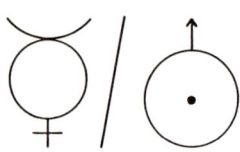

Konjunktion

Beschleunigte Denkprozesse – Originalität. Das Gehirn funktioniert wie ein Computer, der blitzschnell seine Schlußfolgerungen zieht. Ob sie brauchbar sind, hängt davon ab, mit welchen Daten er gefüttert wurde. Es besteht eine Neigung zu vorschnellen Entschlüssen, und dann ist es oft zu mühselig, die notwendigen Fakten in Kleinarbeit zusammenzutragen. Disziplinen wie Mathematik und Physik, die eigenes Kombinieren verlangen, liegen mehr als sachliches Erlernen eines Stoffes.

Man fühlt sich angezogen von Dingen, die in ständiger Wandlung begriffen sind.

Improvisationstalent, Schlagfertigkeit. Begabung für Technik, Elektronik. Die Arbeit soll Spaß machen und dem erfinderischen Talent die Möglichkeit zur Entfaltung bieten. Allerdings erfordert dies eine gewisse Disziplin; erst dann wird man intuitiv aus dem Vollen schöpfen.

Spannungsaspekt

Gewaltige Beschleunigung der Denkprozesse. Extreme Standpunkte; alles, was Aufregung verspricht, zieht an. Das Bedürfnis, das „Besondere" zu bewerkstelligen, zwingt oft dazu, Wahrheiten zu vertreten, die den allgemeinen Vorstellungen vollkommen zuwiderlaufen. Allzuleicht setzt man sich über Gefühle und Meinungen anderer hinweg; dies kann Kontakte erschweren. Wechselhaftes Verhalten. Neigung zu voreiligen Schlußfolgerungen; man besitzt nicht immer genug Wissen und Erfahrung. Fähigkeit, künftige Entwicklungen in Gedanken vorwegzunehmen.

Widerspruchsvolles Wesen, Zersplitterung, Hast. Plötzlich auftretende Erregungen, Reizbarkeit, Unruhe, Nervosität, Folgen geistiger Überarbeitung.

Agaricus.

Harmonischer Aspekt

Originalität, Flexibilität, Sinn für künftige Entwicklungen. Man kann sich stets auf die Erfordernisse der Zeit einstellen. Rasche Auffassungsgabe, Fähigkeit, sich positiv mit plötzlichen Veränderungen der Umwelt auseinanderzusetzen. Geistesgegenwart. Gute Fähigkeit zur Abstraktion. Intuition und Verstand verbinden sich harmonisch.

Geeignete Berufe: Mathematiker, Physiker, Techniker, Elektroniker – Berufe, die Improvisationstalent und Einfühlungsvermögen in künftige Entwicklungen fordern und auch solche, welche die Kreativität anderer Menschen fördern können.

Merkur/Neptun

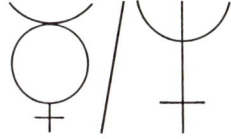

Konjunktion

Zwei Prinzipien stoßen zusammen: die Welt des begrifflichen Denkens, des Rationalen und Analytischen einerseits und des Unbewußten, des Irrationalen, des Traumes andererseits. Reiche Phantasie, direkter Zugang zum Transzendenten. Große Empfindsamkeit für das, was in den Köpfen anderer vor sich geht, auch ohne verbalen Austausch.

Der Lebensablauf wird davon abhängen, welche der beiden Komponenten verdrängt wird.

Musische, künstlerische Begabung. Vorliebe für Arbeiten, die Inspiration verlangen. Inneres Bedürfnis nach Weite, Grenzüberschreitung. Probleme auch mit dem Nervensystem.

Spannungsaspekt

Spannungsverhältnis zwischen logischem Denken, Alltagsbewältigungen und Traumwelt, Idealen und Wünschen. Opfer von Illusionen oder Selbsttäuschungen. Möglichkeit, Visionäres sprachlich zum Ausdruck zu bringen.

Fehlurteile, falsches Denken, verworrene Vorstellungen, Phantasterei, Unaufrichtigkeit, nervöse Empfindlichkeit.

Lachesis D 20, LM 12, LM 18
Causticum D 12, D 30, D 200, C 30

Harmonischer Aspekt

Sinn für Traumhaftes – Phantasie. Man fühlt sich vom Unaussprechlichen, vom Wunder angezogen und von allem, was das Leben schöner und reicher macht. Gute Fähigkeit, das zu erraten, was der Partner denkt und fühlt, aber man ist auch durchlässig, empfänglich für die Beeinflussung seitens anderer Personen. Große Sensibilität, empfindliches Nervensystem. Vorliebe für Mystik, Grenzwissenschaften, Parapsychologie.

Berufsmöglichkeiten: Schauspieler, Politiker und alle Berufe, die mit dem Menschen, der Natur oder auch mit kosmischen Zusammenhängen zu tun haben.

Merkur/Pluto

Konjunktion

Bestreben, die Umwelt zu kontrollieren, andere zu beeinflussen. Kommunikationsprobleme, weil man unbewußt dazu neigt, die Konversation zu manipulieren, und nicht mehr das sagt, was man wirklich meint. Ungewöhnliche Anschauungen, die mit großer Vehemenz vertreten werden. Man ist von seiner Überzeugung wie besessen und reagiert mit ungeheurem Kräfteaufgebot, wenn diese auch nur scheinbar in Frage gestellt wird. Für jede Art von Machtmißbrauch ist man sensibilisiert.

Berufszweige: Kriminalistik, Juristik oder Grenzwissenschaften wie Okkultismus, Esoterik.

Spannungsaspekt

Bestreben, seine Umgebung zu kontrollieren, zu manipulieren. Daher leicht Probleme im Umgang mit anderen. Ungewöhnliche Anschauungen, die man fanatisch verficht. Überschießende Reaktionen, wenn diesen Überzeugungen Widerstand entgegengebracht wird. Neigung zu Machtmißbrauch. Gekoppelt mit dem Interesse für alles Okkulte, kann dies zu einer Beschäftigung mit Kriminalistik und/oder Justiz führen.

Hastiges Denken und Sprechen, Voreiligkeit, Reizbarkeit, Ungeduld, Selbstüberschätzung.

Harmonischer Aspekt

Beständigkeit im Denken. Interesse am Okkulten, man läßt aber vieles außer acht, was nicht im momentanen Interessengebiet liegt, ist sehr selektiv und gibt jenen Belangen den Vorzug, die verborgene Dimensionen beinhalten.

Fähigkeit, die geheimen Wünsche und Motivationen anderer zu erraten.

Betätigungsfelder sind Kriminalistik, Jura, Medizin, wissenschaftliche Forschungen, Psychologie, Okkultismus – und Macht, die durch das Wort ausgeübt wird.

Gute Beobachtung, rasches Erfassen jeder Lage, scharfe Kritik, über andere geistig triumphieren, Raffinesse, Diplomatie.

Merkur/Mondknoten

Konjunktion

Gedankenaustausch suchen.

Spannungsaspekt

Beziehungen zum eigenen Vorteil ausnutzen, ungeselliges Wesen, Klatschsucht.

Harmonischer Aspekt

Gedankenaustausch mit anderen Menschen. Anregungen geben, geistige Interesssen.

Venus/Mars

Konjunktion

Starker erotisch sexueller Magnetismus; man bringt entsprechende Schwingungen bei anderen in Gang. Gesteigerte Möglichkeit, Beziehungen einzugehen. Bedürfnis nach intensivem Kontakt mit der Umwelt, auch wenn dieser manchmal schmerzhaft ist. Fähigkeit, aktiv auf das „Du" zuzugehen.

Man wird angezogen von Individuen, die aktiv sind, intensiv leben; möchte jedoch nicht, daß diese die Kontrolle über die eigene Person ausüben. Man sucht Freiheit und erträgt Einschränkungen durch andere nur sehr schwer. Am liebsten möchte man den eigenen Rhythmus der Umwelt aufdrängen. Langfristige Beziehungen – sofern sie eingegangen werden – erfordern Kompromisse. Im Arbeitsbereich möchte man es mit Menschen zu tun haben, in einer Gruppe mitarbeiten, man braucht hier den Kontakt mit dem Leben, dem „Du". Oft sind auch Mangel an Zartheit und Takt zu finden.

Spannungsaspekt

Gesteigertes Verlangen nach Schönheit und Sex. Erotische Anziehungskraft. Stark entwickelte Wünsche, die unbedingte Befriedigung suchen. Häufig geht man zahlreiche – wohl intensive, aber nicht dauerhafte – Verbindungen ein, vor allem sexueller Art.

Machtkonflikte! – Man versucht, den Partner zu beherrschen. Konkurrenzkampf bei gleichgeschlechtlichen Begegnungen bzw. Beziehungen. Sowohl bei Sympathie als auch bei Abneigung kompromißlose Haltung.

Die Energien sollten in Bewegung, Sport, ausgelebt werden.

Neigung zu Übertreibungen, Überreizung.

Venus/Mars

Harmonischer Aspekt

Sinnlichkeit und körperliche Bedürfnisse sind betont, jedoch nicht übertrieben. Freundlich entgegenkommendes Wesen, Verfeinerung des Triebes durch starkes Harmoniebedürfnis. Anpassungsvermögen bei gleichzeitiger Fähigkeit, seine Eigenart zu wahren.

In der Liebe ist man mit ganzem Herzen dabei, hat keine Kontakt- oder Begegnungsschwierigkeiten. Intensive Verbindungen, hauptsächlich mit natürlichen und spontan reagierenden Menschen. Ein Schlüssel zum Erfolg ist die Fähigkeit, anderen Menschen Vertrauen einzuflößen. Darum werden vor allem Berufe infrage kommen, welche Spontaneität, Teamgeist und ästhetischen Sinn erfordern.

Leidenschaftliche Liebe, Sinnlichkeit, Warmherzigkeit, Darstellungskraft, lebhafte Äußerung der Empfindungen.

Venus/Jupiter

Konjunktion

Wird der Wert seines Gegenübers erkannt, zögert man nicht, seine Gefühle zu zeigen; man erwartet jedoch, daß das Gefühl erwidert wird und kann anderen gegenüber recht hohe Erwartungen stellen.

Zärtlichkeit und Großzügigkeit sind dominierende Eigenschaften. Der Kontakt mit Menschen, die ebenfalls spontan und großzügig sind, wird leichter fallen als mit zögernden, ängstlichen Personen. Streben nach Wohlstand und Kontakt mit Menschen, die selbstsicher sind und nach höheren Dingen streben.

Allerdings besteht auch die Gefahr, zu eitle, üppige Bedürfnisse zu entwickeln, die dann in Abhängigkeit bringen.

Beliebtheit, aber auch Starallüren.

Spannungsaspekt

Man ist fröhlich, expansiv, charmant und beliebt, auch großzügig Starkes Bedürfnis nach Anerkennung. Neigung zu Übertreibungen. In schwierigen Situationen wählt man oft den leichteren Weg und bedient sich seines Charmes. Dabei kann die Wahrheit auch etwas „verbogen" werden. Schwierigkeiten mit dem Selbstwertgefühl, weshalb man sich ständig Bestätigungen durch die Umwelt erhofft. Häufig übereilte Kontaktaufnahme, wenn man sich von einem Partner bestätigt glaubt und Gefahr, Schmeicheleien zum Opfer zu fallen. Andererseits Bindungsangst, wenn es ein Partner ernst meint.

Gute Berufsmöglichkeiten: Umgang mit Menschen, Publikum, Public Relations, Werbung, Reisen, Mode, Kunst, soziale Betätigungen.

Überschwengliches Gefühlsleben, Bequemlichkeit.

Harmonischer Aspekt

Man strahlt viel Freundlichkeit, Wärme, Wohlwollen aus, ist gesellig und hat viele Freunde. Großzügigkeit, Toleranz sind prägnante Charaktereigenschaften. Trotz der Vorliebe für Luxus und Überfluß, teilt man gerne mit anderen.

Kein Hang zu harter Arbeit, man liebt mehr die angenehmen Seiten des Lebens. Die Stärke liegt eher im Einsatz von Taktgefühl und Charme als in harter Durchsetzung. Man fühlt sich zu Partnern hingezogen, die ehrlich sind und verabscheut das Vulgäre, Perverse. Gute Umgangsformen sind ebenso wichtig wie soziale Anerkennung, daher gute Ehepartner, Herzlichkeit, Takt, Anmut, anziehendes Wesen, Formensinn.

Venus/Saturn

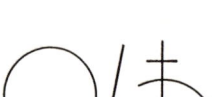

Konjunktion

Man hat Mühe, seine Gefühle zu zeigen; hat oft auch übertriebene Angst, zurückgewiesen zu werden. Erst wenn jemand sehr viel Vertrauen entgegenbringt, kann man sich richtig öffnen. Zurückhaltung, höfliche Formen. Geht man jedoch eine Beziehung ein, erwartet man vollständige Zuwendung; aufgrund der Verletzbarkeit in diesem Bereich können Eifersuchtsgefühle aufkommen.

Entweder lebt man in der Angst, sich schmerzhaft zu binden und unterhält deshalb vielfältige unverbindliche Kontakte, oder man wendet sich einem Partner zu und fordert dann unbedingte Treue. Gute Voraussetzungen, auch dann eine Beziehung aufrechtzuerhalten, wenn sie nicht immer von der leichten Seite gelebt werden kann (Treueaspekt). Im allgemeinen wird das Pflichtgefühl über Herzensneigungen gestellt. In jüngeren Jahren wird man sich vor allem zu älteren Partnern hingezogen fühlen. Das erotisch-emotionale Gleichgewicht wird möglicherweise erst in späteren Jahren erlebt in Form einer reifen und harmonischen Beziehung – oder, indem man seine Liebe zu Schönheit und Harmonie in einer kreativen, der Ästhetik genügenden Tätigkeit zum Ausdruck bringt (Mode, Kunst, Dekoration, Kosmetik).

Spannungsaspekt

Man meint, mehr geben zu müssen, als man zurückerhält, fühlt sich oft zu Kompromissen gezwungen, die man gar nicht eingehen möchte. Bitterkeit und Resignation machen sich breit, wenn die zum Ausdruck gebrachten Gefühle nicht erwidert werden. Häufig scheinen Verbindungen weder Freude noch Glück zu bringen, woraus Enttäuschungen und mangelndes Selbstwertgefühl resultieren. Man fühlt sich unsicher und wenig liebenswert. Hier sollte versucht werden, dem „Du" entgegenzugehen und sich nicht in seinem Elfenbeinturm zu verschanzen.
Triebhemmungen, Eifersucht, Unbefriedigtsein.

Harmonischer Aspekt

Zurückhaltende Gefühlsäußerungen. Bevor man sich engagiert, werden andere Personen gründlich geprüft. Langfristige, stabile Bindungen werden geschätzt und flüchtige Kontakte, die keine dauerhaften Aussichten haben, gemieden. Man spart sich für die richtige Beziehung auf.
In der Partnerwahl spielen materielle und formelle Gründe eine Rolle. Traditionsgebundene Beziehungen – Zurückhaltung, auch Kälte können daraus resultieren, wenn man zu stark einem Idol nachzuleben versucht. Andererseits jedoch auch Fähigkeit, eine Beziehung in schweren Zeiten durchzustehen, gewisse Beschwernisse mit in Kauf zu nehmen.
Berufliche Eignung für Verwaltung von Sach- und Finanzwerten, Bankgewerbe, Versicherungen, Makler, Architektur.

Venus/Uranus

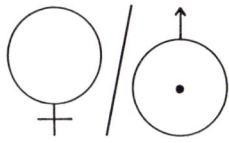

Konjunktion

Eine höchst originelle Persönlichkeit. Man braucht in Verbindungen viel Spielraum und wird allergisch, wenn der Eindruck entsteht, man müßte für etwas dankbar sein. Beziehungen werden von eigenen Regeln bestimmt, werden oft wegen einer plötzlichen Faszination eingegangen mit der Folge, daß später Probleme auftauchen, wenn sich die Routine des Alltags einschleicht.

Räumliche Distanz und zeitliche Unterbrechungen können helfen, eine Beziehung langfristig aufrechtzuerhalten. Sollte die Freiheit allerdings zu sehr eingeschränkt werden, ist man in der Lage, die Beziehungen ebenso plötzlich abzubrechen; sie kann sich allerdings dann in eine gute Kameradschaft verwandeln.

Mode und Innendekoration – auch der Umgang mit Menschen – werden als berufliche Betätigungsfelder wichtig sein.

Spannungsaspekt

Widerspruch der Bedürfnisse nach Bindung und Unabhängigkeit. Man hat Angst, festgelegt zu werden, sucht zwar Gleichgewicht und Harmonie, muß dies aber sofort wieder aufgeben, um nach der nächsten Stufe zu streben. Dies kann dazu führen, daß man in Verbindungen meist das will, was man nicht hat: Ist man allein, wünscht man sich einen Partner; ist man gebunden, sehnt man sich nach Freiheit. Beziehungen werden plötzlich eingegangen aufgrund der Faszination des Partners. Will dieser eigene Wege gehen, drängt sich der starke Wunsch auf, ihn zu binden; engagiert sich der Partner jedoch, wird man unruhig und bangt um seine individuelle Entwicklung – bricht aus. Ausgeprägter Sinn für den Zeitgeist. Wendigkeit und Beweglichkeit: diese Eigenschaften tragen immer wieder dazu bei, das Gleichgewicht zu finden, welches dem momentanen Entwicklungsstand entspricht.

Hobbies: Moderne Kunst, Grafik. – Ästhet. Berufszweige: Werbung, Mode, Film und Fernsehen. Zirkus. – Kreativität!

Harmonischer Aspekt

Man braucht in Beziehungen Spielraum für seine individuelle Entfaltung und wird daher diesbezügliche Einschränkungen langfristig kaum akzeptieren. Man sucht das Faszinierende, Prickelnde. „Normalverbraucher" werden als langweilig empfunden. Kreativität ist auch im Beruf wichtig. Gute Voraussetzungen, um die künstlerische Ader zum Ausdruck zu bringen.

Berufsmöglichkeiten: Grafik, Werbung, Mode, Innenarchitekt.

Starke Erregbarkeit im Liebesleben, affektartige Steigerung der Gefühle. Liebesäußerungen zwischen Überspanntheit und Sentimentalität.

Venus/Neptun

♀/♆

Konjunktion

Fortwährende Suche nach einer Person, die man idealisieren kann. Man sieht den Menschen nicht, wie er tatsächlich ist, sondern wie er sich in der Vorstellung darstellt. Dies bringt immer wieder Enttäuschungen. Große Bereitschaft, sich für andere aufzuopfern.

Neigung zu Mystik und Schwärmerei, wenig Wirklichkeitssinn.

Die Feinfühligkeit und das Bedürfnis nach absoluter Schönheit, perfekter Ästhetik, kann im Bereich der Kunst und Musik ausgelebt werden. Man hat eine feine Antenne für alles Künstlerische, auch wenn man das entsprechende Talent selbst nicht in aktiver Weise zum Ausdruck bringt.

Lachesis D 20, LM 12, LM 18,
Pyrogenium D 30.

Spannungsaspekt

Stimmungsschwankungen, Liebesillusion. Die erotische Phantasie kann unverbindliche Beziehungen aufgrund des Lustprinzips fördern. Die Verbindung von Idealen mit der Realität dürfte Schwierigkeiten bereiten. Man projiziert Idealvorstellungen auf den Partner, was nach dem ersten Verliebtsein zu Enttäuschungen führt. Daher wird man mit der Zeit vorsichtig werden und sich nicht mehr voll engagieren wollen.
Einerseits sucht man sich Partner aus, für die man sich aufopfert, von welchem man aber nicht viel Liebe zurückerwarten kann. Andererseits sucht man Hilflose auf, um sich in dienender Weise aufopfern zu können.
Große Kraft zur Sublimierung. Sehnsüchtiges Suchen nach der harmonischen, heilen Welt kann in die Bereiche der Kunst – Musik – führen. Fähigkeit, sich abzuheben vom Materiellen, Körperlichen, hin zum Geistigen.
Große Verführbarkeit.

Harmonischer Aspekt

Idealisierte, mystische Liebe. Erotik und Liebe gehören zu den subtilsten, feinfühligsten Seiten des Lebens. Man stellt hohe Anforderungen an die Reinheit einer Beziehung. Große Liebesfähigkeit. Man vermag sich in den anderen vollkommen hineinzuversetzen, seine Wünsche zu erraten. Große Sensibilität für alles Schöne – aber auch künstlerische Begabung.

Tendenz zu untätigem Verträumtsein. Genußfreude.

Man wird jedoch immer eine Verfeinerung des Wesens erstreben, getragen von einem Glücksfaktor, der immer Menschen anzieht, die man für seine weitere Entwicklung benötigt.

Venus/Pluto

Konjunktion

Sehr intensiver gefühlsmäßiger Austausch; magnetische Wirkung auf andere, starke Anziehungskraft. Oft kommt jedoch eine Beziehung zustande, die Leiden schafft. Hier gilt es zu erkennen, daß Liebe nicht erzwungen werden kann. Das Bestreben, die eigenen und die Gefühle anderer zu kontrollieren, kostet sehr viel Energie. Sobald dieser Versuch aufgegeben wird, wird diese Energie frei für die eigene Umwandlung.

Spannungsaspekt

Magnetische Wirkung auf andere, intensiver Gefühlsaustausch. Man wird allerdings oft Beziehungen eingehen, welche Leiden schaffen. Zahlreiche Bindungen und Trennungen, eine Kette von Genießen und Leiden – bis man lernt, sich selbst als Mensch zu akzeptieren und das Potential, das man in sich trägt, sinnvoll einsetzt. Daß Liebe nicht erzwungen werden kann, muß gelernt werden.

Übersteigertes Triebleben.

Harmonischer Aspekt

Sehr intensive Gefühle, starkes Engagement für Menschen, die einem wichtig sind. Große Verläßlichkeit. Man sucht echte, tiefe emotionale Kontakte. Findet man diese nicht, sieht man eher von einer Beziehung ab. Man erkennt aber auch geheime, hintergründige Motivationen beim anderen und wird sich daher kaum in seiner Wahl irren.
Treue, Gerechtigkeits- und Wahrheitssuche. Man setzt sich mit Beharrlichkeit dafür ein, Ungerechtigkeiten aufzudecken und zu bereinigen.

Beruflich interessieren soziale Aufgaben.

Außergewöhnliche Anziehungskraft, Zeugungskraft, ausgeprägtes Triebleben.

Venus/Mondknoten

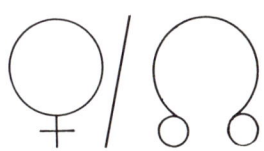

Konjunktion

Liebesverbindungen.

Spannungsaspekt

Mangel an Anpassung, geringes Entgegenkommen.

Harmonischer Aspekt

Sympathisches Wesen, Anpassung, Entgegenkommen.

Mars/Jupiter

Konjunktion

Zielstrebigkeit, Energie, Ehrgeiz, Tatendrang. Man ist enthusiastisch, mutig und scheut auch auftauchende Gefahren nicht. Man ist sicher, seine Vorhaben auch verwirklichen zu können; Niederlagen werden gar nicht erst einkalkuliert. Das feurige Temperament wirkt ansteckend, so daß sich die meisten Menschen begeistern lassen.

Im Beruf nimmt man eine sportive, risikofreudige Haltung ein und ist da auch sehr belastbar. Allerdings muß auch hier eine gewisse Handlungsfreiheit gegeben sein; denn Bevormundung wird schlecht vertragen!

Spannungsaspekt

Ein hohes Energiepotential muß nach außen zum Ausdruck gebracht werden. Tatendrang, Optimismus; eine ständige Spannung, den anderen seine Überlegenheit zeigen zu können. Man neigt leicht zu Übergriffen in die Lebenssphäre anderer. Dadurch auch Probleme mit Vorgesetzten, die sich herausgefordert fühlen und meinen, ihre Stellung verteidigen zu müssen. Die Betroffenen setzen sich meist zur Wehr, was fürs eigene Fortkommen nicht eben förderlich ist.

Tendenz zur Verschwendung, das Konto wird unbedenklich überzogen. Verstärkte Unfallneigung. Exzessive Schlemmereien, verbunden mit nervöser Spannung, können zu Gallen- und Leberleiden führen. Gelingt es, diese Energien zu disziplinieren, werden die innewohnenden gewaltigen Kräfte positiv genutzt werden können.

Harmonischer Aspekt

Energien können auf eine glückliche und harmonische Art eingesetzt werden. Man hat im Bereich seiner Tätigkeit mehr Möglichkeiten als viele andere. Im Leben wird einem vieles leicht gemacht.

In der Partnerschaft wird man seinen Gefühlen und Impulsen freien Lauf lassen wollen; man fühlt sich zu Menschen hingezogen, die offen und ehrlich zu ihren Ideen stehen.

Alle beruflichen Tätigkeiten, die selbständige und treffsichere Entscheidungen verlangen, sind geeignet.

Mars/Saturn

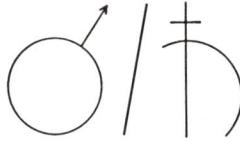

Konjunktion

Es herrscht hier das Empfinden, viel mehr Energie aufwenden zu müssen als andere, um gesteckte Ziele zu erreichen. Die Umwelt, so meint man, bringt Widerstände entgegen. Konflikte und Frustrationssituationen mit Autoritäten, Vorgesetzten.

Beruflich gute Voraussetzungen, um mit großer Energie und Konzentration beharrlich an einer Sache zu arbeiten. Forschung, Landwirtschaft, exaktes Bearbeiten von Materialien; auch militärische Laufbahn.

Nux vomica	D 12, C 100
Acid. formic.	D 12, D 30

Spannungsaspekt

Man hat den Eindruck, daß es einem im Leben schwer gemacht wird und muß, wenn man sich für etwas einsetzt, oft gegen Schuld- und Unzulänglichkeitsgefühle ankämpfen. Die meisten Dinge im Leben gelingen nicht auf Anhieb, alles muß sorgsam und gründlich verrichtet werden. Ist man dazu jedoch bereit, kann der starke Ehrgeiz zu höchsten Leistungen verhelfen.

Im persönlichen Bereich wagt man oft nicht, die belastenden, bedrückenden Dinge zum Ausdruck zu bringen – aus Angst, abgelehnt zu werden. So kann sich Unverdautes aufstauen, welches sich dann in heftigsten Reaktionen entlädt. Daher sollte man nicht alles so tragisch nehmen, auch wenn man sich einmal blamiert. Der berufliche Erfolg kann helfen, die persönlichen Schwächen leichter zu nehmen – vielleicht sogar zu überwinden. Gute Chancen für Berufe, die hartnäckige, langwierige Arbeiten erfordern, oder welche anderen und auch sich selbst Disziplin vermitteln. Sport, Psychotherapie, Militär, Wissenschaft und Forschung.

Nux vomica	D 12, C 100
Acid. formic.	D 12, D 30

Mars/Saturn

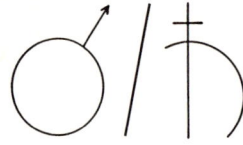

Harmonischer Aspekt

Praktische Lebenseinstellung – man geht in der Arbeit behutsam vor und braucht länger als andere, um eine Arbeit zu verrichten. Daher vertraut man weniger auf das Glück als auf seine Fertigkeit und sein Wissen.

Man denkt, bevor man handelt; ist logischen Einwänden zugänglich, wenn man merkt, daß es einen besseren Weg gibt.

Selbstdisziplin und Geduld ermöglichen es, auch an langfristigen Projekten zu arbeiten.

Das Hauptproblem könnte im Arbeitsbereich die mangelnde Risikobereitschaft sein. Allzugern bewegt man sich im Erprobten. Dies könnte dazu führen, daß manche günstige Gelegenheit verpaßt wird, was auch private Probleme zur Folge haben kann. Man erscheint allzu nüchtern und zu wenig begeisterungsfähig.

Beruflich liegen die besten Möglichkeiten in Bereichen, wo nach genauen Plänen langfristige Vorhaben durchzuführen sind. Wissenschaft und Forschung, auch Handwerk, sind hier gegeben.

Mars/Uranus

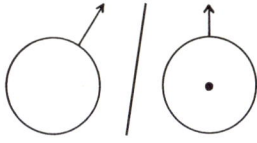

Konjunktion

Handeln nach eigenen Impulsen und Abneigung gegen Bevormundung. Man hat Mühe, sich anzupassen, mit äußeren Zwängen fertig zu werden, ist unkonventionell, erfinderisch und hat immer neue Einfälle.

Im Beruf sucht man Beschäftigungen, welche Gelegenheit bieten, Originalität, Improvisationstalent und Erfindungsgabe zu beweisen. Intensivierung der Sexualität, Vorliebe für das Unerwartete, Faszinierende; impulsive Eroberungslust. Neigung zu Verletzungen.

Rhus tox	D 8, C 30,
Silicea	D 8, C 30,
Ferrum phos.	D 12, C 1000.

Spannungsaspekt

Man sucht Aufregung und Originalität im Leben und bei seiner Tätigkeit. Entweder man lebt diesen Aspekt selbst oder ist als ruhender Pol von solchen Menschen umgeben. Im ersten Fall wird man stets kämpfen müssen, um seine Eigenart durchzusetzen. Ständig befindet man sich in Wettbewerbssituationen und wird durch seine Reizbarkeit oft zu unüberlegten Handlungen hingerissen. Im D-Zug-Tempo möchte man durch die Welt rasen und kann sich nicht damit abfinden, daß die Verwirklichung Zeit und Geduld braucht. Darum herrschen oft Überheblichkeit, Ungeduld, Reizbarkeit. Das Wachstum wird jedoch erst einsetzen, wenn man Selbstkontrolle üben kann. Andernfalls würde die eigene Ruhe durch aufgeregte Personen immer wieder in Frage gestellt.

Man wird sich in einer Tätigkeit bewähren, die Erfindungsgabe und Originalität verlangt: Technik, Elektronik, Psychologie. In der Wirtschaft Kaderposten, welche schnelle, intuitive Entscheidungen verlangen; aber auch Werbung und Außendienst.

Eigensinn, Widerspruchsgeist, Kampfnatur, Gewalttätigkeit.

Rhus tox	D 8, D 12, D 30, C 30,
Silicea	D 8 – D 30
Ferrum phos.	D 12, C 1000.

Mars/Uranus

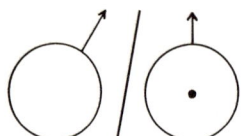

Harmonischer Aspekt

Starkes Bedürfnis, eigene Wege zu gehen. Das Interesse ist voll auf das Leben ausgerichtet. Man lernt eher durch Erfahrung als durch gezielte Aneignung von Schulwissen. Anregungen schöpft man oft aus vorliegenden Situationen und handelt ohne zu zögern. Schwierigkeiten mit der Routine; es kann auch schwerfallen, ein Projekt nach Erlöschen des Interesses zu Ende zu bringen. Man wird vielen Menschen gute Impulse geben; andere werden jedoch die eigenen Ideen in die Praxis umsetzen, die auch dann oft die Früchte der eigenen Arbeit ernten.

Hoher Energiepegel; Schwierigkeiten, seine Ungeduld in Schach zu halten. Am geeignetsten sind Tätigkeiten, die Spontaneität, Originalität und Individualität verlangen. Man ist stärker auf Gegenwart und Zukunft ausgerichtet als auf die Vergangenheit. Man wird sich immer dort bewähren, wo es darum geht, neue Wege zu gehen – mit der Vergangenheit zu brechen.

Forschungs- und Entwicklungsarbeiten, Technik, Elektronik, Psychologie. Hier fühlt man sich motiviert und kann Hervorragendes leisten.

Störungen im Tätigkeitsrhythmus, Muskelzucken, Schreibkrampf, Schielen.

Außergewöhnliche Energie, die plötzlich eingesetzt wird. Sich nicht beruhigen können, rasche Entschlossenheit, Mut.

Mars/Neptun

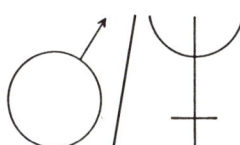

Konjunktion

Ich-Behauptung und Ich-Durchsetzung sind in einem Spannungs-verhältnis zur Dimension des Entgrenzenden, Ideellen. Dieser Aspekt verleiht einem Mann verführerische Qualitäten (Filmstars); sein Bedürfnis zu verführen ist sehr intensiv, weil er zutiefst an seiner sexuellen Kraft zweifelt. Bei der Frau bedeutet es Ange-sprochensein von Männern, welche diese verführerischen Quali-täten besitzen. Sexuelle Phantasien und Projektionen sind stark ausgeprägt. Bereitschaft zum Abenteuer bei beiden Geschlech-tern.

Die niedere Manifestation ist Haltlosigkeit, die höhere helfende Berufe: Psychotherapeut, Arzt, Krankenschwester oder künstleri-sche Berufe (Bühne, Film).

Lachesis	D 20, LM 12, LM 18
Causticum	D 12, C 30

Spannungsaspekt

Hier stehen Ich-Behauptung und Ich-Durchsetzung im Span-nungsverhältnis zum Ideellen, Entgrenzenden. Das Bedürfnis zu verführen ist groß und die diesbezüglichen Qualitäten sind ähn-lich denen, wie schon beim Konjunktionsaspekt beschrieben. Liebesillusionen, Neigung zu Abenteuern, sexuelle Ausschwei-fung. Man kann mit diesem Aspekt zum tätigen Idealisten, zum praktischen Visionär – oder zum Träumer, der, von Illusionen be-rauscht, den Bezug zur Wirklichkeit verliert – neigen.

Berufe: Krankenschwester, Psychotherapeut, Arzt, auch im musi-schen Bereich (Film, Fernsehen etc.).

Lachesis	D 20, LM 12, LM 18
Causticum	D 12, C 30

Harmonischer Aspekt

Durchsetzungskraft paart sich mit Feinfühligkeit. Man ist nicht so aktiv, wie man sein möchte – eher ein Idealist – und neigt bei un-günstigen Situationen dazu abzuwarten, bis die Umstände sich gebessert haben. Man hat Mühe, mit Menschen zusammenzuar-beiten, die nur auf ihren eigenen Vorteil bedacht sind. Sensibilität und Einbildungskraft befähigen dazu, auf vorhandenes Material oder Partner einzugehen und sich deren Gegebenheiten anzu-passen.
Gute Befähigung zum Psychotherapeuten, Pädagogen, auch für Kunst und Musik. Man braucht in der Arbeit das Gefühl von Wei-te, von großen Horizonten und hat Schwierigkeiten, mit den Ag-gressionen anderer fertig zu werden, muß sich allerdings auch hüten, ins Schlepptau stärkerer Persönlichkeiten zu geraten, die sich um jeden Preis durchsetzen wollen.

Mars/Pluto

Konjunktion

Das Handeln ist ursprünglich, stark, und von unbewußten, instinktiven Seelenschichten beeinflußt. Dies zeigt sich in Reaktionen, die einem selbst wie auch der Umwelt unverständlich sind.
Es handelt sich hier um eine geballte Kraft, für die überpersönliche und soziale Ventile eingebaut werden sollten, damit sie sich nicht selbstzerstörerisch manifestiert. Der wesentliche Wachstumsprozeß setzt dann ein, wenn man bereit ist, auf eine Haltung zu verzichten, die vom Bestreben nach Macht und Kontrolle beherrscht ist. Dies gilt auch auf sexuellem Gebiet.

Agaricus
Latrodect. mact.

Spannungsaspekt

Ein starker Wille zur Selbstdurchsetzung wird immer wieder durch Autoritätspersonen gebremst. Unersättliches Bedürfnis nach Gerechtigkeit. Man wird vom „heiligen Fieber" ergriffen beim Empfinden von Ungerechtigkeit. Um über sich selbst hinauszuwachsen, sucht man heroische Vorbilder. Beim Versuch jedoch, den Weg abzukürzen („Der Zweck heiligt die Mittel"), wird man immer wieder Schiffbruch erleiden. Die Umwelt duldet nicht, daß soziale Spielregeln verletzt werden.
Neigung zu Machtmißbrauch!
In einem sozialen Engagement für Gerechtigkeit und Humanität könnte man sein starkes Geltungsbedürfnis verwirklichen, ohne sich selbst und anderen zu schaden. In diesem Bereich bestünde die Möglichkeit, als „Naturkraft" in Erscheinung zu treten, die Welt um sich herum wesentlich zu verändern und Leistungen zu erbringen, die dem Durchschnitt versagt bleiben.

Agaricus
Latrodect. mact.

Harmonischer Aspekt

Viel Energie und Beharrlichkeit beim Verfolgen von Zielen. Ist eine Sache begonnen, gibt man auch trotz vieler Widerstände nicht auf. Man hat Selbstvertrauen und erscheint anderen als starke Persönlichkeit, da man deren geheime Motivationen leicht durchschaut.
Geduldig versucht man, andere zu überzeugen, begnügt sich aber nicht mit oberflächlichen Erklärungen und Antworten. Aufkommende Probleme werden von Grund auf gelöst.
Beste Chancen zur Selbstverwirklichung im Bereich sozialer, organisatorischer oder therapeutischer Aufgaben.
Große Kraft, robuste Gesundheit und die Fähigkeit, im Leben Veränderungen vorzunehmen, wo dies nötig erscheint. Man schöpft aus einem beträchtlichen Kraftreservoir.

Mars/Mondknoten

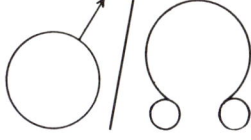

Konjunktion

Mangel an Anpassung, Streitsucht.

Spannungsaspekt

Disharmonische Zusammenarbeit, Streitsucht, Mangel an Kameradschaftlichkeit.

Harmonischer Aspekt

Kameradschaftlichkeit – gern mit anderen zusammenarbeiten, soziale Einstellung.

Jupiter/Saturn

Konjunktion

Man will im Leben nicht in Routine erstarren, sondern steuert auf künftige Ziele zu, hat starke Ambitionen, die gesteckten Ziele zu verwirklichen. Erfolge müssen erkämpft, und ein gutes Maß an Trägheit – sowohl bei sich selbst als auch in der Außenwelt – muß überwunden werden.

Visionen von dem, was man sein möchte, wie ein großzügigeres Leben aussehen könnte, aber auch Möglichkeiten, diese Visionen zu verwirklichen. Selbstdisziplin wird hierzu allerdings notwendig sein. Andernfalls besteht die Gefahr, in pessimistischen Phasen am grauen Alltag zu verzweifeln. Die Aufgabe besteht darin, Realität und Idealität in Einklang zu bringen. Dies kann nur durch Arbeit geschehen.

Zähes und ausdauerndes Verfolgen der Ziele, die man kaum aus dem Auge läßt. Unnötige Risiken werden kaum eingegangen, viel eher baut man seinen Erfolg auf den vorhandenen Gegebenheiten auf. Gute Anlagen für Berufe, welche Zukunftsglaube, Optimismus und Respekt für gesellschaftliche Strukturen erfordern, auch für Zweige der Nationalökonomie, Erziehung oder Management.

Jupiter/Saturn

Spannungsaspekt

Mangelndes Selbstwertgefühl. Man legt in erster Linie Wert auf Sicherheit. Weitreichende Pläne werden meist ad acta gelegt. Andererseits aber auch Fähigkeit zum Kämpfer, der die individuelle Freiheit zum Durchbruch bringen will. Unzufriedenheit; die materiellen Einschränkungen des Alltags verleiten dazu, Grenzen aufzusuchen, evtl. sogar Gesetze zu übertreten. Heftige Reaktionen, wenn Widerstände auftauchen.

Man wird sich mit dem Aufbau eines gesunden Selbstwertgefühls beschäftigen müssen in geschäftlicher wie auch privater Hinsicht. Ansonsten wird man immer wieder Zurücksetzungen hinnehmen müssen. Gelingt dies, können höchste Zielsetzungen realisiert werden. Man kann – aufbauend auf die Tradition – einer Vision großzügigerer künftiger Lebensformen zum Erfolg verhelfen.

Harmonischer Aspekt

Man verbindet Fortschritt mit Verläßlichkeit, kann – auf Bestehendem aufbauend – neue Gedanken und Konzepte entwickeln. Große Geduld und Bereitschaft, hart zu arbeiten, um lohnende Ziele zu erreichen. Kalkulierbare Risiken geht man ein, ist optimistisch. Vorsicht aber auch Mut zeigen sich, wenn es um wesentliche Dinge geht.

Berufe in Bereichen der Nationalökonomie, Jura, Pädagogik, Management – dort, wo in sozialem Rahmen konstruktive Beiträge zu leisten sind, wird man bevorzugen.

Jupiter/Uranus

♃/♅

Konjunktion

Das Denken ist auf die Zukunft ausgerichtet. Gute Fähigkeiten, um individuelle Talente zu entwickeln. Zukunftsglaube und ein individueller Auftrag sind wichtig. Sind Risikobereitschaft und Mut vorhanden zu Unternehmungen, die ihrer Zeit voraus sind, wie z. B. technische Neuerungen, Erfindungen, Entwicklung neuer Methoden etc., kann man mit einer glücklichen Hand rechnen. Auch ist die Fähigkeit vorhanden, Marktlücken aufzuspüren. Man trägt quasi die Visionen des Neuen in sich.

Um einen eigenen Denkstil zu entwicklen, muß man sich schon früh das nötige Wissen aneignen. Dadurch wird die Möglichkeit geschaffen, Intuitionen besser zum Ausdruck zu bringen.

Berufliche Möglichkeiten in den Bereichen der Politik, Erziehung und Wirtschaft. Das Interesse für soziale Fragen oder wirtschaftliche Reformen wird angespornt von der Suche nach Gesellschaftsformen, welche der menschlichen Freiheit mehr Spielraum lassen.

Spannungsaspekt

Nonkonformistische, rebellische Einstellung; man hat Mühe mit den Maßstäben der Gesellschaft und sucht ständig neue Philosophien und Ideale, oft nur, um sich von der Masse abzuheben. Vielfach Begabungen – früh hervortretend – welche die Umwelt in Erstaunen versetzen. Um seine Ideen zu Ende führen zu können, wird man sich in Mäßigung üben müssen. Glänzende Gaben, um im Leben Besonderes, Originelles zu leisten. Dieser Aspekt weist in die Zukunft; Altes, Überholtes wird man ohne Trauer hinter sich lassen. Man haftet nicht an vergangenen Sicherheiten.

Neigung zu Übertreibungen, Unbeständigkeit, Taktlosigkeit.

Harmonischer Aspekt

Zukunftsorientierter Optimismus – man strebt nach vorne und ist in der Lage, Gelegenheiten zu erkennen und zu nutzen, welche andere Menschen gar nicht erst wahrnehmen oder davor zurückschrecken. Man ist erfinderisch; Optimismus und Glück helfen bei der Verwirklichung neuer Ideen.

Gute Intuitionen mit Blickrichtung auf die Zukunft befähigen zum geschäftstüchtigen Unternehmer mit erfolgreichen Werbemethoden. Aber auch der Erzieher, der die Jugend mitzureißen vermag, wäre eine gute Möglichkeit zur Verwirklichung. Man ist kein Einzelgänger, sondern sucht vielmehr das Angehen großzügiger Ziele zusammen mit anderen.

Gute Intuition, Organisation, Blick für das Neue, Umsicht, Weitblick, weltanschauliche Interessen.

Jupiter/Neptun

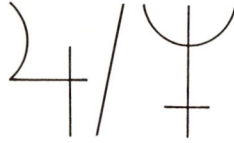

Konjunktion

Neigung zur Träumerei, Phantasterei, zu einer Welt der Illusion, welche schöner ist als die Realität. Man verliert selbst unter widrigen Umständen seinen Glauben nicht. Viel Menschenliebe und Idealismus. Im mystischen und religiösen Bereich wird das Ego zugunsten transzendentaler Erfahrungen zurückgelassen. Man hat eine feine Antenne für kosmische Zusammenhänge und selbstlose Liebe.

Große Herzensgüte und Offenheit für alles Menschliche.

Spannungsaspekt

Idealwelt und konkrete Wirklichkeit können nur schwer in Einklang gebracht werden. Oft ist man verträumt, naiv, flüchtet gern in eine Phantasiewelt. Man neigt zu übertriebenem Optimismus, kalkuliert Risiken zu wenig ein und fällt daher leicht Selbsttäuschungen zum Opfer oder wird enttäuscht. Die konkrete Wirklichkeit sollte daher akzeptiert werden, dann können Idealismus und Optimismus zu unerwarteten Leistungen beflügeln. Ohne geistige Orientierung wird dies allerdings kaum möglich sein. Man sollte sich auf einige wenige Ziele beschränken, damit diese auch realisiert werden können.

Harmonischer Aspekt

Gute Ansätze, um sich mit Psychologie und Grenzwissenschaften auseinanderzusetzen, das Leben durch Inspiration reich und fruchtbar zu gestalten. Frühe Beschäftigung mit Religion und Philosophie. Traumwelt und Transzendenz spielen eine große Rolle, müssen aber nicht unbedingt in Konflikt mit der praktischen Existenzbewältigung stehen. Ein gutes Gespür ermöglicht es in vielen Fällen bzw. Situationen, traumsicher Erfolge zu erlangen. Gute Menschenkenntnis und natürliche Großzügigkeit ermöglichen es, die Motive anderer ausfindig zu machen. Als Optimist kann man für die Umwelt erstaunlich spielerisch mit den Realitäten umgehen. Man haftet weniger an den materiellen Erscheinungen, vertraut einfach dem gutgesinnten Schicksal. Dieser Aspekt ermöglicht oft einen geistigen Weg zu beschreiten, ohne ständig mit materiellen Forderungen ringen zu müssen.

Jupiter/Pluto

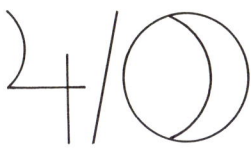

Konjunktion

Enormes Bedürfnis, das Leben voll auszukosten und etwas Bedeutungsvolles zu erreichen. Glänzende Voraussetzungen, um im Leben machtvoll voranzukommen, wenn man es versteht, mit anderen zusammenzuarbeiten.

Das gewaltige Kraftpotential ermöglicht es, über den Durchschnitt hinauszuragen und ambitiöse Ziele zu verwirklichen.

Berufe: Recht, Medizin, Psychologie oder auch unternehmerische Aufgaben in der Wirtschaft.

Spannungsaspekt

Ehrgeizige Ziele, Autoritätsansprüche. Man erwartet viel von anderen, ohne jedoch selbst Opfer bringen zu wollen und neigt dazu, über seine Verhältnisse zu leben. Man ist der Meinung, daß einem eine Sonderbehandlung zustünde. Dies bringt Probleme mit anderen, insbesondere Autoritätspersonen, mit sich. Große Unternehmungen, welche überragende Gewinne versprechen, reizen besonders. Man stürzt sich in riskante Abenteuer, welche auch Gesetzeskonflikte mit sich bringen können. Erfolg ist aber erst dann zu erwarten, wenn man die Realität einzuschätzen gelernt hat. Man hüte sich vor Illusionen. Das geballte Kräftepotential benötigt Ventile, d. h. Wirkungsmöglichkeiten im großen. Um hier Erfolg zu haben, wird man sich aber mit den elementaren Regeln des Umgangs mit Menschen oder mit dem Gesetz beschäftigen müssen.

Harmonischer Aspekt

Hohe Ideale, man will sich für etwas einsetzen, das langfristig als lohnend und richtig erscheint, ist jedoch nicht nur auf den eigenen Vorteil bedacht, sondern auch am Wohl der anderen interessiert. Die optimistische und überzeugte Haltung zieht andere in den Bann, mit denen man auch gut zusammenarbeiten kann. Bei Ungerechtigkeiten setzt man sich rückhaltlos für andere ein. Alles, was mit Recht und Gerechtigkeit zu tun hat, fasziniert. Man muß jedoch versuchen, in diesem Bereich nicht zu fanatisch zu sein, darf auch nicht von den eigenen Vorstellungen von Gut und Böse ausgehen.

Gute Anlagen eines Reformers, der mit Optimismus neue Lösungen durchzusetzen versteht; guter Sinn für die Strukturen einer Gesellschaft; Erkennen der geheimen Motive anderer Personen.

Befähigung zu Aufgaben, die auf eine Wirkung im großen hinzielen. – Management, Jura, Medizin.

Glänzende Organisationsgabe, die Masse führen wollen, Sinn für religiöse oder soziale Erneuerung.

Jupiter/Mondknoten

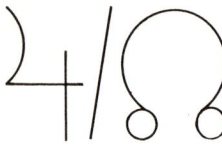

Konjunktion

Kameradschaft, Geselligkeit.

Spannungsaspekt

Anderen gegenüber den eigenen Vorteil im Auge haben, unkameradschaftliches Verhalten.

Harmonischer Aspekt

Harmonisches Verhältnis zu anderen Personen, Anpassungsfähigkeit, Entgegenkommen, Taktgefühl.

Saturn/Uranus

ħ / ⛢

Konjunktion

Starke innere Spannungen: man fühlt sich hin und her gerissen zwischen dem Wunsch nach sozialer Integration und dem Bedürfnis, neue, unbetretene Wege zu gehen. Das macht oft unruhig und reizbar, da man nicht weiß, ob man vorangehen kann oder sich anpassen muß. Allzulanges Anpassen verursacht innere Spannungen, welche sich in plötzlichen, unverständlichen Reaktionen entladen können. Wenn eine Situation überholt ist, werden immer wieder sprunghafte, plötzliche Veränderungen herbeigeführt; es gibt hier kein Erstarren in der Routine. Meist gibt man dem unkonventionellen Weg den Vorzug.
Befähigung zum Reformer, der neue Wege aufzeigt, ohne daß sich die Umwelt diesen Plänen entgegenstellt. Allerdings ist auch wichtig zu lernen, wann Zurückhaltung geübt werden muß bzw. wann man vorwärts gehen kann.
Tuberkulinum D 30, D 200
Ignatia   LM 6 – LM 100
Nat. mur.   D 12, C 1 000

Spannungsaspekt

Es sind harte Konflikte auszutragen zwischen Tradition und moderner Lebensgestaltung, zwischen Individualität und Elternhaus, zwischen Vergangenheit und Zukunft. Man weiß nicht immer, woher man die Richtlinien für sein Handeln nehmen soll. Einerseits möchte man alles auf den Kopf stellen, auf der anderen Seite besteht die Angst, sich dadurch zu isolieren. Einengende Beziehungen werden plötzlich abgebrochen; man will das Begrenzende hinter sich lassen, ist aber trotzdem unzufrieden, weil man mit der neuen Freiheit nichts anzufangen weiß und hat Schwierigkeiten, sich selbst zu leben – das zu tun, was man eigentlich will. Schwierigkeiten auch mit Autoritätspersonen. Man sollte mehr Disziplin und Verantwortung für sich selbst übernehmen, dann werden diese nicht von außen aufgezwungen.

Harmonischer Aspekt

Fähigkeit, zwischen Tradition und Fortschritt, alten Erfahrungen und neuen Wegen zu vermitteln. Klares abstrahierendes Denken mit Neigung zu prägnanten Formeln. Man wird in der Arbeitssphäre oder im täglichen Leben öfters nützliche Reformen durchführen und hat auch die nötige Ausdauer, um sie erfolgreich zu Ende zu bringen.
Man versteht es, Autorität und Pflichterfüllung mit seinem Anspruch auf persönliche Freiheit zu verbinden, ist lernbereit, setzt aber trotzdem auch seine eigene Kreativität ein. Man geht Schritt für Schritt, läßt kein Detail unberücksichtigt. Gute Voraussetzung für technische Berufe. Bei der Durchführung neuer Pläne steht man immer mit beiden Beinen auf dem Boden und verläßt sich auf ein genau ausgearbeitetes Programm.
Jeder Lage gewachsen sein, Willenskraft, Entschlossenheit, Ausdauer.

Saturn/Neptun

Konjunktion

Dieser Aspekt deutet auf eine Vermischung von konkreter und Idealwelt – Realität und Traum hin. Diese beiden Gebiete sollten nicht verwechselt werden; das Ideal muß als langfristiges Ziel, die Auseinandersetzung mit der praktischen Welt als unmittelbare Aufgabe angesehen werden.

Nimmt die Verhaftung im Materiellen überhand, wird sich das neptunische Prinzip als Täuschung und Betrug einschleichen. Bei positiver Bewältigung werden Phantasie und Einfühlungsvermögen in andere vorhanden sein, besonders dann, wenn die Energie in den Dienst einer höheren Sache gestellt wird. Dann wird man traumsicher jeglichen Versuch der Unehrlichkeit bei anderen aufspüren. Parallel dazu hat man dichterische, künstlerische Fähigkeiten und ist in der Lage, neben Stimmungen aus dem Unbewußten auch Inhalte seiner Epoche zum Ausdruck zu bringen.

Gekoppelt mit Selbstdisziplin sind die Möglichkeiten in geistiger Hinsicht groß. Wichtig ist dabei der tiefere Glaube an den Sinn seiner Existenz.

Sepia   LM 6 – LM 100
Lycopodium D 30 – D 200
Selenium D 12 – C 30

Spannungsaspekt

Traumwelt und Realität können schwer miteinander in Einklang gebracht werden. Ängste und latente Schuldgefühle. Man soll Inspiration und Ideale nicht aufgeben, sie aber mit der konkreten Wirklichkeit konfrontieren. Man muß Illusion und Realität jeweils den gebührenden Platz zuweisen, ohne sie miteinander zu vermischen.

Stimmungswechsel, Mißtrauen, Unbefriedigtsein, Unsicherheit.

Harmonischer Aspekt

Verbindung von Phantasie und Eingebung mit Sinn für Realitäten. Man möchte menschliche und gesellschaftliche Ziele realisieren, ihnen zum Durchbruch verhelfen. Gute Voraussetzungen, um seine Aufmerksamkeit auch in undurchsichtigen Situationen auf das Wesentliche zu lenken, da man aufgrund der Fähigkeit, die verborgenen Motive anderer zu durchschauen, eine gute Ganzheitsschau besitzt. Daher auch Befähigung für unternehmerische, künstlerische oder philosophische Berufe. Vertrauliche Informationen kann man für sich behalten. Durch große Selbstbeherrschung auch Qualifikation zum Berater von Menschen in gehobener Position. Die Eigenschaft, sich in der Zurückgezogenheit wohl zu fühlen und aus dem Verborgenen zu wirken, befähigt auch zur Tätigkeit in Untergrundorganisationen und im Geheimdienst.

Die gesellschaftlichen Engagements mögen das Eingehen persönlicher Bindungen verzögern. In der Partnerschaft wird es wichtig sein, daß der Partner diese Anschauung teilt.

Saturn/Pluto

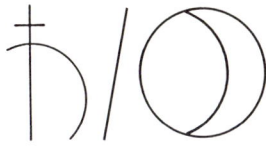

Konjunktion

Die innere Zufriedenheit hängt davon ab, ob man die Aufgaben, die durch die Konjunktion (auch in ihrer Häuserstellung) ange- zeigt sind, aktiv angeht oder ob man versucht, dieser Aufforde- rung aus dem Wege zu gehen. Man wird sich in den Belangen dieser Konstellation zunächst ungeschickt erleben, doch muß ge- rade hier versucht werden, die Schwierigkeiten zu meistern. Gute Voraussetzungen, um Macht und Autorität zu erlangen. Durch In- tegrität und Gerechtigkeitssinn dürfte der Weg zu Vertrauensposi- tionen geebnet sein.

Agaricus
Latrodect. mact.

Spannungsaspekt

Es besteht die Gefahr, eine Haltung einzunehmen, die verhindert, nötige Veränderungen zuzulassen. Situationen, welche eine Her- ausforderung bedeuten, versucht man zu meiden. Mangelnde Of- fenheit, Kälte, Reserviertheit. Man sollte sich dem Rat anderer Menschen öffnen. Kontrolle kostet viel Energie und weist andere ab.

Hartherzigkeit, Strenge, an gefaßten Grundsätzen fanatisch fest- halten.

Harmonischer Aspekt

Starke Selbstkontrolle; Gefühle werden beherrscht. Bei Schwie- rigkeiten ist man in der Lage, ruhig zu reagieren ohne den Kopf zu verlieren. Man bekommt Verantwortung übertragen, die man auch ohne Schwierigkeit übernehmen kann. Man sucht nicht das Un- mögliche sondern hat immer Kontakt mit der Realität. Ein wesent- licher, wichtiger Faktor des Erfolges ist Sicherheit. Man verläßt sich mehr auf seine Leistung als auf das Glück.

Wegen der hohen Anforderungen, die man an sich selbst und an die Umwelt stellt, wirkt man etwas streng und unzugänglich.

Saturn/Mondknoten

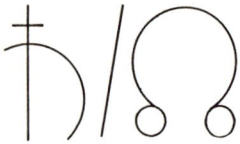

Konjunktion

Sich durch andere Personen bedrückt fühlen. Hemmungen im Verkehr mit anderen.

Spannungsaspekt

Mangel an Anpassung, sehr schwer mit anderen Menschen zusammenarbeiten, sich in Gegenwart anderer gehemmt fühlen.

Harmonischer Aspekt

Sich besonders zu älteren Personen hingezogen fühlen. Verbindung mit reiferen, erfahrenen Menschen suchen.

Uranus/Neptun

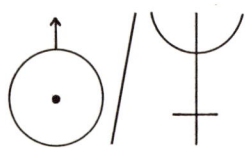

Konjunktion

Die letzte Konjunktion fand zwischen 1821 und 1824 statt. Sie wird sich erst 1992 – 1994 wieder ergeben. Dieser Aspekt dürfte dann eine ganz neue Haltung in bezug auf Idealismus und soziale Fragen bringen. Die betroffene Generation dürfte rein materialistische Erklärungsmodelle überwinden und eine ganzheitliche Philosophie entwickeln, die religiöse und wissenschaftliche Erkenntnisse gleichsam berücksichtigt. Denken und Intuition werden stark entwickelt und auch mit der religiösen Erfahrung des einzelnen verbunden sein.

Spannungsaspekt

Eine Opposition fand das letzte Mal zwischen 1906 und 1910 statt: ein Quadrat 1953 – 1956. Diese Generation fühlt ihre materielle Sicherheit erschüttert; man sucht ein System, das Sicherheit vermittelt. Kreative Konfliktlösungen werden angestrebt, in welchen jeder seine schöpferischen Kräfte einsetzen kann.

Harmonischer Aspekt

Das Trigon trat 1939 – 1943 auf, ein Sextil das letzte Mal 1966 – 1968. Es entstehen neue Ordnungssysteme mit starker suggestiver Wirkung auf die Masse (1939).

Positiv gelebt bedeutet dieser Aspekt, daß sich eine neue Ordnung durchsetzt, die der Menschheit dient und eine Verbrüderung anstrebt. Die Aufgabe dieser Generation ist es, dazu beizutragen, daß sich diese Konstellation positiv auswirken kann, indem sie verhindert, daß sich der technische Fortschritt gegen die Menschen und das System gegen Liebe und Zuwendung zueinander richten.

Uranus/Pluto

Konjunktion

Letzte Konjunktion: 1963 – 1968. Menschen, die eine revolutionäre Wirkung auf ihre Umwelt haben werden. Großes Bedürfnis nach Freiheit. Um diese – oder eine vermeintliche Form davon – zu erlangen, werden alle Kräfte eingesetzt.

In erster Linie will man selbst sein und seinen Weg unabhängig – wenn nötig auch gegen den Willen der Eltern – durchsetzen. Gegenpositionen werden vor allem dann bezogen, wenn die Eltern Werten nachhängen, die nicht mehr glaubhaft sind. Diese Generation wird, sobald sie erwachsen ist, zu tiefgreifenden Veränderungen in unserer Gesellschaft beitragen.

Spannungsaspekt

Opposition 1900 – 1904, Quadratur 1930 – 1935. Die zur Jahrhundertwende Geborenen trugen viel dazu bei, daß um 1900 viele Werte des 19. Jahrhunderts in Frage gestellt wurden (Dadaismus, Relativitätstheorie, Expressionismus etc.).

Uranus und Pluto stellen an das kosmische Bewußtsein große Anforderungen. Ist man nicht bereit, für seine Freiheit zu kämpfen und überträgt man die Verantwortung auf andere, sind Katastrophen kollektiven Ausmaßes unausweichlich.

Latrodect. mact.	D 12, LM 30
Hyoscyamus	
Platinum	D 12, C 1000
Agaricus	D 12, LM 30

Harmonischer Aspekt

Trigon 1920 – 1923, Sextil 1943 – 1945. Das Trigon war typisch für die Ausbreitung der Technik und der individuellen Psychologie. Beides hat unser Leben gravierend verändert. 1943 – 1945: das durch Machtmißbrauch verursachte Chaos konnte in dieser Zeit wieder zur demokratischen Ordnung zurückgeführt werden. Das Sextil wird 1994 – 1996 nochmals auftreten. Man kann hier von Fähigkeiten sprechen, die mit dem Zeitgeist zusammenhängen, um Änderungen auf kreative Weise herbeizuführen. Reformen werden durchgeführt, die eine individuelle Verwirklichung ermöglichen. Wertmaßstäbe und alteingesessene Anschauungen werden relativ mühelos geändert.

Uranus/Mondknoten

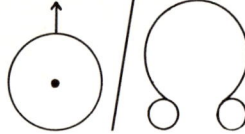

Konjunktion

Unruhiges, aufgeregtes Zusammenleben, Familienzwist.

Spannungsaspekt

Unruhiges Wesen, nervöse Erregbarkeit in Gegenwart anderer.

Harmonischer Aspekt

Lebhaftes und bewegliches Wesen in Gemeinschaft mit anderen Personen, Abwechslung – auch in Gemeinschaft mit anderen.

Neptun/Pluto

Spannungsaspekt

Hier lauern Gefahren durch Naturgewalten, Hang zu Genußgiften, Besessenheit, Selbstquälerei und -täuschung.
Man verfolgt gerne Illusionen. Enttäuschungen bleiben daher nicht aus. Eigenartige Gemütszustände.

Harmonischer Aspekt

Seit Mitte 1940 herrscht ein Sextil, das fast 100 Jahre andauern wird. Es bedeutet, daß Dinge an die Oberfläche befördert werden sollen, die von der Wissenschaft bisher nicht erfaßt werden konnten und nur durch Identifikation mit Liebe zu verstehen und zu verarbeiten sind.
Die negative Manifestation wäre eine Beeinflussung der Massen zugunsten verborgener Machtansprüche. Sie stellt eine wichtige Etappe in der Menschheitsentwicklung dar, in der alles Schädliche verbannt wird und die Menschheit kosmische Kraftströme aufnimmt, welche auf dem Prinzip der Liebe beruhen.

Neptun/Mondknoten

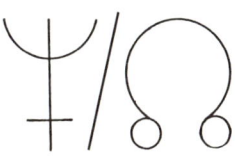

Konjunktion

Schlafstörungen, keine Spannkraft.

Spannungsaspekt

Mangel an Gemeinschaftssinn, andere ausnutzen und täuschen.

Harmonischer Aspekt

Eigenartiges Verhalten in einer Gemeinschaft, nicht immer verläßlich sein.

Pluto/Mondknoten

Konjunktion

Schicksalsverbindungen, karmische Verkettung.

Spannungsaspekt

Die Verbindung mit anderen Menschen als Belastung empfinden, unter dem Einfluß anderer sich beengt fühlen, darunter leiden.

Harmonischer Aspekt

Die Verbindung mit vielen Menschen suchen, bekannt werden wollen, Einfluß ausüben wollen.

Homöopathische Zuordnungen mit simultanen Akupunkturpunkten.

Stellen wir jetzt die gefundenen Mittel von Sonne und Planeten zusammen, ergibt sich eine gestraffte Auswahl von Konstitutionsmitteln. Auch haben wir einen Gesamtüberblick über Psyche und Verhaltensschemen unseres Patienten.

Sie werden überrascht sein, wie der Patient Ihre Definitionen immer wieder bekräftigt und bestätigt: „Ja, so bin ich wirklich." Er wird sich und seine Handlungsweise besser verstehen: seine Mißerfolge werden ihm bewußt, viel Aufgestautes und Verdrängtes wird er verarbeiten und manches Lebensproblem jetzt einer Lösung zuführen können. Dabei werden ihn unsere Mittel und eine eventuelle Akupunkturbehandlung wirkungsvoll unterstützen.

Wir werden feststellen, daß sich einige der gefundenen Mittel häufen: Dieses Mittel wird zuerst eingesetzt, die übrigen folgen nach ihrer Wichtigkeit; einige Mittel werden ausscheiden, da sich oft negative und positive Konstellationen aufheben, und wo wir noch unklar sind, machen wir einen Medikamententest.

Unsere kosmobiologische Untersuchung verschafft uns – nach der BFD-Untersuchung, die uns die organischen und energetischen Defekte aufzeigt – den tiefen Einblick in das seelische Gefüge unseres Patienten. Durch das Aufzeigen seiner Nöte und Spannungen können wir jetzt über das Gespräch zu einer wirklichen Heilung kommen. Unsere Therapie und unsere Mittel sind eins geworden, um dem Menschen zu helfen, in seiner kosmischen Situation – seiner Bestimmung gemäß – seinen Weg in Gesundheit und in Einsicht seiner Begabungen und Möglichkeiten zu gehen.

Die Sinnfindung eines Lebens aus dem Geburtshoroskop.

Das Prinzip der Tierkreiszeichen entspricht den Grundzügen unseres Charakters.

Das Häusersystem entspricht den äußeren Geschehnissen und unserer Stellung in der Umwelt.

Die Planeten zeigen uns die Art unseres Einsatzes an.

Die Aspekte, die Art, wie wir Probleme angehen, sie zu lösen oder ihnen auszuweichen versuchen.

Diese vier Kriterien haben starke Beziehungen zueinander, die Qualitäten ähneln sich sozusagen. Im folgenden sind diese Beziehungen aufgezeigt.

Die Sterne machen geneigt, aber sie zwingen nicht.

Die angezeigten Parameter und psychologischen Entsprechungen wollen das Individuum nicht fatalistisch festlegen: „Das Schicksal hat mich so gewollt, ich muß mein Kreuz eben tragen, oder meine Um- und Mitwelt hat mich so hinzunehmen wie ich bin, denn meine Eigenschaften und mein Lebensweg wurden mir schon in die Wiege gelegt."

Das Gegenteil ist der Fall!

Das Horoskop zeigt mir die Art meiner Prüfungen, meiner Spannungen und auch meine Talente auf. An mir liegt es jetzt, diese Prüfungen mehr oder weniger gut zu absolvieren und meine Talente weiterzuentwickeln.

Leben ist Entwicklung, und so will auch das Horoskop verstanden sein. Im folgenden sind die Entwicklungsschritte und Ziele aufgezeigt, die die Zeichen, Häuser und Planeten fordern. Die Aspekte zeigen uns Lösungsmöglichkeiten auf, wie wir unsere Probleme angehen können, um positive Resultate für unsere Entwicklung zu erzielen.

Wenn wir uns auf den Weg begeben, werden wir durch die Zeichen, Konstellationen und Aspekte der Planeten zur Sinnfindung für unser Leben kommen.

Widder ♈

Widder ♈
Aufbruch
In welchen Bereichen engagiere ich mich tätig? Wo und wie setze ich meine Energie ein? (Haus, Planet.)

Vom ungerichteten, ziellosen Aufbrechen zum planenden Pioniergeist.

I. Haus = Ascendent
Persönlichkeit
Welche Stellung nehme ich in meiner Um- und Mitwelt ein, wo finde ich Anerkennung? Wie sieht mich meine Umwelt? (Zeichen, Planet.)

Vom Kult des Egos, zur Entwicklung einer selbstverantwortlichen Persönlichkeit.

Mars ♂
Handeln
Nach welchem Prinzip werde ich tätig? In welchen Sektoren? (Haus, Zeichen.)

Entwicklungsziel

Vom Söldner und Krieger zum geistigen Kämpfer, der für selbstgewählte Ziele und Ideale kämpft, um die Welt positiv zu verändern.

Quadrat □
Auseinandersetzung
Zwischen welchen Prinzipien? Wo gilt es, meine Kräfte einzusetzen? Welche Spannungen sind in meinem Leben? (Planeten, Zeichen.)

Vom unbewußten, animalischen Kampf ums Dasein, zum bewußten Lösen karmischer Verstrickungen durch tätige Auseinandersetzung mit ihnen.

Sinnfindung

Der Widder ist das Zeichen des Neubeginns. **Lerne, mit den Erfordernissen Deiner Zeit fertigzuwerden.** Der Mars ist das Zeichen des Kriegers. Sein Kampf gilt immer dem begrenzenden Ich. Sein Wille wird durch die Tat gestärkt, doch der geistige Krieger bleibt frei in bezug auf den Ausgang, und weiß immer, daß er nicht mehr tun kann, als sich selbst im Weg zu stehen und den Willen des Himmels durch sich fließen zu lassen. Mars enthält auch die Energie der Unterscheidung, die es uns ermöglicht, das Alte, Tote, Irrige auszuscheiden. Er bringt auch das Wissen, daß das Universum immer den ersten Zug tut. Mars ist das maskuline, das aktive Prinzip. Der Drang zur Eroberung ist hier vorherrschend, besonders zur Eroberung des Selbst, welches ein lebenslanges Unterfangen ist.

Gewahrsein, Zielstrebigkeit und die Bereitschaft, Dich Gottes Weg zu unterwerfen, werden Dich zum Sieg führen im Kampf des Höheren Selbst mit Deinem niederen Selbst.

Vom Bewußtsein des Egos, über die Entwicklung der bewußten Persönlichkeit, zum Bewußtsein seines karmischen Auftrags zu gelangen, heißt die Aufforderung Aufbruch. Seine Stellung und Aufgabe im Kosmos zu erkennen, kosmisches Bewußtsein zu erlangen, um im Kampf mit der Materie Gottes Werkzeug zu sein, zu seiner ständig stattfindenden Schöpfung, ist die Sinngebung dieses Prinzips.

Stier ♉

Stier ♉	II. Haus	Venus ♀	Sextil ⚹
Sicherung	**Besitz**	**Fühlen**	**Harmonie**
Was gilt es zu sichern? (Haus.)	Welche Art von Besitz ist wichtig für mein Leben? (Zeichen, Planet.)	Wovon wird meine Gefühlsphäre angeregt und angesprochen? (Zeichen, Haus.)	Wo finde ich Harmonie und Ausgleich? (Zeichen, Planet.)

Entwicklungsziel

Von der Sicherung materieller Güter für sich selbst zum Sorgen und Vorsorgen für die Gemeinschaft.	Vom Besitzenwollen und Festhalten (Geiz) zum Öffnen seines Besitzes für die Bedürftigen.	Vom sexuellen Lustprinzip zum Fühlen und liebevollen Erfahren und Erfassen des Geschlechtspartners. „Erkenntnis durch Liebe".	Vom harmonischen Empfinden und Genießen zur Entwicklung der eigenen harmonischen Persönlichkeit und Ausstrahlung.

Sinnfindung

Das Zeichen Stier verlangt von Dir eine tiefe Erforschung der Bedeutung von Profit und Gewinn in Deinem Leben. Finde sorgfältig heraus, ob es wirklich Vermögen und Besitz ist, was Du für Dein Wohlsein brauchst, oder eher Selbstdisziplin und ein starker Wille, die andere Seite dieses Zeichens. Ein weiterer Aspekt ist die Konservierung dessen, was bereits gewonnen ist. Verlangt sind Wachsamkeit und dauernde Aufmerksamkeit, besonders in glücklichen Zeiten, denn in diesen stürzen wir uns am leichtesten in unseren Erfolg oder werden rücksichtslos in anderer Hinsicht.

Genieße Dein Glück und vergiß nicht, es zu teilen; das Kennzeichen eines wohlgenährten Höheren Selbst ist seine Fähigkeit, auch andere zu nähren.

Venus ist der fruchttragende Zweig. Du hast in gewisser Weise zu Dir selbst gefunden. Der Wandel, der nötig war, liegt hinter Dir, und Du kannst frei seinen Segen empfangen, sei es materieller oder emotionaler Gewinn oder ein erhöhtes Wohlbefinden. Venus ist das Zeichen der Wiederherstellung der harmonischen Verbindung des begrenzenden Ichs mit dem höheren Selbst. Harmonie bringt neue Energie mit sich, Energie, die vorher blockiert war. Licht durchdringt die Wolken und berührt das Wasser, wo Schönheit aus der Tiefe emporsteigt: Die Seele ist von innen durchstrahlt an der Stelle, wo sich Himmel und Erde berühren, wo alle Wasser zusammenfließen.

Zwillinge ♊

Zwillinge ♊
Kontaktbereitschaft
Womit will ich in Kontakt kommen?
(Haus.)

Vom Amüsement, dem unkontrollierten Kontaktieren zum Ausbau geistig wertvoller Begegnungen.

III. Haus
Begegnungen
Wo finden meine Begegnungen statt? (Zeichen.)
Wie engagiere ich mich? (Planet.)

Vom ziellosen Umherflattern zur gezielten, bewußten Kontaktnahme, um positive Ideen zum Durchbruch zu verhelfen.

Merkur ☿
Denken
Wohin wenden sich meine Gedanken? (Haus.)
Welches Gebiet versuche ich gedanklich zu erfassen und zu durchdringen? (Zeichen.)

Entwicklungsziel

Von der Ich-bezogenen „Schlauheit" und dem Erkennen und Nutzen eigener Vorteile zur Erfahrung des Heils für die gesamte Menschheit.

Sinnfindung

Konjunktion ♂
Vereinen
Welche Prinzipien kann ich vereinen, verstehe ich „sowohl als auch?" (Planeten.)

Vom versplitterten Vertreten mehrerer Thesen zur dialektischen Verarbeitung: „These – Antithese – Synthese".

Ich will Erkenntnisse sammeln und will reden über die Dinge, und von allem in der Welt, was zwei Seiten hat. Ich will erkennen das Gute und Böse, den Tag und die Nacht, das Oben und das Unten, das Wesen der polaren Elemente will ich begreifen, um am Ende meiner Reise die große Wiedervereinigung zu erleben.
Meine Reise ist die Reise der Seele, in meinem innersten Empfinden will ich die Annäherung von oben und unten erfahren. Und ich will Deinen Willen wollen. Mein Thema ist das Wissen, und meine Tugend das Fragen. Und so will ich immer fragen, was rechtes Handeln ist; fragen durch das Gebet, ich frage mein eigenes Wissen, das Wissen meines Körpers, meiner Zellen, mein höheres Selbst, und ich frage meinen Wächter in mir.
Ich lerne zu warten, und die Reise meiner Seele geht in Richtung Selbstveränderung, Selbstheilung und Einheit. Ich habe meine Reise begonnen und gehe meinen Weg weiter und weiter.

Krebs ♋

Krebs ♋

Empfängnis und Wachstum
Was möchte ich hegen und pflegen? (Haus, Planet.)

Von der Introversion, von der Abkapselung in und mit der Familie zum Verströmen der vor- und fürsorgenden Kräfte für die Gemeinschaft.

IV. Haus

Traditionelle Bindungen
Wo bin ich verwurzelt, wo habe ich meine Heimat? (Zeichen.)

Entwicklungsziel

Vom Begrenzen und Abkapseln in der Heimat und der Tradition zum Öffnen derselben für den Fremden. Bewahren und Hort werden für den Heimatsuchenden, Gastfreundschaft geben dem Fremden.

Mond ☽

Seele, Empfinden
Welche Seelenkräfte sind in meinem Leben bestimmend? Wo liegt das Entwicklungsziel meiner Seele? (Zeichen, Sektor.)

Vom einfachen Leben und Erleben animalischer und unbewußter Instinkte und Inhalte zum Bewußtmachen der unbewußten Kräfte in mir. Bewußtmachen meines seelischen Entwicklungszieles und bewußte Ansteuerung und Erfüllung dieses Ziels.

Sinnfindung

Die Attribute des Mondes sind Wasser, Flüssigsein, Ebbe und Flut der Gezeiten und Emotionen, Karrieren und Beziehungen. Der Mond erfüllt unser Bedürfnis, tief in das Erlebnis einzutauchen, zu leben, ohne zu werten oder verstehen zu müssen. Er spricht den Wunsch nach Trost und Befriedigung unserer emotionalen Bedürfnisse an, einer Neubesinnung und Neuordnung. Als ein Symbol tiefen Wissens und Verstehens fordert er Dich auf, Hochgeistiges zu studieren, um bereit zu werden zur Selbsttransformation.

Der Schlüssel zum Erfolg liegt in der Kontaktaufnahme mit Deinem intuitiven Wissen, in der Einstimmung auf Deine inneren Rhythmen.

Löwe ♌

Löwe ♌	V. Haus	Sonne ☉
Repräsentation	**Kreativität**	**Wesenskern**

Löwe ♌

Repräsentation

Was sind meine Stärken, wo bin ich in der Lage, Menschen zu führen? (Haus, Planet.)

Von der äußerlichen Repräsentation durch Kleidung, Schmuck, Luxus zum Repräsentieren innerer Werte wie Großmut, Generosität. Vom Machtgebrauch zum wissenden und verantwortlichen Führen anderer Menschen.

V. Haus

Kreativität

Wo setze ich mich kreativ ein, welche Prinzipien lebe ich aktiv, was erwartet die Gesellschaft von mir? (Zeichen, Planet.)

Vom Suchen des leichten Glücks im Spiel, im Flirt, in der Liebe zum bewußten Wahrnehmen der eigenen kreativen Kräfte und Einsatz derselben, um bewußt schneller zu seinem Ziel zu gelangen. Das Einsetzen unbewußter Kräfte mit dem Ziel, höhere Erkenntnis zu erlangen.

Sonne ☉

Wesenskern

Welche Seite meines Wesens tritt nach außen hervor, mit welchen Eigenschaften will ich in der Gesellschaft hervortreten? (Zeichen, Haus.)

Vom Zur-Schau-stellen seiner Stärken zum bewußten Dienstbarmachen derselben für die Allgemeinheit.

Entwicklungsziel

Sinnfindung

Eine korrekte Beziehung zu Deinem Selbst ist wesentlich. Daraus fließen alle weiteren möglichen korrekten Beziehungen zu anderen und zum Göttlichen.

Bleibe bescheiden, ganz gleich, wie groß Dein Verdienst sein mag, sei hingebungs- und maßvoll. Sei in der Welt, aber nicht von der Welt. Sei nicht verschlossen, eng oder urteilend. Bleibe empfänglich für Impulse, die aus dem Göttlichen im Inneren und Äußeren kommen.

Trachte danach, das gewöhnliche Leben auf ungewöhnliche Weise zu leben. Erkenne Dich selbst!

Jungfrau ♍

Jungfrau ♍	Merkur ☿	Konjunktion ♂
Ordnung	**Denken**	**Vereinen**
Wo schaffe ich Ordnung, werde ich als Organisator benötigt? (Haus.)	Welches Gebiet muß ich gedanklich erfassen und organisieren? Wo setze ich meine analytischen Fähigkeiten ein? (Zeichen, Haus.)	Wo gelingt es mir, zu einer Synthese zu finden? Welche Prinzipien muß ich durchleuchten, um sie zur Einheit zu verschmelzen? (Planeten, Zeichen.)

VI. Haus	
Dienen	
Was ist mein Brotberuf? Wo muß ich mich unterordnen, in welcher Weise muß ich in diesem Leben dienen? (Zeichen, Planet.)	

Entwicklungsziel

Von der Pedanterie zum Erkennen des Notwendigen. Schaffen von Systemen, die der Ordnung dienen, ohne den Menschen in seiner Freizügigkeit zu beschränken.	Erkennen seines Auftrages im Dienst an der Menschheit. Annehmen und Erfüllen dieses Auftrages.	Das Erkennen und Auffinden von Widersprüchen. Die Möglichkeiten des „Sowohl-als-auch"-Prinzips aufzeigen und Wege entdecken, beide – wenn auch entgegengesetzte – Wahrheiten anzunehmen.

	Ich verwende meine Fähigkeit, Zusammenhänge und Dinge zu durchschauen, nicht, um andere zu kritisieren, sarkastisch herabzusetzen, sondern um ihnen zu helfen, ihre Fehler und Schwächen zu überwinden.	

Sinnfindung

Die Suche nach Klarheit und Reinheit entwickelt in uns Verhaltensweisen, die zu Spannungssituationen in unserem Leben führen. Geduld ist es, was dieses Zeichen fordert. Keine Hektik, kein Tun oder Gieren nach einem gewünschten Resultat, sondern eher eine Wartezeit ist dieses Leben: daß sich der Brunnen mit Wasser füllt oder die Frucht an den Halmen reift. Das Zeichen Jungfrau versinnbildlicht darum auch die Ernte. Ausdauer und Voraussicht sind gefördert; Konsequenzen vor der Tat vorauszusehen, ist das Merkmal gründlicher Menschen. Lerne daher, voraussehbare Schwierigkeiten durch rechtes Tun zu vermeiden.

Wenn unsere Entscheidung klar ist, wird unser Dienen mühelos, denn dann unterstützt das Universum unser Tun.

Durch Unannehmlichkeiten und Beschwerden wird Dein Wachstum gefördert, es mag eine Zeit der Prüfungen sein, sei klar, erkenne und erledige die anstehenden Arbeiten und bringe Dein Haus in Ordnung.

Waage ♎

Waage ♎	VII. Haus	Venus ♀	Sextil ⚹
Ausgleich	**Partnerschaft**	**Fühlen**	**Harmonie**
Wie erziele ich den Ausgleich? (Planet.) Wo gilt es ausgleichend zu wirken? (Sektor.)	Wie gestaltet sich meine Partnerbeziehung? (Zeichen, Planet.)	Nach welchen Prinzipien gestalte ich meine Beziehung zum Du? (Zeichen, Haus.)	Welche Prinzipien gilt es, harmonisch zu verbinden? (Planet, Zeichen.)

Entwicklungsziel

Vom diplomatischen Lavieren zum bewußten Ausgleich des scheinbar Unvereinbaren. Das Erkennen von Zusammenhängen des scheinbar Gegensätzlichen.	Vom Besitzenwollen des anderen zum Dienen am Partner; diesen nicht als Stärkung des eigenen Egos benutzen, sondern in ihm die Ergänzung sehen.	Vom Genußstreben zum Streben nach Harmonie. Vom Begehren zum Mitfühlen mit dem Du.	Vom Streben nach Harmonie durch das Ego, zur Harmonie mit dem Du.

Sinnfindung

Wahre Partnerschaft kann nur aus zwei selbständigen, heilen Wesen bestehen, die ihre Eigenständigkeit auch in der Einheit und Vereinigung noch bewahren.

Auch Gott geht nur gleichberechtigte Partnerschaften ein. Es gilt, in diesem Leben für Dich und andere zum Ausgleich, zur Harmonie zu finden in Gleichberechtigung und Anerkennung sowohl des anderen als auch Deines eigenen hohen Selbstes.

Skorpion ♏

Skorpion ♏	VIII. Haus	Pluto ♇	Nicht aspektiert
Selbstbehauptung	**Krisen, Stirb- u. Werdeprozesse**	**Transformation**	**Spannungsherrscher**
Wo gilt es in diesem Leben, mich durchzusetzen; wie und wo muß ich kämpfen?	Lebenswende, der Schritt zum Geistigen muß hier vollzogen werden.	Wo gilt es, Altes, Überwundenes zu beseitigen, um neuem Bewußtsein zum Durchbruch zu verhelfen?	Wo liegt mein eigentliches Problem; womit werde ich immer wieder konfrontiert?
(Haus, Planet.)	(Midlife-Crisis). Wo wirkt sich die Krise aus?	(Zeichen, Haus.)	(Zeichen, Haus.)
	(Zeichen, Planet.)		

Entwicklungsziel

Vom Söldner zum geistigen Krieger. Vom Kämpfen um den eigenen Vorteil zum Kampf gegen Ungerechtigkeit und Unterdrückung.	Vom passiven Erleiden der Krisis zum bewußten Annehmen derselben. Die Lebenswende bewußt vollziehen.	Vom leidvollen Nachtrauern über verlorengegangene Sicherheiten zum bewußten Loslassen.	Vom Nichtverstehen der Schwierigkeiten und Prüfungen im Leben zum Begreifen des Schicksals als Reifungs- und Entwicklungsprozeß.

Sinnfindung

Es ist wichtig die Zeit zu erkennen, wo sich die Wege trennen. Die alte Haut muß abgelegt werden, überholte Beziehungen abgelegt werden. Dein Gewinn, Dein Erbe erwächst immer aus dem, was Du aufzugeben bereit bist. Prüfe, was aufzugeben Du aufgefordert wirst – vielleicht das, was Du als Dein Geburtsrecht betrachtest oder Deine Verhaftung an Deine gesellschaftliche Stellung, Deinen Besitz, Deine Arbeit oder sogar Deine Glaubensvorstellungen über das, was Dein Wesen ist.

Die geforderte Trennung, das Sterben Deines alten Egos, wird Dir die Freiheit bringen, wirklicher das zu werden, was Du eigentlich bist.

Schütze ♐

Schütze ♐
Zielsetzung
Ich werfe mein Ziel voraus. Wo finde ich den Anker für meine geistige Entwicklung, und wie komme ich dahin? (Haus, Planet.)

IX. Haus
Geistige Entwicklung
Welches Prinzip gilt es, geistig zu entwickeln? Wohin geht meine Lebensreise? (Zeichen.)

Jupiter ♃
Expansion
Wo finde ich Erfüllung, wo liegen meine Erfolge? (Zeichen, Haus.)

Trigon △
Entfaltung
Trigone verbinden immer gleiche Elemente miteinander. In welchem Element kann ich mich am besten entfalten? (Zeichen.) (Welche Häuser sind tangiert?)

Entwicklungsziel

Vom lustvollen Reisen zu Neuen, Unbekannten, zum bewußten Suchen höherer Erkenntnis.

Vom sinnlichen Erfassen der Welt zur geistigen Erkenntnis durch Studium, Meditation.

Vom materiellen Glücks- und Erfolgsstreben zur Lebenserfüllung durch Großmut und geistigen Reichtum.

Vom Zielstreben nach fremden Leitbildern zur Besinnung auf mein inneres Wesen und Erfüllung meiner eigenen Wesensart.

Sinnfindung

Du entwickelst Dich über zahlreiche Veränderungen und Wandlungen hin.
Auch Ideen und Beziehungen müssen sich ständigen Veränderungen unterwerfen, um Wachstum und Leben zu behalten. Dies erfordert persönliche moralische Bemühungen und ausdauernde Standhaftigkeit.

„Wenn Du Deine Natur pflegst, folgt alles andere nach."

Wenn Du weit genug gelangt bist, um eine gewisse Sicherheit zu empfinden in Deiner Position, ist es Zeit, sich wieder umzuwenden und der neuen Zukunft entgegenzusehen mit neuer Sicherheit und der Bereitschaft, das Gute, was kommt, zu teilen.

Steinbock ♑

Steinbock ♑ **Selbstbeschränkung**	X. Haus **Berufung**	Saturn ♄ **Konzentration**	Opposition ♂ **Begrenzung**
Wo liegen meine Beschränkungen? Wo finde ich meinen sicheren Rückhalt? (Haus, Planet.)	Was ist meine wirkliche Berufung? Wo finde ich mein Lebensziel? (Zeichen.)	Wo sind meine Belastungen (Prüfungen)? Welche Pflichten habe ich auf mich zu nehmen? (Zeichen, Haus.)	Welchen Widerständen gilt es entgegenzutreten? Wo werde ich in diesem Leben gefordert? Wie sehen die Spannungen aus, denen ich ausgesetzt bin? (Planeten, Zeichen und Häuser der Opposition.)

Entwicklungsziel

Vom Eigenbrötlertum zur sinnvollen Askese und Meditation. Vom materiellen Besitzenwollen, Geiz und Habsucht zum Horten geistigen Besitzes.	Vom bloßen Strebertum zum bewußten Verfolgen seines Lebensziels. Vom „Karrieremachen" zum bewußten Ansteuern seiner Berufung.	Vom leidvollen Ertragen der Erschwernisse des Lebens zum bewußten Auf-sich-nehmen der Prüfungen. Vom stoischen Ertragen eines Übels zum bewußten Überwinden desselben und Erkennen des dahinterliegenden tieferen Sinns für eine Entwicklung.	Den Kampf mit den Widrigkeiten des Lebens erkennen als Chance, sich zu entwickeln. Spannung nicht als Belastung ansehen, sondern als Aufforderung zur Arbeit an sich selbst.

Sinnfindung

Das Saturn/Steinbock-Prinzip mag Dir wie der Winter des geistigen Lebens vorkommen. Du bist machtlos, irgend etwas anderes zu tun als Dich zu beugen, zu übergeben, auf lange gehegte Wünsche zu verzichten. Sei geduldig: Dies ist die Phase der Passivität, die einer Wiedergeburt vorausgeht.

Versuche herauszufinden, was es ist, woran Du festhältst – und lasse es los. Gebe, löse und läutere das Alte fort.

Saturn verlangt ein Opfer des Persönlichen, des Ichs. Gib nach und werde still, denn was Du erlebst, ist nicht unbedingt die Folge Deiner Taten und Gewohnheiten, sondern der Umstände der Zeit und des Kosmos, gegen die Du nichts tun kannst. Was voll gewesen ist, muß leer werden, was zugenommen hat, muß wieder abnehmen. Sich zu fügen, heißt Mut und Weisheit zu beweisen.

In Deiner Isolation heißt es jetzt, achtzugeben und nicht stur zu versuchen, den eigenen Willen durchzusetzen. Denke daran, daß der Same des Neuen schon in der Schale des Alten steckt, der Same des noch nicht verwirklichten Möglichen. Habe Vertrauen, und achte auf die Boten des Frühlings.

Wassermann ♒

Wassermann ♒	Uranus ☉	XI. Haus	Halbsextil ⚹

Zukunftsorientierung

In welchen Bereichen bin ich Reformer, Vorausdenker? (Haus, Planet.)

Inspiration

Meine Eingebungen beziehen sich auf welches Thema? In welchen Bereichen kann ich meine Inspiration am besten einsetzen? (Zeichen, Haus.)

Gesellschaftsbeziehungen

Unter welchen Aspekten suche ich meine Freundschaftsbeziehungen, in welchen Bereichen muß ich mich sozial betätigen? (Zeichen.)

Flexibilität

Welche Gebiete vermag ich mühelos zu verbinden; welche Prinzipien zu einer Synthese zu vereinen? (Zeichen, Planeten.)

Entwicklungsziel

Vom planlosen Neuerer zum bewußten Verwirklicher der Zukunft. Vom lustvollen Verändern zum sinnvollen Reformieren.

Vom technischen Manipulieren der Materie zum geistigen Durchdringen derselben mit dem Ziel, die Zukunft mit der kosmischen Sinngebung herbeizuführen. Vom trickreichen Bastler zum Kanal für den göttlichen Funken werden.

Vom Hanswurst, der allen gefällig sein will, vom Gaukler, der durch seine Kunststücke imponieren will, zum echten Freund und Kameraden.

Vom Lavieren und Manipulieren zum Finden der Synthese, verschiedener Bereiche und Wertstellungen.

Sinnfindung

Dein Schlüsselwort ist Empfangen – Botschaften, Signale, Eingebungen. Wenn Du heiliges Wissen empfängst, bist Du wahrhaft gesegnet. Neues Leben beginnt mit neuen Verbindungen, mit überraschenden Verknüpfungen, die uns auf neue Wege leiten. Gib Dir Mühe bei Treffen und zufälligen Begegnungen – vor allem mit Menschen, die weiser sind als Du selbst – besonders aufmerksam und bewußt zu sein. Wassermann ist auch der Listenreiche, der Gaukler, „ein spöttischer Schatten des Schöpfergottes", eine androgyne Gestalt, der Bewahrer des Schlüssels zum Wissen. Uranus als erhöhtes Prinzip des Merkurs, vermittelt als Götterbote Botschaften unter den Göttern und zwischen Göttern und Menschen.

Uranus symbolisiert den Drang, unbewußten Antrieb mit bewußter Erkenntnis zu vereinbaren. Er sagt Dir: Verbindung mit dem Göttlichen ist nahe.

Uranus ist ein Anruf zur Erforschung der Tiefen, der spirituellen Grundlagen des Lebens und zum Erfahren der unerschöpflichen Quelle des Göttlichen in Dir selbst. Du wirst erinnert, daß Du selbst zuerst diese Quelle anzapfen und Dich davon nähren mußt. Dann wird mehr als genug da sein, um auch andere zu nähren.

Fische ♓

<table>
<tr><td>

Fische ♓
Opferbereitschaft, Hingabe

Wo werden von mir Opfer abverlangt? In welchen Bereichen wird von mir Hingabe und Duldsamkeit gefordert?
(Haus, Planet.)

Vom haltlosen Treibenlassen, vom widerstandslosen „Sichfügen" in alle Beschwernisse zum bewußten tätigen und sinnvollen Opfer, um Not abzuwenden und das Not-wendige herbeizuführen.

</td><td>

XII. Haus
Belastungen

Wie sehen meine Belastungen aus? In welchen Bereichen muß ich mich fügen, nachgeben?
(Zeichen, Planet.)

Vom stoischen Ertragen aller Beschwernisse und Nöte dieses Lebens zum bewußten Hinterfragen der erschwerten Situation:
„Schmerz, was willst Du mir sagen?" „Not, was soll ich in mir, in meinem Leben bewirken, verändern?"

</td><td>

Neptun ♆
Intuition

In welchen Bereichen bin ich für kosmische Inhalte besonders geöffnet?
Wo bin ich gefährdet durch allzugroße Sensibilität und Durchlässigkeit?
(Zeichen, Haus.)

Vom rauschhaften Hingeben an Schwingungen und Strömungen der Grenzbereiche, an das Okkulte, zum medialen Öffnen für mystische Bereiche. Vom Ausforschen niederer Geistesebenen zum Empfangen von Gottesbotschaften.

</td><td>

Quinkunx ⚻
Illusion

Was sind meine Träume?
Wo mache ich mir etwas vor?
Was ist meine Lebenslüge?
(Planeten, Zeichen.)

Vom Luftschlösserbauen, vom Ausweichen vor der Realität in die Welt des Traumes, zum bewußten Träumen des Möglichen.
Von der Flucht in die Droge zum positiven Erträumen der Zukunft. Vom nebulosen Phantasieren zum Setzen von konkreten Denkimpulssen in meine Zukunft.

</td></tr>
</table>

Entwicklungsziel

Sinnfindung

Veränderung, Freiheit und Behutsamkeit sind die Attribute des Fischezeichens. Es weist Dich auf das Bedürfnis in Deiner Seele hin, Dich zu befreien von der beengenden Identifikation mit der Wirklichkeit, um die Welt des mystischen Denkens zu erleben. Es ist das Zeichen von Geschehnissen, die gänzlich außerhalb Deiner Kontrolle liegen können. Wenn Du in dieses Zeichen eintrittst kannst Du mit der Auflösung aller Deiner Pläne rechnen. Vielleicht wirst Du das Gefühl haben, allmählich zu Dir zu kommen, wie nach einem langen Schlaf. Die innere Kraft, die Du erlangt hast, ist Deine Stütze und leitet dich in einer Zeit, da alles, was Du als selbstverständlich genommen hast, herausgefordert wird.
Neptun weist auf das hin, was jenseits unserer schwachen Einflußmöglichkeiten liegt. Tief-innere transformatorische Kräfte sind hier am wirken, doch was zu erreichen ist, ist nicht immer leicht oder wird bereitwillig mitgeteilt.
Neptun bezieht sich auf die tiefste Schicht Deines Seins. Wenn es nottut, lasse alles los, ohne Ausnahme.

Das Mittel zum Heilwerden ist ein tiefes Geheimnis. Nichts Geringeres als die Erneuerung Deines Geistes steht auf dem Spiel.

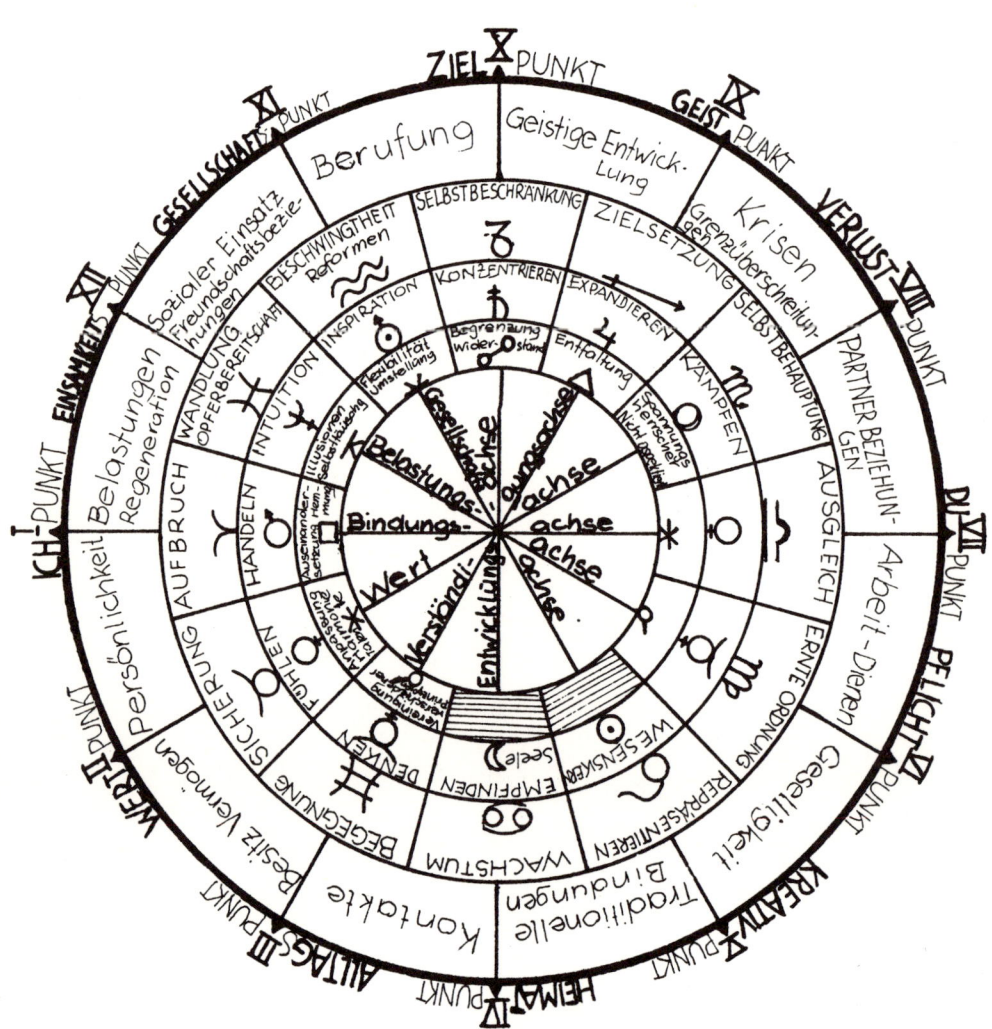

194

Die Bestimmung des Alterspunktes

Am Aszendenten beginnend, ordnen wir jedem Haus 6 Lebensjahre zu. Die Gradzahl des betreffenden Hauses teilen wir entsprechend durch 6 und haben so die Einteilung der Lebensjahre.

Indem wir jetzt – vom Aszendenten ausgehend – die Lebensjahre der betreffenden Person entgegen dem Uhrzeigersinn weiterzählen, können wir ihren Alterspunkt sowie jeden beliebigen Zeitpunkt in der Vergangenheit und in der Zukunft des Horoskopeigners betrachten.

Deutungen erfahren wir durch das Tierkreiszeichen, in dem sich der Alterspunkt befindet; durch das Haus, durch Planeten, die sich am Punkt oder im Zeichen des Punktes befinden, und über Aspekte, die die Planeten auf den Alterspunkt werfen. Wir können Aussagen machen über Belastungen und wie lange sie noch anhalten werden. Wir sehen, wann der Alterspunkt auf den Talpunkt des betreffenden Hauses wandert und wann welche Lebenskrise zu erwarten ist.

Neben dem Alterspunkt bestimmen wir noch den Talpunkt und den Invertpunkt.

Auf der Zeichnung sehen wir, daß die Ereigniskurve in den einzelnen Häusern nicht gleichmäßig als Kreisabschnitt, sondern als Parabel dargestellt ist. Die Kurve wird errechnet nach dem goldenen Schnitt. Von der Häuserspitze führt sie sanft ins Tal. Diese Zeit unseres sechsjährigen Zyklus läuft sozusagen von selbst, vieles fügt sich unseren Wünschen, und das Glück ist uns geneigt. Sind wir in der Parabel am kurzen Schenkel des goldenen Schnitts angekommen, haben wir den Invertpunkt erreicht. Das Geschehen ist indifferent geworden; wir haben weder besonderes Glück, noch erscheint uns unser Leben besonders schwierig. Jetzt geht die Kurve weiter ins Tal, und am langen Schenkel des goldenen Schnitts haben wir unseren Talpunkt erreicht. Das heißt, hier scheinen die Ereignisse zu stocken, Widrigkeiten treten in unser Leben, wir empfinden diesen Punkt krisenhaft, und tatsächlich erleben wir in diesen Altersabschnitten jeweils unsere spezielle Lebenskrise, wie auf der nächsten Abbildung dargestellt. Vom Talpunkt ausgehend erleben wir das Geschehen als mühsam, bis wir wieder die Häuserspitze erreicht haben und der Zyklus von neuem beginnt.

Es ist auch von Wichtigkeit, in welchem Abschnitt diese Zyklen zu unseren Planeten stehen. Stehen sie an der Häuserspitze, kommen wir mit dem Prinzip, das sie verkörpern, „gut heraus", wir kommen gut an und verwirklichen uns nach außen. Steht der Planet am Invertpunkt, erleben wir ihn als indifferent, steht er am Talpunkt, so kommen wir mit diesem Prinzip nicht nach außen. Wir können uns nicht in der Öffentlichkeit verwirklichen, sondern müssen das Prinzip verinnerlichen. Wir erlangen innere Reife, haben jedoch nach außen hin weniger Erfolg.

Da die Häuser verschieden groß sind, muß für jedes Haus, wie oben angeführt, der Invert- und Talpunkt gesondert errechnet werden.

Die Tabelle auf Seite 199 erleichtert die Bestimmung der Punkte.

Wir finden in der Mitte der Tabelle die möglichen Hausgrößen, links davon die Angabe wieviel Grade, Minuten und Sekunden der Alterspunkt pro Monat und Jahr fortschreitet. Rechts von der Hausgröße steht die Gradzahl des Tal- und Invertpunktes. Wir müssen jedoch darauf achten, daß wir nicht einfach die angegebene Gradzahl eintragen können, sondern die angeführten Zahlen werden von der Häuserspitze aus gezählt, nicht vom Beginn des Tierkreiszeichens! Sodann zeichnen wir die gefundenen Punkte in unser Radixhoroskop ein.

Diese Punkte können wir auch bei Transiten beachten, also wenn ein Planet gerade über unseren Alters- oder Talpunkt geht, verspüren wir die besondere Qualität dieses Durchgangs. Natürlich ebenso, wenn er Aspekte zu diesem Punkt bildet.

AP-TP-IP-Tabelle

AP-WANDERUNG

Pro Monat		Pro Jahr		Haus-Größe	Tal-punkt			Invert-punkt		
'	"	°	'	°	°	'	"	°	'	"
9	10	1	50	11	6	47	54	4	12	6
10	0	2	0	12	7	24	59	4	35	1
10	50	2	10	13	8	2	4	4	57	56
11	40	2	20	14	8	39	9	5	20	51
12	30	2	30	15	9	16	14	5	43	46
13	20	2	40	16	9	53	19	6	6	41
14	10	2	50	17	10	30	24	6	29	36
15	0	3	0	18	11	7	29	6	52	31
15	50	3	10	19	11	44	34	7	15	26
16	40	3	20	**20**	12	21	38	7	38	22
17	30	3	30	21	12	58	43	8	1	17
18	20	3	40	22	13	35	48	8	24	12
19	10	3	50	23	14	12	53	8	47	7
20	0	4	0	24	14	49	58	9	10	2
20	50	4	10	25	15	27	3	9	32	57
21	40	4	20	25	16	4	8	9	55	52
22	30	4	30	27	16	41	13	10	18	47
23	20	4	40	28	17	18	18	10	41	42
24	10	4	50	29	17	55	23	11	4	37
25	0	5	0	**30**	18	32	28	11	27	32
25	50	5	10	31	19	9	33	11	50	27
26	40	5	20	32	19	46	38	12	13	22
27	30	5	30	33	20	23	42	12	36	18
28	20	5	40	34	21	0	47	12	59	13
29	10	5	50	35	21	37	52	13	22	8
30	0	6	0	36	22	14	57	13	45	3
30	50	6	10	37	22	52	2	14	7	58
31	40	6	20	38	23	29	7	14	30	53
32	30	6	30	39	24	6	12	14	53	48
33	20	6	40	**40**	24	43	17	15	16	43
34	10	6	50	41	25	20	22	15	39	38

AP-WANDERUNG

Pro Monat		Pro Jahr		Haus-Größe	Tal-punkt			Invert-punkt		
'	"	°	'	°	°	'	"	°	'	"
35	0	7	0	42	25	57	27	16	2	33
35	50	7	10	43	26	34	32	16	25	28
36	40	7	20	44	27	11	37	16	48	23
37	30	7	30	45	27	48	42	17	11	18
38	20	7	40	46	28	25	46	17	34	14
39	10	7	50	47	29	2	51	17	57	9
40	0	8	0	48	29	39	56	18	20	4
40	50	8	10	49	30	17	1	18	42	59
41	40	8	20	**50**	30	54	6	19	5	54
42	30	8	30	51	31	31	11	19	28	49
43	20	87	40	52	32	8	16	19	51	44
44	10	8	50	53	32	45	21	20	14	39
45	0	9	0	54	33	22	26	20	37	34
45	50	9	10	55	33	59	31	21	0	29
46	40	9	20	56	34	36	36	21	23	24
47	30	9	30	57	35	13	41	21	46	19
48	20	9	40	58	35	50	45	22	9	15
49	10	9	50	59	36	27	50	22	32	10
50	0	10	0	**60**	37	4	55	22	55	5
50	50	10	10	61	37	52	0	23	18	0
51	40	10	20	62	38	19	5	23	40	55
52	30	10	30	63	38	56	10	24	3	50
53	20	10	40	64	39	33	15	24	26	45
54	10	10	50	65	40	10	20	24	49	40
55	0	11	0	66	40	47	25	25	12	35
55	50	11	10	67	41	24	30	25	35	30
56	40	11	20	68	42	1	35	25	58	25
57	30	11	30	69	42	38	40	26	21	20
58	20	11	40	**70**	53	15	45	26	44	15
59	10	11	50	71	43	52	49	27	7	11
60	0	12	0	72	44	29	54	27	30	6

Diese Therapie ergibt sich aus kosmischen Gesetzmäßigkeiten. Z. B. ist das I. Haus das Widder-Haus. Dem Widder ist der Mars zugeordnet, dem Mars wiederum das Eisen; und so finden wir das Ferrum in der allerersten Lebensphase, wenn sich das neue Leben das erste Mal mit dem Sauerstoff-Eisen-Prinzip auseinandersetzen muß. Wenn der erste Atemzug das Blut selbständig mit Sauerstoff belädt, wenn das erste Mal die Eisenmoleküle diesen an sich binden, um ihn weiterzutransportieren zu den Organen und Zellen, die ihn benötigen. Hier werden wir in vielen Fällen mit Ferrum D 12 eine segensreiche Unterstützung erzielen. Wenn das Neugeborene heranwächst und der Nervenprozeß sich zu entwickeln beginnt, werden wir neben dem Atmungsmetall noch das Phosphor anwenden, also jene Substanz, die das Nervensystem so sehr benötigt, das geistige Feuer also, und finden im Ferrum phosphoricum D 12 die richtige Entsprechung. Erstaunlich, daß dieses Mittel auch die Zahnung erleichtert, die just in diesem Lebensalter einsetzt. Im Trotzalter finden wir dann die Widder-aktive Pflanze Chamomilla, die reizbare und streitlustige Kinder benötigen. Die ersten Infekte und Erkältungen – in diesem Vorschulalter obligatorisch – bekommen wir sicher mit dem Mittel Belladonna am besten in den Griff.

In der Stier-Phase des Lebens, im II. Haus, wird das Mittel Calcium carbonicum sicher die Wachstums- und Calcifizierungsprobleme des jungen Körpers helfend überwinden.
Natrium sulfuricum unterstützt die Stoffwechselprobleme, und in der Vorpubertät wird Jodum D 30 das Endokrinium, die Schilddrüse, günstig beeinflussen, um die bevorstehenden endokrinen Umstellungen besser bewältigen zu können.

Mercurius solub., das Zwillinge-Metall, wird im III. Haus den häufigen Anginen und Belastungen des Lymphatischen Apparates, die wir in diesem Alter so vielfach vorfinden, wirksam entgegentreten; und Hyoscyamus D 200 wird in der nun einsetzenden Pubertät mit ihren sexuellen Krisen sehr hilfreich den Organismus und das seelische Gefüge stabilisieren helfen. Anschließend wird Phosphor die geforderte geistige Leistungsbereitschaft des erwachsen werdenden Menschen als typisches Zwillinge-Mittel wirkungsvoll unterstützen.

Im Krebs-Haus IV wird einmal die körperliche Entwicklung abgeschlossen; der Heranwachsende wird in diesem Abschnitt erwachsen und die seelischen emotionalen Kräfte entwickeln ihre größte Intensität in den Gefühlen der Liebe und der geschlechtlichen Zuneigung. Zugleich erleben wir hier die Krise der Ablösung vom Elternhaus.
Hier bereiten wir vor, indem wir Calcium phos. D 12 verabreichen. In der emotionalen Krise werden wir helfend eingreifen können mit Argentum nitr. oder mit Pulsatilla D 30. Wieder sehen wir die kosmische Zuordnung des IV. Hauses zum Zeichen Krebs, zu dessen Geburtsherrscher, dem Mond, und wiederum dessen Metall, dem Silber.

Am Ende dieser Erschütterungen stabilisieren wir den Organismus mit dem Mittel Silicea.

Im Löwe-Haus V treffen wir dementsprechend auf das Metall der Sonne, das Aurum. Es wird im 27. Lebensjahr helfen, die ersten existentiellen Erschütterungen, die ersten tiefgreifenden Liebeskrisen, die ersten Gedanken an Aufgeben, an Suizid, zu überwinden. Arnica wird unser Gefäßsystem pflegen, eine gute Prophylaxe für spätere Belastungen.

Im Haus der Jungfrau (VI), nachdem wir das dreißigste Lebensjahr überschritten haben, merken wir vielfach, daß wir auch ein Verdauungssystem haben, das nicht immer zu unserer vollen Zufriedenheit funktioniert. Nat. mur. wird unsere Schleimhäute an ihre Aufgaben erinnern. während Arsen alb. als das vielseitige Konstitutionsmittel die ersten Degenerationserscheinungen und Altersprozesse auffangen kann. Bryonia, das Mittel der serösen Häute, wird im Lungen-, Leber- und Verdauungssystem wichtig sein, und auch die ersten rheumatischen Beschwerden deckt dieses Mittel ab.

Mit 36 Jahren kommen wir in das Haus der Waage (VII). Cuprum, das Metall der Venus, wird tonische und klonische Verkrampfungen in unseren Systemen lösen, unseren Nieren ein Stimulans sein. Kalium carbon. und Kal. phos. werden mit den Mineralisierungs- und Enzymsystemen der Nebennieren korrespondieren, die ja nun, wo es auf das 42. Lebensjahr und das VIII. Haus, das Skorpion-Haus, zugeht, mit seinen ungeheuren geistigen und körperlichen Umwandlungsprozessen, auch ihren Wandlungs- und Streßsituationen ausgesetzt werden.

Auch hier benötigen wir das Nervenmittel Kal. phos., und zwar vor der Midlife-Crisis, wollen wir diese unbeschadet überstehen. Ignatia, Platin werden neben den Mitteln des Zeichens, in welchem sich dieser Prozeß abspielt, in der Krise hilfreich sein können. Das Mittel Sulfur wird am Ende der Krise als Reaktionsmittel helfen, die angefallenen Stoffwechselprodukte zur Ausscheidung zu bringen und mit ihnen auch seelische Abfallprodukte, damit die neue Geistigkeit im Menschen, die sich im Schützen anzeigt, sich installieren kann.

Hier, im IX. Haus, wird dieser Stoffwechselprozeß weiter entlastet mit dem biochemischen Mittel Nat. phos. Die Leber reinigen wir und regen sie an mit Chelidonium; wir stützen sie mit Stannum, dem Metall des Jupiter, das uns auch hilfreich ist bei den Gelenken, die wir nun in den 50er Jahren in der Regel oft schmerzhaft empfinden und erleiden.

Mit 54 Jahren kommen wir in das X. Haus des Steinbocks: Skelett und Knochensystem; die Verhärtungen werden wir hier mit Calcium fluor. behandeln, der ersten Vergreisung, der Leberanschoppung, der Sklerotisierung der Gefäße werden wir mit dem Saturn-Metall Plumbum begegnen und mit dem Conium den Alterungsprozessen, dem Schwindel, den Verhärtungen von geweblichen und seelischen Strukturen.

Im XI. Haus, dem Hause des Wassermanns, zwischen 60 und 66 Jahren, werden wir uns mit den Problemen des Zurückziehens aus dem tätigen Leben befassen müssen. Das Rentenalter mit seinen Krisen tritt in unseren Lebenskreis ein. Hier wird Nervenkraft aufgebaut werden müssen; wir kennen das Mittel Phosphor hier als sehr hilfreich, und wieder sind wir beim Metall des Uranus, des Geburtsherrschers des Wassermanns, dem Zinc.
Ausgesprochen hilfreich bei Nervenkrisen als Zincum valerianum, das Mittel der Wahl bei der Schlaflosigkeit der alt werdenden Menschen. Gefäßnerven, Wadenkrämpfe, Altersherz, Magen-Darmkanal, also die typischen Altersbeschwerden, behandeln wir mit einem anderen Wassermann-Mittel, dem Veratrum album, erfolgreich.

Im 66. Lebensjahr sind wir angelangt im Haus der Fische (XII). Das Metall des Neptun, das Aluminium, hilft dem erkaltenden Organismus, den erschlaffenden Organen, den atonischen Verdauungsvorgängen. Silicea hilft dem Bindegewebe, den erschlaffenden Bändern, Sehnen und Geweben; hilft, die Spannkraft zu erhalten; Sepia die Erschlaffungen und Ptosen, die in diesem Alter nun häufig auftreten, wieder festigen. Das Selenium tritt der Retardierung des Seniums entgegen.

Es lassen sich erstaunlich treffende Repertorisationen nach dieser Methode finden, indem wir den Alterspunkt, das Zeichen, in welchem er sich befindet und die Planeten, die in seiner Nähe sind oder genaue Aspekte ergeben, berücksichtigen. Auf meinem Schaubild sind den jeweiligen Altersabschnitten und Similes auch die passenden Akupunkturpunkte zugeordnet, so daß sich ein recht wirkungsvolles Behandlungsschema ergibt aufgrund der kosmischen Situation.

Dieses System soll jedoch keinesfalls als bequemes Kochbuchrezept aufgefaßt werden. Sämtliche eruierten Behandlungspläne müssen erhärtet werden durch Medikamententests, durch Anamnese und Repertorisation.

Die Methode soll uns nur Hinweise geben zum richtigen Mittel, soll uns helfen, die zur Auswahl stehenden Mittel einzugrenzen. Dabei müssen jedoch alle verfügbaren diagnostischen Möglichkeiten berücksichtigt werden.

Dann wird uns die kosmobiologische Therapie wertvolle Hinweise geben können zum Verstehen des Patienten und zu seiner Heilung.

Fallstudien

Frau B., 39 Jahre, heiratete in eine Beamtenfamilie ein. Ihr Mann avanciert schnell, die Ehe ist mit 2 Kindern sehr glücklich. Frau B. besucht mich in der Praxis wegen anhaltender Magen-Darmbeschwerden. Sowohl die ärztlichen, klinischen Befunde als auch meine normale Anamnese geben keinen Hinweis auf Ursache und Art der Erkrankung.

Die bioelektronische Funktionsdiagnostik zeigt am Magen-, Gallenblasen-, Nervendegenerations- und Organdegenerationspunkt relativ hohe Werte auf. Die üblichen Magenmittel bringen im Medikamententest keinen Ausgleich. Ich betrachte mir das Tierkreiszeichen: **Skorpion.**

Und meine Frage lautet: **Wo können Sie sich nicht durchsetzen?**

Zusatzfrage: Was wollen Sie nicht mehr schlucken? Daraufhin schildert die Patientin ihre Situation. Sie hat ein sehr gutes Verhältnis zu ihrem Mann, sie liebt ihn sehr. Dieser erwidert ihre Liebe, hängt jedoch auch stark an seiner Mutter, eine dominante Persönlichkeit, die immer noch einen starken Einfluß auf ihn ausübt. Um ihrem Mann zu gefallen, ordnet Frau B. sich der Schwiegermutter unter. Z. B. obwohl sie eine andere Konfession besitzt, besucht sie regelmäßig mit der Schwiegermutter deren Kirche.

Für ihre Skorpion-Natur gleicht das einer psychischen Vergewaltigung.

Ich mache ihr im Gespräch ihr wahres Wesen bewußt, und wir stoßen auf den Kern des Problems. Die Aufgabe des Skorpions heißt: sich durchzusetzen. Wir üben das ein wenig ein. Frau B. bespricht mit ihrer Schwiegermutter, daß sie ab sofort die Kirche ihrer eigenen Konfession besuchen wird, daß sie ihren Haushalt ganz nach ihren eigenen Vorstellungen zu führen gedenkt, und wenn sich die Schwiegermutter damit nicht abfinden könne oder wolle, möge sie ihre häufigen Besuche etwas reduzieren. Sie erlaubt sich, wenn ihr Ehemann seine Mutter besucht, mitunter ihre Zeit selbst zu gestalten. Nachdem diesem das wahre Wesen seiner Frau verständlich wurde, ist er durchaus damit einverstanden. Es findet ein offenes Gespräch mit der Schwiegermutter statt, und bereits unmittelbar danach sind sämtliche Beschwerden auf Dauer verschwunden, und die üblichen Magenmittel können abgesetzt werden.

Frau H., 38 Jahre, geschieden, 2 Söhne im Alter von 13 und 15 Jahren, lebt bei ihrer Mutter und erscheint in meiner Praxis wegen völliger Erschöpfung. Obwohl die Arbeit sie eigentlich nicht überfordert, obwohl sie keinerlei finanzielle Probleme hat und obwohl auch hier klinische Befunde keinerlei Hinweise geben.

Das Tierkreiszeichen sind die **Fische.**

Meine Frage lautet: **Wo geben Sie zu sehr nach, wo fühlen Sie sich überfordert?**

Das Gespräch ergibt, ihr Ex-Ehemann, von Beruf Omnibusfahrer, besteht auf seinem Recht die Söhne abzuholen, und verleitet sie regelmäßig zum Trinken und Rauchen. Mit dem fünfzehnjährigen Sohn unternahm er bereits einen Bordellbesuch und schenkte ihm zum Geburtstag eine Packung Kondome. Frau H. fühlt sich als Opfer und kann sich in keiner Weise durchsetzen. Ihr Exmann schreit sie nieder und meint, die Jungs müßten so in das reale Leben eingeführt werden, damit sie später einmal „ihren Mann stehen können".

Frau H. ist tief religiös, ihre Gebete ändern jedoch nichts, ihre Söhne entgleiten ihr mehr und mehr. Sie leidet und opfert sich auf, ihre Lebenskraft schwindet dahin, und indem sie immer schwächer wird, vermag sie sich immer weniger durchzusetzen, und die Buben geraten immer mehr auf eine Bahn, die sie nicht akzeptieren kann und will.

Ein Gespräch mit ihrem Exmann unter vier Augen lehnt sie ab, er freue sich an ihrem Leiden und wird in Zukunft nur noch mehr auftrumpfen, meint sie. Die Söhne sind ihm in gewissem Sinn hörig, nehmen seine schlechten Gewohnheiten an und sind immer schwerer zu lenken.

Ich vereinbare für sie und ihren Exmann ein Gespräch beim Jugendamt. Er wird vorgeladen, und im Beisein von Frau H. werden ihm ernste Vorhaltungen gemacht. Er wird auf die Folgen seines Tuns hingewiesen, und daß er zur Verantwortung gezogen werden kann, wenn seine Söhne auf die schiefe Bahn geraten. Er zeigt sich einsichtig und verspricht Besserung.

Unmittelbar nach dem Gespräch erscheint Frau H. wieder in der Praxis. Sie ist voller Mut und Zuversicht, die meisten ihrer Beschwerden sind bereits verschwunden, und nach kurzer Zeit können wir die Therapie beenden und die Mittel absetzen. Mit einer LM-Potenz-Pulsatilla stabilisiert sich ihr Befinden vollends, und auch das ständige Weinen bekommt sie nun in den Griff. Nach 4 Wochen erscheint eine strahlende Patientin in meiner Praxis, bedankt sich herzlich und sieht ihrem Leben wieder mit Zuversicht entgegen. Welchen Leidensweg die Patientin vorher bei der Schulmedizin durchmachte, läßt sich nicht beschreiben. Welche Begleitsymptome sie infolge der starken Allopapthika und Psychopharmaka hinnehmen mußte, läßt sich hier kaum aufzählen. Die Palette reicht von Schwäche und Schwindel bis zu Herz- und Magenbeschwerden. Das Erkennen ihres Problems und das richtige Wort am richtigen Platz waren das Wundermittel, welches hier auf Anhieb die Besserung herbeiführte. Das richtige Wort konnte aber nur gefunden werden aufgrund ihres Zeichens. Die Fischegeborenen können sich allein nicht gut durchsetzen und neigen dazu, schnell eine Opferhaltung einzunehmen. Hier war der Rat, sich einer stärkeren Institution anzuvertrauen, um das Problem zu lösen. Daß das Similium Pulstilla das Mittel der Wahl für diese Persönlichkeit darstellt, wird jedem homöopathisch vorgebildeten Behandler klar sein.

Ein weiterer interessanter Fall, den ich nur mit Hilfe eines Hinweises durch das Sternzeichen erfolgreich behandeln konnte:

Frau K. erscheint mit ihrem 13jährigen Sohn M. in meiner Praxis. Das Problem: M. ist noch immer nicht hosenrein. Jeden Tag entleert er seinen Stuhl in die Hose.
Er hatte alle Stationen der Schulmedizin hinter sich, einschließlich 2 Jahre psychiatrische Behandlung, und sollte jetzt in eine Klinik eingewiesen werden, obwohl keinerlei Befunde vorlagen, die eine klinische Therapie erforderten. Auch ich fand keinerlei Anhaltspunkte. Im Gespräch gab er sich ganz normal, auf das Problem angesprochen, zuckte er die Schultern und schwieg.

Ich war ratlos, griff zum Telefon und meldete Mutter und Sohn kurzerhand bei einer mir gut bekannten Psychotherapeutin an.
Dann blickte ich nochmal kurz auf das Geburtsdatum; ich hatte es mit einem **Skorpion** zu tun. Ich meditierte kurz und bat um eine Eingebung; und sie kam in der Erkenntnis, daß dieses Zeichen **Widerspruch und Widerstand** braucht.

Zunächst fragte ich ihn jedoch erst nach seinen Wünschen; ein paar gute Turnschuhe, erhielt ich zur Antwort. Seine Mutter versprach ihm diese, wenn er 14 Tage lang die nun folgenden Anweisungen von mir streng befolge: Ich verordnete ihm jeden Tag 2mal 10 Minuten das stille Örtchen aufzusuchen, dort die Hosen herabzuziehen und sich auf die Toilette zu setzen. Ich erlaubte ihm dabei zu lesen oder Kassetten zu hören, verbot ihm jedoch streng, es auf die übliche Weise zu benutzen. Nach 10 Minuten habe er seine Hose wieder hochzuziehen, könne spielen gehen und anschließend in die Hose machen.

Das Mittel für den Skorpion, Stramonium, verordnete ich in der D30. Nach drei Tagen rief mich eine überglückliche Mutter an: M. hat es geschafft! Das erste Mal in seinem Leben, daß er ins Klo machte und nicht in die Hose. Jetzt, nach einem Jahr, hat sich gezeigt, daß das richtige Wort das Problem gelöst hatte. M. hatte keinen Rückfall mehr und ist ein aufgeweckter, sauberer Junge, wie seine vier Brüder auch.
Der Besuch bei der Psychologin erübrige sich nun. Die Idee zu diesem mir sonst unsinnig erscheinenden Therapieplan bekam ich nur über das Tierkreiszeichen.

Eine weitere Möglichkeit zur Therapie bieten die Transite. Wenn sich ungünstige Konstellationen von Planeten zum Radixhoroskop ergeben, ist der Native in der Regel immer belastet.

Frau J., 77 Jahre alt, kam in meine Praxis wegen einer Depression, an der sie seit fast zwei Jahren litt. Trotz ihres hohen Alters ist sie sehr aktiv, unternimmt noch immer ausgedehnte Bergtouren und ist engagiertes Mitglied in der Friedensbewegung.
Sie war in ärztlicher Behandlung, bekam regelmäßig Serontonin verabreicht und nahm außerdem Johanniskrautpräparate; es wollte sich jedoch keine Besserung ihres Zustandes einstellen.

Bei der Erstellung ihres Horoskops ergab sich, daß sie im Zeichen des **Stiers** geboren war. Also kein Zeichen, das allgemein unter Depressionen zu leiden hat. Ihr soziales Umfeld war in Ordnung; ihr Sohn hatte studiert und promoviert, hatte eine gut dotierte Professur und besuchte die Mutter regelmäßig. In ihren Vereinen und der Friedensbewegung war sie ein geachtetes Mitglied. Ihr Mann hatte ihr ein schönes Haus hinterlassen, sie bekam eine gute Rente, körperlich war sie vollkommen gesund, nur mit ihren Depressionen wurde sie nicht fertig.

Ich schaute mir ihr Horoskop genauer an: Sonne, Merkur, Saturn und Mondknoten standen in enger Konjunktion, mit Oppositionen zum Jupiter im Skorpion.

Zum Zeitpunkt, da der Saturn in das Zeichen Skorpion trat, begannen exakt ihre Depressionen. Als er die Position des Jupiters erreichte und in Opposition zu sich selbst, zu Sonne, Merkur und Mondknoten stand, wurde die Situation für sie unerträglich. Da ein Sextil Sonne-Neptun ihr obendrein große Sensibilität verlieh, konnte sie sich mir, obwohl strenggläubige Christin, und der Astrologie bisher total verschlossen, öffnen, zumal ich ihr ja aus den Sternen den Zeitpunkt des Beginns ihrer Leiden sagen konnte. Wir sahen uns die Transite genauer an, und ich konnte ihr sagen, daß der direkte Übergang in drei Wochen vorüber sei, und die Belastung ihres Zeichens durch die Saturnopposition in einem halbem Jahr vorüber sei. Frau J. konnte meine Aussagen und auch „ihren Saturn" gut annehmen. Ich empfahl ihr, ihre äußeren Tätigkeiten einzuschränken, sich gute, ernste Literatur vorzunehmen, Krankenhaus- und Friedhofsbesuche zu machen und sich im übrigen eher etwas zurückzuziehen von der Welt.
Diese Ratschläge konnte sie gut befolgen, da sie selbst das innere Bestreben dazu hatte; bisher war sie, gute Ratschläge von Freundinnen befolgend, mehr in Gesellschaft gegangen, hatte versucht, sich aufzuheitern oder sich aufheitern zu lassen, mit dem Erfolg, daß hinterher ihre Depression nur um so schlimmer war.

Wegen ihres Alters verordnete ich ihr ein Weißdornpräparat und gab ihr auch das „Stiermittel" Calcium carbonicum. Innerhalb von 3 Wochen ließen die Depressionen stark nach und 6 Wochen später konnte ich die Patientin entlassen. Sie war von ihren Depressionen vollkommen geheilt. Seitdem sind vier Jahre vergangen, auf Vorträgen und Tagungen begegne ich ihr mitunter, sie erfreut sich besten Wohlbefindens.

Der Schlüssel zum Erfolg war das Annehmen des Saturns sowie das Wissen um das Ende ihrer Leiden. Da die Sterne ihr sagen konnten wann die Depression begann, mußten sie auch wissen, wann sie wieder aufhört. Nachdem ihr ihr Leiden bewußt geworden war und auch seine kosmische Verflechtung, konnte sie es annehmen. Und indem sie es annahm, war es für sie kein Problem mehr, und indem es kein Problem mehr war, verschwand es einfach.Das Calcium carbonicum mag als Konstitutionsmittel sicher einen stabilisierenden Effekt beigesteuert haben, aber es ist im eigentlichen Sinn kein Simile, das ich ohne weiteres bei Depressionen einsetzen würde. In ihrem Falle war es aber genau richtig, weil es die ruhigen Kräfte des Stierzeichens wieder mobilisierte und so jene psychische Haltung unterstützte, die schließlich zur Heilung führte.
Ohne die Astrologie wäre mir mit großer Wahrscheinlichkeit kein so rascher und eindeutiger Heilungserfolg beschieden gewesen.

Die Saturntransite zeigen immer Belastungen an, die sich sehr häufig in Depressionen nieder-schlagen. Hier ist es sehr wichtig, den Patienten über die Dauer und vor allem über das Wesen der Belastung aufzuklären. Wenn wir ihn dazu bringen können, das Prinzip des Saturns anzuneh-men, seine Aufforderung zu Einkehr und Besinnung, hat unser Patient bereits den ersten und auch wichtigsten Schritt zu seiner Heilung getan.

Sehr wichtig in der Aussage sind auch die geistigen Planeten wie Uranus, Neptun und Pluto.

Ein weiterer Fall:

Eine junge Frau kam zu mir wegen einer Nervenkrise, die medizinisch nicht abzuklären war und jeder Behandlung trotzte. Ein Blick in ihr Geburtshoroskop und die Tagesephemeride zeigte Ura-nus-Saturn-Merkur-Transite, mit einem zulaufenden Marsquadrat für den nächsten Tag. Wir be-sprachen die Situation, kamen dadurch auf die spezifischen Probleme. Frau R. lebte in Schei-dung, und zur Verarbeitung der sich daraus ergebenden Probleme brauchte sie Hilfe. Wir eruier-ten ihre kosmische Situation, und das Gespräch führte sie zu einigen wichtigen Einsichten. Sie verstand plötzlich die psychologischen Hintergründe ihrer Schwierigkeiten, und es konnten Wei-chen gestellt werden, um für die Zukunft ähnlichen Schwierigkeiten aus dem Weg zu gehen. We-gen des Mars-Uranus-Saturn-Transites bat ich Frau K., den kommenden Tag ihr Auto nicht zu benutzen. Nach zwei Tagen kam sie in die Praxis mit einer Knöchelverletzung. Sie habe meine Weisung, nicht Auto zu fahren, strikt befolgt, beim Einkaufen sei sie jedoch auf ebenem Pflaster, völlig ohne jeden ersichtlichen Grund, mit dem Fuß so stark eingeknickt, daß sie sich den Knö-chel verletzt habe!
Der Fuß wurde von mir behandelt, das Wesentliche war jedoch, daß sich anschließend infolge der Gespräche und der Beweiskraft meiner astrologischen Aussage ihre innere Ruhe wiederher-gestellt wurde und sie voller Vertrauen wieder in ihre Zukunft zu blicken begann. Ihre Krise hatte sie überwunden.

Chronische Erkrankungen erkennt man sehr häufig durch belastende Oppositionen oder Qua-drate. Hier sind spontane Heilungen in der Regel nicht zu erwarten. Man findet jedoch speziell hier den Schlüssel zu einer erfolgreichen Therapie, indem man dem Patienten seine immer wie-derkehrenden Belastungen und latenten Spannungen aufzeigt. Wenn man sie ihm bewußt macht, kann man ihm auch Wege aufzeigen, diese Belastungen anzunehmen, nicht mehr dagegen anzu-kämpfen, sondern sie zu transformieren in positive Kräfte.

Ein Mensch, der unter einer Saturn-Mars-Opposition leidet und der sein Leben lang ankämpft gegen sein angeblich langsames Fortschreiten in seinen Tätigkeiten, bei seiner Arbeit, wird bald falsche Verhaltensweisen entwickeln. In dem Bestreben, sein Tempo zu beschleunigen, wird er immer wieder Mißerfolge erleben. Arbeiten werden mißlingen, rasch angestrebte Erfolge verkeh-ren sich ins Gegenteil, im Bemühen mit anderen mitzuhalten, landet er immer auf den letzten Plät-zen. Schließlich resigniert er, hält sich für einen Versager, landet in Resignation, Depression und schließlich in einer chronischen Erkrankung.
Wenn wir das Glück haben, ihn rechtzeitig mit seinem wahren Wesen bekannt zu machen und ihm aufzeigen, daß er wohl ein langsamer Arbeiter, dafür aber ein umso gründlicher Mensch ist, können wir ihm auch das Gebiet aufzeigen, wo er zweifellos seine Erfolgserlebnisse finden wird, nämlich in der Bewältigung verantwortungsvoller Aufgaben, die Sorgfalt und Gründlichkeit erfor-dern. Wenn er sich zielbewußt auf dieser Schiene bewegt, wird er seine Erfolge im Leben haben. Ein ernster, aber zufriedener und zuverlässiger Mensch ist aus dem verdrossenen, verbissen sich abquälenden Pessimisten geworden. Wenn Sie als Therapeut diesen Anstoß geben konn-ten, haben Sie diesen Menschen wahrhaft heil gemacht. Die angeführten homöopathischen Mit-tel können wirkungsvoll unterstützen, aber noch wichtiger ist die richtige Erkenntnis, das ernste Wort und die richtige Beratung.

Die Entsprechungen zwischen Zeichen, Organen und Krankheiten

Zeichen	Primärer Einfluß	Sekundärer Einfluß	Krankheiten
Widder	Kopf, Gesicht, Ohren, Augen, Nerven	Nieren, Leber	Kopfschmerz, Gehirnkrankheiten, Schwindelanfälle, Epilepsie, Neuralgie, Hautausschläge im Gesicht (bei schlechter Nierentätigkeit).
Stier	Hals, Kehle, Mandeln, Atmungsorgane	Sexual- und Ausscheidungsorgane, Drüsensystem	Kropf, Hals- und Mandelentzündung, Kehlkopfleiden, Diphterie, Erstickungsanfälle, Erkrankung der Ohrspeicheldrüsen und der Schilddrüse, Herzleiden, Unterleibsleiden.
Zwillinge	Schultern, Arme, Hände, Lunge, 1. bis 4. Rückenwirbel	Oberschenkel, Verdauungsorgane	Lungenkrankheiten, Asthma, Bronchialkatarrh, Brüche der Arme oder Beine, nervöse Störungen.
Krebs	Brust, Magen, Lunge, Brustdrüsen	Knie, Knochen, Schienbein, (Nieren)	Magenkrankheiten, Aufstoßen, Schlucken, Sodbrennen, Wassersucht, mangelnde Peristaltik, unzureichende Tätigkeit der Lymphdrüsen, Trunksucht, Gemütsleiden, Knötchenbildungen (Brust).
Löwe	Herz, Blutkreislauf, Rücken, 5. bis 9. Rückenwirbel	Magenmund, alle Blutgefäße, Venen- und Unterleibsleiden	Herzleiden, Störungen der Blutzirkulation, Blutarmut, Aderverkalkung, Venenleiden, Unterleibsleiden, Ohnmachten, Rückenmarksleiden, Neurosen, Halskrankheiten.
Jungfrau	Verdauungsorgane, Milz, Leber, Galle	Bauchspeicheldrüse, Füße, Zehen	Darmkrankheiten, Bauchfellentzündung, Durchfall, Verstopfung, Leber- und Gallenkrankheiten, Darmgeschwüre.
Waage	Nieren, Blase, Lenden	Gebärmutter, Nabelgegend, Kopf	Nierenentzündung, Nierensteine, Urinverhaltung, unreines Blut, schlechte Haut (bei mangelnder Nierentätigkeit), Nervenleiden, Kopfrose.
Skorpion	Geschlechts- und Ausscheidungsorgane, Gebärmutter, Hoden, Mastdarm	Nase, Hals, Mandeln, Kehle, Blase	Blasenleiden, Nierensteine, Urinverhaltung, unreines Blut, schlechte Haut, Rheuma, Nasenpolypen, Nasenkatarrhe, Furunkel, Hämorrhoiden, Neurasthenie, Geschlechtskrankheiten, Operationen im Bereich der Geschlechtsorgane.
Schütze	Muskelsystem, Oberschenkel, Lendengegend	Schultern, Arme, Verdauungsapparat	Hüftleiden, Rheuma, Ischias, Gicht, Gehstörungen, Arteriosklerose, Nervenleiden, schlechtes Blut.
Steinbock	Haut- und Knochensystem, Knie	Brust, Magen, Lunge	Hautausschläge, Kopfgrind, Gelenkrheuma, Knochen- und Gelenktuberkulose, Furunkulose, Skrofulose, Anlage zu Verhärtungen, Hautverhornung.
Wassermann	Unterschenkel, Waden, Knöchel, Blutkreislauf	Herz, Rücken, Kreislauf	Knöchelbrüche, Verrenkungen, Wadenkrämpfe, Venenentzündung, Anschwellen der Beine, Krampfadern, Blutkrankheiten, Rückenmarksleiden, Gehstörungen, Herzleiden.
Fische	Füße, Zehen, Fersenbein	Verdauungsorgane, Milz, Nerven, Lunge, Leber	Schwache Füße, Fußleiden, zum Beispiel Senkfuß, Erkältungskrankheiten, Rheuma, Gicht, Trunksucht, Skrofulose, Vergiftungen.

Krankheitsentsprechungen der Gestirne

Gestirne	Biologische Entsprechungen	Krankheitsanlagen
Sonne	Vererbung, Gesundheit, Lebenskraft, Herz, Kreislauf, rechtes Auge, Großhirn, Hyperämie	Herz- und Kreislauferkrankungen, Schwächezustände, Ohnmachten, Blutkrankheiten, Augenleiden, Skrofulose, Rachitis.
Mond	Fruchtbarkeit, Flüssigkeitshaushalt des Körpers, Blutserum, Lymphe, Magen, Schleimhäute, Kleinhirn, Psyche	Erkrankung der weiblichen Organe (ein schlecht gestellter Mond im weiblichen Kosmogramm ist kritischer als im männlichen), Magenleiden, Wassersucht, Drüsenerkrankungen, Geschwüre, Geschwülste, Gemütsleiden.
Merkur	Motorische Nerven, Sprach- und Hörorgane, Hände, Finger	Nervöse Störungen, Sprachhemmungen, Gehörleiden, geistige Übererregbarkeit, beschleunigte Atmung, Zittern.
Venus	Drüsen, besonders Nieren, Venen, Wangen, Mund, Haut, weibliche Brüste	Drüsenerkrankungen, Nierenleiden, eitrige Mandeln, Blasenleiden, Zellgewebsentzündung, Wucherungen, Frauenleiden.
Mars	Muskeln, Sehnen, rote Blutkörperchen, Galle, Nase, Sexualfunktionen	Entzündungen, Fieber, Gallenleiden, starke Blutungen, Geschlechtskrankheiten, Neigung zu Verletzungen und Unfällen.
Jupiter	Flüssigkeitsanreicherung, Ernährungsfunktionen, Dickenwachstum, Leber, Galle, Lunge, Schwellungen, Glycogen-Haushalt	Vollblütigkeit, Leber- und Gallekrankheiten, Fettleibigkeit, Selbstvergiftung durch falsche Ernährung, Diabetes, Neigung zu Schlaganfällen, Hämorrhoiden.
Saturn	Knochengerüst, Gelenke, Milz, Haut, Zähne, weiße Blutkörperchen	Stoffwechselstörungen, Ablagerung von Selbstgiften, Verhärtungen, Steinbildungen, Rheuma, Gicht, chronische Leiden.
Uranus	Lebensrhythmus, Hirnhäute, Rückenmark, Hypophyse	Rhythmusstörungen, Nervenleiden, Krampfzustände, Rückenmarksleiden, Unfälle, Operationen.
Neptun	Zirbeldrüse, Sonnengeflecht, Unterbewußtsein	Erschlaffung von Organen, Lähmungen, Vergiftungen, Neigung zu medizinischen und Genußgiften, Bewußtseinstrübungen, Schlafkrankheit, Koma.
Pluto	Noch nicht genau erforscht, erfahrungsgemäß körperliche Veränderungen durch Gewaltmaßnahmen oder höhere Gewalt.	Verwachsungen, Amputationen, nachteilige Operationen, Erkrankungen durch das Kollektivgeschehen (Katastrophen, Epidemien, Krieg, Terror).
Mondknoten	Störungen in Verbindung mit anderen Menschen	Infektionen durch Ansammlungen, Krankenhausaufenthalt.

Gestirne mit Yang-Charakter

Sonne
Mars
Jupiter
Uranus
Pluto

Gestirne mit Yin-Charakter

Mond
Venus
Saturn
Neptun

Gestirne mit neutralem Charakter

Merkur

Mondknoten AC (Ascendent) und MC (Medium Coeli) sind als neutrale Bezugspunkte anzusehen.

Planetarische Zuordnung der Heilpflanzen

Aloe	Mars (Saturn)	Löwenzahn	Jupiter
Angelika	Sonne (Venus)	Lungenkraut	Jupiter, Merkur
Anis	Jupiter (Merkur)	Majoran	Merkur (Sonne)
Arnika	Mars (Jupiter)	Mandragora	Saturn, Merkur (Mond)
Augentrost	Sonne	Melisse	Sonne, Jupiter
Bärlauch	Mars	Mistel	Jupiter (Sonne, Mond)
Baldrian	Merkur	Pappel	Mars, Saturn
Basilika	Jupiter	Pastinak	Merkur
Beinwell	Jupiter (Saturn)	Petersilie	Merkur
Benediktendistel	Mars	Pestwurz	Merkur
Berberitze	Uranus (Mars)	Pimpinella	Merkur
Birke	Venus	Pinie	Mars (Saturn)
Blutwurz	Mars (Sonne)	Rosmarin	Sonne
Bohne	Venus (Mond)	Ringelblume	Sonne
Boretsch	Jupiter	Rote Beete	Saturn (Jupiter, Mond)
Brennessel	Mars	Salbei	Jupiter
Bruchkraut	Venus	Schafgarbe	Venus
Brunnenkresse	Mond	Schlehe	Saturn
Diptam	Sonne	Schlüsselblume	Saturn (Jupiter, Sonne)
Eberraute	Merkur	Seifenkraut	Venus
Ehrenpreis	Uranus, Merkur	Sennes	Saturn
Eiche	Neptun	Schöllkraut	Sonne, Jupiter
Eisenkraut	Mars (Sonne, Venus)	Sonnentau	Sonne
Enzian	Sonne (Jupiter)	Spargel	Jupiter
Erdrauch	Jupiter	Süßholz	Jupiter (Merkur)
Esche	Sonne (Jupiter)	Spitzwegerich	Sonne (Mars)
Faulbaum	Saturn (Uranus)	Stiefmütterchen	Venus (Mond)
Fenchel	Jupiter (Merkur)	Tausendgüldenkraut	Jupiter
Frauenmantel	Venus	Thymian	Venus (Sonne)
Goldrute	Venus	Wacholder	Sonne (Jupiter, Merkur)
Hafer	Merkur (Jupiter)	Waldmeister	Venus
Hauhechel	Mars	Walnuß	Sonne (Merkur)
Heidelbeere	Jupiter	Weide	Mond
Heiderose	Mars, Jupiter	Weißdorn	Mars, Saturn
Hirtentäschel	Saturn	Wermut	Venus (Merkur, Mars)
Holunder	Saturn, Merkur, Venus	Zaunrübe	Mars
Honigklee	Jupiter	Zichorie	Jupiter
Hopfen	Mars	Zinnkraut	Saturn
Huflattich	Merkur (Jupiter)	Zwiebel	Mars (Saturn, Mond)
Immergrün	Mond, Saturn		
Johannisbeere	Jupiter		
Johanniskraut	Sonne		
Kalmus	Sonne		
Kamille	Sonne		
Kastanie	Jupiter		
Knoblauch	Mars (Mond)		
Königskerze	Jupiter (Sonne, Venus)		
Lavendel	Jupiter (Merkur, Sonne)		
Linde	Mond (Venus)		
Liebstöckel	Venus		

Astrologische Zuordnung der Mineralien

	Metall	Mineral	Edelstein
Widder	Eisen, Magneteisen-erz, Nickel	Schwefel, Hämatit	Rubin, heller Granat, roter Turmalin
Stier	Kupfer, Kupferglanz	Chalcedon, Kaolinit	Achat, Smaragd, grüner Turmalin, Saphir, Malachit, Karneol
Zwillinge	Quecksilber	Graphit, Zinnober, Chrysolith	Goldtopas, Gold-Beryll, Beryll
Krebs	Silber, Silberglanz	Steinsalz, Gips, Talk	Perle, Perlmutt, Opal, Mond-stein
Löwe	Gold	Zinkit, Heliodor	Diamant, Tigerauge, Carneol
Jungfrau	Quecksilber	Dolomit, Hornblende, Perthit	Bernstein, grüner Achat, Topas, Jaspis
Waage	Kupfer, Buntkupfer-kies	Arsen, Malachit	Rosenquarz, Rauchquarz, Rauchtopas
Skorpion	Platin	Pyrit, Asbest, Bronze	Feueropal, dunkler Granat, Sardonyx, schwarzer Onyx
Schütze	Zinn	Aragonit, Aventurin	Lapislazuli, dunkler Amethyst
Steinbock	Blei	Quarz, Korund	Diamant, schwarzer Onyx, Bergkristall
Wassermann	Zink, Zinkblende, Antimon, Wolfram	Bauxit, Apatit	Aquamarin, Türkis
Fische	Aluminium, Wismut	Jadeit, Chrysopras, Apophyllit	Jade, Alabaster, heller Amethyst, Türkis

Das kosmische Jahr

Die Präzession (Pendelbewegung der Erdachse) bewirkt, daß die Sonne alle 2160 Jahre mit ihrem Frühlingspunkt ein Tierkreiszeichen weiterwandert. In 25 920 Jahren hat sie mit dem Frühlingspunkt den gesamten Tierkreis durchlaufen. Dies bezeichnen wir als ein kosmisches Jahr. Die Verweildauer des Frühlingspunktes in einem Zeichen entspräche demnach einem kosmischen Monat (25 920 : 12 = 2160). 72 Jahre wären demnach ein kosmischer Tag (2160 : 30); dies entspricht dem durchschnittlichen Lebensalter eines Menschen.

1950–210 v. Chr. stand die Sonne im Zeichen der Fische.

Vorbereitung der christlichen Lehre durch die Essener. Jesu Geburt. Weltweite Verbreitung der christlichen Glaubensinhalte: Demut, Hingabe, Opferbereitschaft, Passivität gegen Gewalt, Mitleiden, Mystik.
Symbol des christlichen Glaubens: der Fisch.

210–2370 v. Chr. stand die Sonne im Zeichen des Widders.

Zeit der Völkerwanderungen. Auszug des jüdischen Volkes aus Ägypten unter Moses. Zug der Atlanter nach dem Süden.
Überall Aufbruch, Aktivität, wenn auch meist noch ohne feste Ziele.
Inhalt der religiösen Glaubensrichtungen: Aug um Aug, Zahn um Zahn, Gewalt gegen Gewalt.
Opfertiere dieser Zeit sind der Widder und das Lamm.

2370–4530 v. Chr. stand die Sonne im Zeichen des Stiers.

Stierkulte in der ganzen damals bekannten Welt.
Auf Kreta wird der Minotaurus verehrt. Zeus entführt als Stier Europa. In Babylon tanzt man um das Goldene Kalb, das Kind des Stieres.
Das Prinzip des Stieres, Besitz, Eigentum, der Kult des Konservativen ist Religion geworden. Das Geld wird in dieser Ära eingeführt.
Symboltiere der Hochkulturen sind der Stier und das Kalb.

4530–6690 v. Chr. stand die Sonne im Zeichen der Zwillinge.

Die große Zeit des erwachenden Intellekts. Die arabischen Zahlen werden erfunden, die ersten Bibliotheken errichtet, zodiakale Tempelbauten, Bau der Pyramiden.
Isis und Osiris werden verehrt, die Dualität in der Religion wird als geistig belebendes Prinzip erkannt und zum göttlichen Prinzip erhoben.
Die Pharaonen als Repräsentanten der Gottheit leben in der Geschwisterehe. Symbolfigur der Doppelstern Sirius.

6690–8850 v. Chr. stand die Sonne im Zeichen des Krebses.

Zeit der großen alten Mythen. Entstehung der griechischen Mythologie, der Odyssee. Der Mensch entdeckt seine Seele und projiziert sie in seine Umwelt. Er setzt psychische Entsprechungen ans Firmament, entdeckt seine seelische Verbindung zum Kosmos. Mond und Wasser, Symbole der Seele, beschäftigen das menschliche Denken und Fühlen (Argonauten, Venusgeburt aus der Muschel).
Selene, die Mondgöttin, wird verehrt. Mondkulte bei allen Kulturvölkern.

8850–11 010 stand die Sonne im Zeichen des Löwen.
Die ersten großen Herrscher etablieren sich. Es entstehen die ersten großen Königreiche. Das Machtprinzip der Gottkönige, der Priesterkönige wird Staatsreligion. Die Königsthrone werden von Löwen flankiert als Symbol der Macht.

11 010–13 170 stand die Sonne im Zeichen der Jungfrau (Ähre).
Es werden feste Ordnungen gegründet, die ersten festen Siedlungen entstehen. Beginn des Getreideanbaus, des Ackerbaus. In vielen Kulturen herrscht das Matriarchat.

13 170–15 330 stand die Sonne im Zeichen der Waage (Biene).
Entstehung der Urreligionen, der Urepen.

15 330–17 490 stand die Sonne im Zeichen des Skorpions (Adler).
Aufeinanderprallen der ersten Systeme und Ordnungen. Erster Krieg.

17 490–19 650 stand die Sonne im Zeichen des Schützen.
Erste philosophische Systeme entstehen, Moralvorstellungen finden Eingang in die Religionen.

19 650–21 810 stand die Sonne im Zeichen des Steinbocks.
Steinzeit, Arbeit, Pflicht, Konzentration auf das Wesentlichste, Hemmung. Die Zeit der Magier.

21 810–23 790 stand die Sonne im Zeichen des Wassermanns.
Ende einer Hochkultur, Katastrophenzeit, Sintflut. Vertreibung aus dem Paradies, Baum der Erkenntnis.

1950–4110 n. Chr. steht die Sonne im Zeichen des Wassermanns, wiederholt sich der Zyklus.
Reformierung aller Glaubensinhalte. Zeitalter der Strahlen, der Technik, des Atoms. Entdeckung des Uranus und des Urans.
Das Alte stürzt, nach erneuten Weltkatastrophen etabliert sich ein neues Zeitalter, ein neuer Zeitgeist – Glauben durch Wissen formt den Menschen.
Kosmischen Gesetzen folgend, entwickelt sich der Mensch weiter, höher. Für die Überlebenden werden die Qualitäten des Zodiaks erneut wirksam, jedoch seiner höheren Entwicklungsstufe entsprechend.

Dwadasama
Indisches Geburtsbild

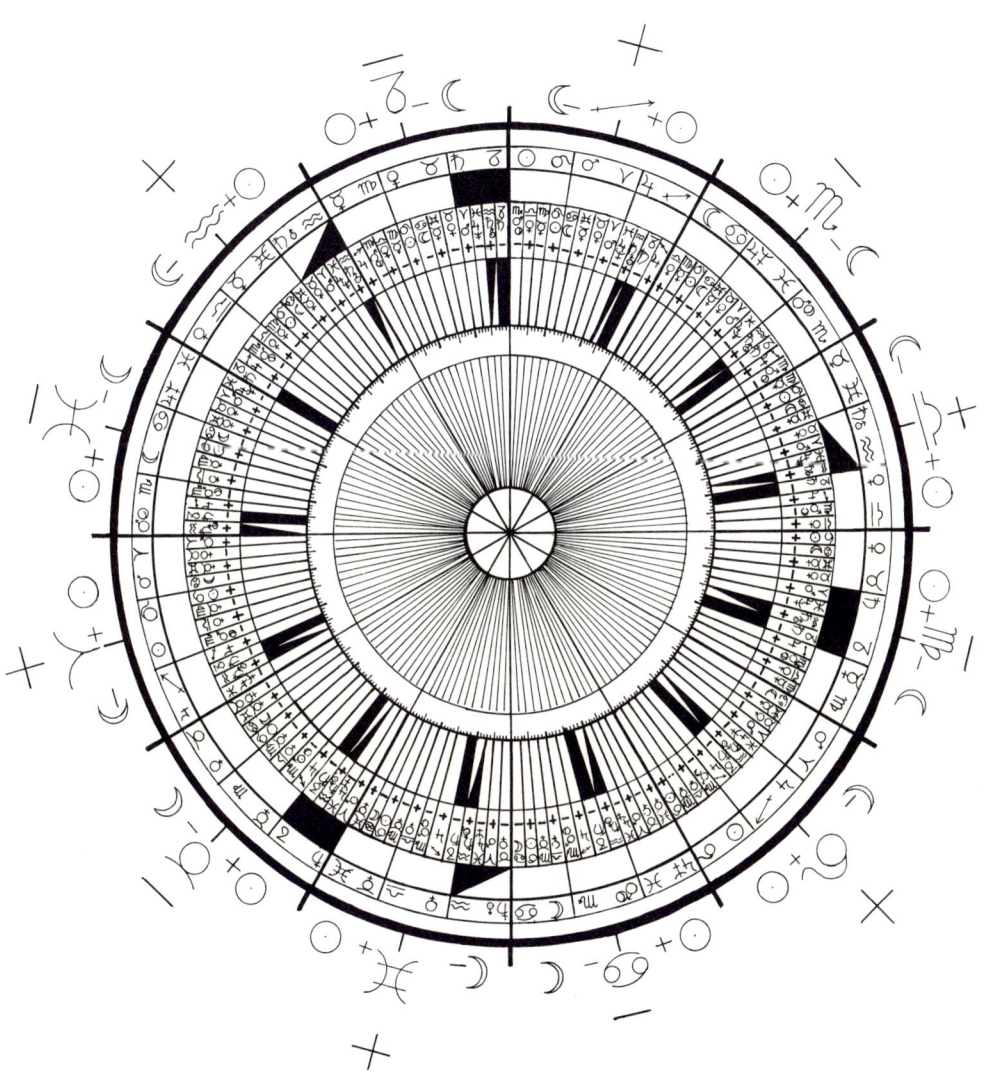

Das **Dwadasama** stellt ein sehr aussagekräftiges Geburtsbild dar. Es ist folgendermaßen zu lesen: Im äußeren Kreis sehen wir die gewohnten Sternzeichen. Sie machen die gleichen Aussagen, wie wir sie in den vorangegangenen Texten kennengelernt haben. Allerdings sind sie hier unterteilt, wir sehen 15° des Zeichens dem Mond zugeordnet und 15° der Sonne. Das heißt, die ersten 15° der **+Yang**-Zeichen sind besonders stark dem aktiven **Yang**- oder Sonnen-Prinzip zugeordnet, es sind elektrische Eigenschaften, die sich hier manifestieren, die letzten 15° sind dem **–Yin**-Prinzip zugeordnet, hier herrscht der Mond, das Prinzip der Aufnahme und Hingabe vor. Magnetische Eigenschaften werden hier wirksam. Bei den **– Yin**-Zeichen sind die ersten 15° entsprechend stark im **Yin**, das magnetische Prinzip ist hier vorherrschend, die letzten 15° sind mehr dem **+ Yang,** dem elektrischen Prinzip zugeordnet. Damit können wir unterscheiden zwischen **Yang**- oder **Yin**-Konstellationen und solchen, die eher neutral sind.

Im folgenden Kreis sehen wir eine Dreierteilung. Die ersten 10° sind besonders stark dem Zeichen zugeordnet, z. B. dem Widder und dem Planet Mars, die nächsten 10° sind dem folgenden Zeichen des gleichen Elementes zugeordnet, z. B. in diesem Fall dem Feuerelement, dem Löwezeichen und der Sonne. Der Widder wird hier also Prägungen des Löwens und der Sonne mit aufweisen. Die letzten 10° haben wiederum die Zuordnung zum Feuerelement, aber nun zum Schützezeichen mit dem Planet Jupiter. Hier finden wir bei den Planeten Widder/Schütze/Jupiter Prägungen. Beim Fischezeichen finden wir die ersten 10° besonders den Fischen und dem Planet Neptun zugeordnet, die zweiten 10° entsprechend dem Krebs und dem Mond, die dritte Dekade ist vom Wasserzeichen Skorpion und dem Planet Pluto mit geprägt. Ebenso verhält es sich bei den Luft- und Erdzeichen, alle drei Dekaden sind wohl im gleichen Element, aber nur die erste ist ganz dem äußeren Zeichen zugeordnet, die zweite und dritte Dekade den darauffolgenden Zeichen des gleichen Elements.

Im nachfolgenden Kreis finden wir alle 12 Tierkreiszeichen und ihre Planeten eingezeichnet, alle 2,5° ein neues Zeichen. Auch hier finden wir wieder die energetische Bewertung mit **+ Yang** elektrisch und **– Yin** magnetisch. Der Native, dessen Sonne also 1° im Widder steht, hat demnach sehr starke **Yang**-Kräfte, die erste Dekade hat ebenfalls Mars-Widder-Qualität, und auch die Zwölferteilung hat die gleiche Konstellation. Hier erleben wir beim Nativen eine besonders starke aktive Prägung. Bei 3° im nächsten Zwölfersegment sehen wir schon einen Stier/Venus-Einfluß. Der Widdernative wird uns also etwas weicher erscheinen, mit einem Hang zu Gemütlichkeit und Schönheit. Bei 9° sehen wir, daß Krebs/Mond einen Einfluß ausüben. Hier wird das Widderprinzip demnach mehr in und für die Familie gelebt. Bei 12° erleben wir das Widderprinzip sowohl in der Dekade als auch in der Zwölferteilung mit dem Zeichen Löwe/Sonne. Wir haben es mit einem recht glanzvollen Widder zu tun, der sich gut und auffällig kleidet und mehr in die Öffentlichkeit hineinzuwirken versucht. Bei 21° haben wir im Außenkreis bereits das magnetische Mondprinzip herrschend. In der Dekade sehen wir das Zeichen Schütze/Jupiter, diese Zeichen wiederholen sich in der Zwölferteilung. Wir haben es also mit einem Widder zu tun, der philosophisch geprägt ist, gerne Reisen unternimmt und bei dem wir die starke Aktivität vermissen, der uns eher gemütlich, angepaßt erscheint. Bei 14° haben wir den Widder in der – Mondhälfte, in der Jupiter/Schütze-Dekade und in der Steinbock/Saturn-Zwölferteilung. Das Widderprinzip ist demnach gedämpft, Jupiter/Schütze ist ein öffnender Einfluß, Steinbock/Saturn ein hemmender. Wir dürfen uns nicht wundern, wenn wir es hier mit einem widersprüchlichen Charakter zu tun haben, der je nach Transit zwischen diesen Qualitäten hin und her schwankt. In dieser Weise können wir jeden Planeten interpretieren und sozusagen die feineren Schattierungen des Charakters zeichnen.

Zum besseren Verständnis kann man die freien Felder farbig malen. Im äußeren Rand malen wir das Feld unterm Widderzeichen kräftig rot, das Zeichen Stier wird in kräftigem Grün angelegt, die Zwillinge in kräftigem Zitronengelb, Krebs in Blau, der Löwe in Purpurrot, Jungfrau in Hellgrün, Waage in einem hellen Gelborange und Skorpion in Ultramarinblau. Der Schütze erhält ein helles Karmesinrot, der Steinbock dunkelgrün, Wassermann hellgelb und die Fische blauviolett.

So ersehen wir auf einen Blick die Zugehörigkeit zu den vier Elementen: Feuer – Rot, Erde – Grün, Luft – Gelb und Wasser – Blau, sehen aber auch, daß diese Elemente durchaus differenziert sind, und können nach der Farbgebung diese Differenzierung mühelos wahrnehmen.

Im Kreis unter den Dekaden legen wir die Farben nach den Planeten an. Die Sonne in Gold, den Mond in Silber. Den Merkur legen wir in Gelb an, die Venus in Orange, Jupiter in Blau, Saturn in

Schwarz (ist in der Abb. bereits gedruckt). Uranus bleibt weiß, Neptun erhält die Farbe Violett und Pluto Braun. Dieselben Farben erhalten die Segmente der Zwölferteilung. In den untersten Ring zeichnen wir jetzt die Planeten in der üblichen Weise ein, können sie auch durch farbige Linien aspektieren. Betrachten wir jetzt einen Planeten, so erhalten wir eine sehr umfassende Aussage: Steht die Sonne z. B. in 24° Waage, sehen wir oben das — Mondzeichen, darunter das gelborange Waageprinzip, tiefer die Zwillings-Dekade und darunter die Mond-Zwölferteilung. Sehen wir uns jetzt die Farben an: Silber, Gelborange, Gelb, Silber und ordnen dem Silber das Prinzip Seele, dem Gelborange Ästhetik, dem Gelb Intellekt zu, so können wir sagen, wir haben es mit einer diplomatischen Persönlichkeit zu tun, die großen Wert auf Schönheit und Ästhetik legt, ihren Intellekt zu nutzen versteht und starke Seelenkräfte besitzt. Den Mond finden wir in unserem Horoskop in 9° Wassermann, sehen wir uns auch hier die Farben an, so sehen wir als erstes das Gold der Sonne, dann das Hellgelb des Wassermanns, das Weiß des Uranus und das Violett des Neptuns. Die Seelenkräfte möchten nach außen dringen (Sonne), sind in die Zukunft gerichtet (Wassermann), man ist versucht Grenzen zu überschreiten, sowohl die kosmischen als auch die innersten seelischen Kräfte zu erforschen und zu nutzen (Uranus/Neptun). Venus 11° Skorpion: — Mond, ultramarin/Skorpion, braun/Pluto, schwarz/Saturn: In der Liebe ein herrschender und beherrschen-wollender Charakter, der sich sicher in seinen Beziehungen nicht leicht tut. Mars 21° Skorpion: + Sonne, blau, silber, silber. Der Mars, im Skorpion recht stark gestellt, wird eingesetzt, um den Seelenkräften zum Durchbruch und nach außen zu helfen. Jupiter 19° im Löwen: — Mondhälfte, blaue Schütze-Dekade und violettes 12er-Segment. Der Erfolg wird in der Außenwelt gesucht. Durch Einsatz der Seelenkräfte und geistig philosophische Studien, die die Grenzen überschreiten und in mystische Bereiche vordringen, gelangt man zu seinen Erfolgen.

Saturn 17° im Steinbock ist in der + Sonnenhälfte, die Farben sind Dunkelgrün (Steinbock), Orange Stier/Venus-Dekade) und Silber (Mond-Zwölferteilung): Ein starkes Verhältnis zu Besitz, Sparsamkeit (dunkelgrün), jedoch immer dem Menschen, nicht der Sache zugewandt (orange), tiefe Seelenkräfte.
So können wir jeden Planeten, den Mondknoten AC und MC, beurteilen. Wenn wir noch die Aspekte in den Innenkreis einzeichnen, dazu die Häuser im kleinen Kreis im Mittelpunkt, haben wir ein sehr genaues Persönlichkeitsbild. Wir können die einzelnen Farbanteile addieren und erhalten so ein spezifisches Charakterbild mit hervorstechenden Farben, die auch in der Regel die Persönlichkeit bestimmen. Farben können fehlen und auf Bereiche hinweisen, die der Native nicht leben kann oder die ihm Schwierigkeiten bereiten. Addieren wir die +- und — Zeichen, erhalten wir Aufschluß, ob der Native als **Yang**- oder **Yin**-Typ angelegt ist. Wir können erforschen, ob er diese Veranlagung lebt oder ob er gegen seinen „Lebensstrom" schwimmt. Wir sehen, ob er ein elektrischer oder magnetischer Typ ist, oder ob er als neutral anzusehen ist. Entsprechend können wir die spagyrischen Mittel einsetzen, die spezielle elektrische oder magnetische Schwingungen haben. Einige Firmen (ISO) stellen spezielle Präparate der entsprechenden Energetik her.

Seminare und Workshops Astrologie, Kosmobiologie, Kosmochromtherapie
Anfrage und Anmeldung bei: Franz Matz, Talstraße 21, 7778 Markdorf, Telefon 0 75 44/55 22

LEHRBUCH DER KOSMOBIOLOGIE

von Franz Matz

Inhalt 482 Seiten, Großformat, Leinen, **DM 118,–**
Best.-Nr. 117000, ISBN-Nr. 3-925367-01-2

Eine vierdimensionale Ganzheitsschau führt zu einer hocheffizienten Ganzheitstherapie.

1. AKUPUNKTUR: Der Ausgleich gestörter Energiepotentiale wird durch Zuordnung homöopathischer Simile zum Akupunkturpunkt unterstützt.
Die INJEKTOAKUPUNKTUR potenziert den therapeutischen Effekt beider Heilmethoden.

2. HOMÖOPATHIE: Im Repetitorium werden zu den Simili adäquate Akupunkturpunkte aufgeführt.
Die HOMÖOSINIATRIE führt zur höchsten Effizienz des Similes durch Applikation im indizierten Punkt.

3. BIOELEKTRONISCHE FUNKTIONSDIAGNOSTIK: Von der Norm abweichende Parameter auf den Akupunkturmeridianen führen zum AP Behandlungsplan nach den energetischen Regeln.
Biosensible Schwingungen übermitteln uns im MEDIKAMENTENTEST Informationen zur optimalen Arzneimittelwahl.

4. ASTROLOGIE: „Ein guter Arzt muß zugleich Astrologe sein ..."
Paracelsus
Im Kosmogramm erkennen wir psychische Engramme. Wege der PSYCHOTHERAPIE werden aufgezeigt, unterstützt durch Arzneien nach Paracelsus, Hochpotenzen der Homöopathie, sowie spezielle Akupunkturpunkte.
Die Konstitution des Patienten wird faßbar.

Vier Themen, welche den Erfahrungsschatz der Menschheit vom ersten tastenden, manuellen Behandeln einer Schmerzzone bis zur hochsensiblen Messung bioelektronischer Ströme und Schwingungen erfassen.
Empirisches Wissen wird überprüfbar, latente Störungen werden bereits in präklinischen Phasen diagnostiziert.
Viele Anregungen zeigen auf, wie 4 Aspekte naturgerechten Heilens vereint werden können, um gezielt zum Wohle des Patienten eingesetzt zu werden.

SN Sommer-Verlag GmbH · Waidplatzstraße 5 · 7835 Teningen 3

302/7/89